Q&A
事業承継に役立つ
組織再編
資本政策

税理士法人ゆいアドバイザーズ［編］

日本法令

はしがき

　事業承継は、多くの企業にとって避けて通ることのできない問題です。特に我が国企業数の約99％、従業員数の約70％を占めている中小企業では、経営者の高齢化に伴い、事業の引継ぎが喫緊の課題となっています。中小企業は地域経済を支える存在としてきわめて重要な役割を担っており、その円滑な事業承継が、日本経済の持続的な発展のために必要不可欠であることは、いうまでもありません。

　しかし、事業承継にはさまざまな困難が伴います。経営権の委譲、資産の分配、後継者の育成、さらには従業員や取引先との関係性の維持など、解決すべき課題は多岐にわたります。

　中小企業の事業承継支援策として2008年に「中小企業における経営の承継の円滑化に関する法律（経営承継円滑化法）」が成立・施行され、中小企業における事業承継問題が脚光を浴びるようになりました。

　同法に基づき2009年に「非上場株式等についての贈与税・相続税の納税猶予制度（事業承継税制：一般措置）」が創設されました。その後、事業承継税制は何度かの改正を経て、2018年には2027年までの10年間の期間限定で「事業承継税制：特例措置」が施行されました。2006年に公表された「事業承継ガイドライン」は2016年、2022年の2度にわたって改訂されています。

　Ｍ＆Ａ関連では「事業承継・引継ぎ補助金」「中小企業事業再編投資損失準備金」などが制度化され、「中小Ｍ＆Ａガイドライン」（2020年。2023年に改訂）、「中小ＰＭＩガイドライン」（2022年）が公表されました。また、2021年には「Ｍ＆Ａ支援機関登録制度」

が創設されました。さらに「事業承継・引継ぎ支援センター」も各都道府県に設置され、小規模事業承継の相談，M＆Aマッチング支援を行っています。

　このように、中小企業の事業承継については多岐にわたって支援策が用意されていますが、本書ではこれら支援策の解説は他書に譲り、中小企業が事業承継問題に取り組むに際して必要なM＆A、組織再編や資本政策の法務・税務の知識について、具体的には、M＆A、種類株式、株式評価、自己株式、合併、会社分割、株式交換、株式移転、現物分配などのテーマについて、Q（設問）➡ Point ➡ Answer の形式で解説しています。

　本書が、税理士・公認会計士や弁護士等の士業専門家のみならず、経営者・後継者及び経理担当者等中小企業の事業承継に関わる方々がその問題を解決するに当たって、座右の書としてお役に立つことができれば幸いです。

　末筆になりますが、本書刊行に当たっては、株式会社日本法令の竹渕学氏には多大なご助力を賜りました。この場を借りて厚く御礼申し上げます。

2024 年 8 月

税理士法人ゆいアドバイザーズ

目　次

第1章　事業承継の手法と税務

Q1	1	事業承継の重要性 ……………………………… 2
Q2	2	事業承継の類型 ………………………………… 6
Q3	3	事業承継の構成要素 …………………………… 9
Q4	4	事業承継の進め方 ………………………………12
Q5	5	資産承継の手法と税体系 ………………………16
Q6	6	暦年課税制度 ……………………………………19
Q7	7	相続時精算課税制度 ……………………………22
Q8	8	贈与税制度の比較 ………………………………25
Q9	9	法人版事業承継税制（概要）……………………27
Q10	10	法人版事業承継税制（特例承継計画）…………32
Q11	11	経営承継円滑化法による遺留分特例 …………36
Q12	12	事業承継に活用されるその他の手法 …………41

第2章　M＆Aの実務

Q13	1	中小企業の現状 …………………………………48
Q14	2	M&A の役割 ……………………………………50
Q15	3	中小 M&A ガイドライン ………………………53
Q16	4	M&A 支援機関 …………………………………55
Q17	5	M&A のプロセス ………………………………58
Q18	6	中小 M&A における譲渡価格 …………………65
Q19	7	中小 M&A のスキームと税務 …………………67
Q20	8	M&A における課税の特例〜損失準備金 ………70

iii

第3章　資本政策・種類株式

Q21	1	中小企業における資本政策	74
Q22	2	中小企業のエクイティファイナンス	76
Q23	3	中小企業の株主構成	79
Q24	4	事業承継における株主構成	84
Q25	5	株式の分散	89
Q26	6	株式の分散防止対策	94
Q27	7	株式の集約方法	103
Q28	8	種類株式制度の概要	111

第4章　事業承継における株式評価

Q29	1	「時価」とは	118
Q30	2	非上場株式の取引形態によって適用される税法	120
Q31	3	非上場株式の評価の手順	124
Q32	4	同族株主の判定	126
Q33	5	会社規模の判定	131
Q34	6	特定の評価会社の判定	134
Q35	7	類似業種比準方式の計算方法	137
Q36	8	純資産価額方式の計算方法	141
Q37	9	配当還元方式の計算方法	144
Q38	10	法人税法上の評価方法	147
Q39	11	所得税法上の評価方法	149

第5章　自己株式の法務・税務

| Q40 | 1 | 事業承継における自己株式の活用方法 | 154 |
| Q41 | 2 | 自己株式を取得する場合の手続き | 157 |

Q42	3	相続が発生し相続人から自己株式を取得する場合の手続き ………………………………………… 162
Q43	4	自己株式を取得する際の財源規制 ………………… 165
Q44	5	自己株式を取得した場合の発行会社における会計処理及び税務処理 ……………………………… 167
Q45	6	自己株式の買取りがあった場合の法人株主における税務処理 …………………………………………… 173
Q46	7	自己株式の買取りがあった場合の個人株主における税務処理 …………………………………………… 178
Q47	8	相続等により取得した株式について自己株式の買取りがあった場合における譲渡人の税務特例（基本）‥ 180
Q48	9	相続等により取得した株式について自己株式の買取りがあった場合における譲渡人の税務特例（応用）‥ 186
Q49	10	自己株式を取得した場合における資本金等の減少による影響 …………………………………………… 190
Q50	11	自己株式の取得があった場合における消費税への影響 ……………………………………………………… 193
Q51	12	自己株式を消却する場合の手続き ………………… 195
Q52	13	自己株式を処分する場合の手続き ………………… 198

第6章　合併の法務・税務

Q53	1	事業承継に活かす合併 ……………………………… 202
Q54	2	吸収合併の手続き …………………………………… 207
Q55	3	新設合併の手続き …………………………………… 211
Q56	4	合併の課税関係 ……………………………………… 215
Q57	5	適格合併の要件 ……………………………………… 218
Q58	6	適格合併の会計・税務処理 ………………………… 224
Q59	7	無対価合併の判定 …………………………………… 230

Q60	8	繰越欠損金の引継ぎ制限と使用制限	235
Q61	9	特定資産譲渡等損失額の損金不算入	239
Q62	10	適格合併により移転した資産の減価償却	242
Q63	11	合併により移転する不動産の登録免許税と不動産取得税	245
Q64	12	合併による消費税への影響	246
Q65	13	合併による資本金等の額の変動に係る影響	250
Q66	14	合併後の受取配当金の益金不算入・源泉所得税	252
Q67	15	合併に係る税務上の届出書・申告書の添付書類	258

第7章　会社分割の法務・税務

Q68	1	事業承継に活用する会社分割	262
Q69	2	会社分割の手続き	269
Q70	3	会社分割の適格要件	273
Q71	4	分割型分割の課税関係	277
Q72	5	分社型分割の課税関係	280
Q73	6	適格分割型分割の税務処理	283
Q74	7	適格分社型分割の税務処理	288
Q75	8	会社分割の繰越欠損金	293
Q76	9	適格分割により移転した資産の減価償却	300
Q77	10	適格分割に係る期中減価償却費に関する届出書	303
Q78	11	分割により移転する不動産の登録免許税と不動産取得税	306
Q79	12	分割による消費税への影響	309
Q80	13	会社分割による資本金等の額の変動に係る影響	315
Q81	14	分割後の受取配当金の益金不算入・源泉所得税	317
Q82	15	分割に係る税務上の届出書・申告書の添付書類	322

第8章　株式交換の法務・税務

Q83	1	事業承継に活かす株式交換	326
Q84	2	株式交換の手続きの流れ	329
Q85	3	株式交換の課税関係	335
Q86	4	適格株式交換の要件	338
Q87	5	適格株式交換の会計・税務処理・別表調整	343
Q88	6	株式交換による消費税への影響	346
Q89	7	株式交換による資本金等の額の変動に係る影響	347
Q90	8	株式交換後の受取配当金の益金不算入・源泉所得税（完全支配関係がある場合）	349
Q91	9	株式交換後の受取配当金の益金不算入・源泉所得税（支配関係がある場合）	352
Q92	10	株式交換に係る税務上の届出書・申告書の添付書類	356

第9章　株式移転の法務・税務

Q93	1	事業承継に活かす株式移転	360
Q94	2	株式移転の手続きの流れ	363
Q95	3	株式移転の課税関係	371
Q96	4	適格株式移転の要件	374
Q97	5	適格株式移転の会計・税務処理・別表調整	379
Q98	6	株式移転による消費税への影響	382
Q99	7	株式移転による資本金等の額の変動に係る影響	383
Q100	8	株式移転後の受取配当金の益金不算入・源泉所得税（完全支配関係がある場合）	385
Q101	9	株式移転後の受取配当金の益金不算入・源泉所得税（支配関係がある場合）	389
Q102	10	株式移転に係る税務上の届出書・申告書の添付書類	392

第 10 章　現物分配の法務・税務

Q103	1	現物分配の概要と活用方法 …………………………… 396
Q104	2	現物分配の手続き ……………………………………… 400
Q105	3	現物分配の課税関係 …………………………………… 406
Q106	4	適格現物分配の課税関係（会計処理・税務処理・ 別表調整） ……………………………………………… 411
Q107	5	繰越欠損金・特定資産譲渡等損失 …………………… 421
Q108	6	適格現物分配により移転した資産の減価償却 …… 429
Q109	7	適格現物分配に係る期中減価償却費に関する届出書 ………………………………………………………… 432
Q110	8	現物分配により移転する不動産の登録免許税と 不動産取得税 …………………………………………… 435
Q111	9	現物分配による消費税への影響 ……………………… 437
Q112	10	現物分配後の受取配当金の益金不算入・源泉所得税 ………………………………………………………… 438
Q113	11	現物分配に係る税務上の届出書・申告書の添付書類 ………………………………………………………… 443

参考文献・資料 ……………………………………………………… 445

索引 ………………………………………………………………… 446

編著者紹介 ………………………………………………………… 454

凡　　例

本書では、法令・通達等につき、かっこ内等で以下のとおり省略している。

正式名称	略称
法人税法	法法
法人税法施行令	法令
法人税法施行規則	法規
所得税法	所法
所得税法施行令	所令
相続税法	相法
相続税法施行令	相令
消費税法	消法
消費税法施行令	消令
租税特別措置法	措法
租税特別措置法施行令	措令
租税特別措置法施行規則	措規
会社法施行規則	会社規
会社計算規則	会社計規
登録免許税法	登免法
地方税法	地法
地方税法施行令	地令
減価償却資産の耐用年数等に関する省令	耐年省令
中小企業における経営の承継の円滑化に関する法律	円滑化法
中小企業における経営の承継の円滑化に関する法律施行規則	円滑化規
私的独占の禁止及び公正取引の確保に関する法律	独占禁止法
金融商品取引法	金商法
法人税基本通達	法基通
相続税法基本通達	相基通
消費税法基本通達	消基通
財産評価基本通達	評基通
租税特別措置法関係通達	措通
耐用年数の適用等に関する取扱通達	耐年通達
自己株式及び準備金の額の減少等に関する会計基準	自己株式等会計基準
企業結合会計基準及び事業分離等会計基準に関する適用指針	適用指針

第1章
事業承継の手法と税務

1 事業承継の重要性

Q1

企業、特に中小企業にとって、事業承継はなぜ必要なのでしょうか。

Point

●中小企業経営者の高齢化が進み、経営交代が進んでおらず、後継者不足により地域経済が疲弊・衰退し、雇用の確保が失われることが懸念されている。

●中小企業の事業承継は、日本経済を下支えする中小企業の活力を維持・向上させるための緊喫の課題である。

Answer

① 中小企業経営者の高齢化に歯止めがかからず世代交代が進まない

中小企業は我が国企業数の 99.7％（うち中規模企業^(注) 15.2％）、従業員数の 69.7％（同 49.2％）付加価値の 56.0％（同 41.5％）を占めており、地域経済を支える存在として、また雇用の受け皿として重要な役割を担っています（中小企業庁「中小企業白書（2024 年版）」）。

（注）　中規模企業：小規模事業者を除く中小企業をいう。

しかし、中小企業経営者の高齢化が進み、1990 年代前半に平均

2　第1章／事業承継の手法と税務

4.7％であった経営者交代率は長期にわたって低下し、最近5年間の平均では3.8％となっています。全国の経営者の平均年齢も1990年の54.0歳から一貫して上昇を続け、2020年には初めて60歳を超えました（図表1－1）。

■図表1－1　経営者の平均年齢と交代率

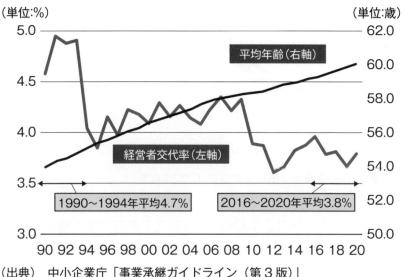

（出典）　中小企業庁「事業承継ガイドライン（第3版）」

　経営者交代率が長期にわたり下落して経営者の平均年齢が高齢化しているということは、多くの企業において経営者の世代交代が起こっていないということです。

　2000年の経営者年齢のピーク（最も多い層）が「50～54歳」でしたが、5年経過するごとにピークが移動し、2015年には「65～69歳」がピークとなっています。しかし、2023年には「55～59歳」をピークとして分散している状況が確認できます（図表1－2）。

　このことから、経営者年齢の分布が平準化していることが分かり

■図表1-2　年代別にみた中小企業の経営者年齢の分布

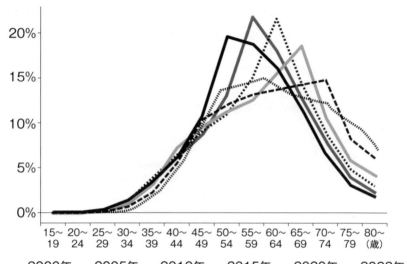

(出典)　中小企業庁「中小企業白書(2024年版)」

ます。一方で、経営者年齢が70歳以上である企業の割合は2000年以降最高となっていることから、事業承継が必要となる企業は依然として相当程度存在しているといえます。

2　休廃業・解散件数も高水準で推移し、その過半が黒字企業

　また、中小企業経営者の高齢化とともに、近時、休廃業・解散件数は約5万社を超える高水準で推移しています（図表1-3）。

　ちなみに、休廃業・解散企業の損益別構成比についてみると、2014年以降一貫して過半数の休廃業・解散企業が黒字です（中小企業庁「中小企業白書（2023年版）」）。

　このような状況を踏まえると、我が国経済を下支えする中小企業の活力を維持・向上させるため、円滑な事業承継に向けた取組みは中小企業経営者や支援機関、国・自治体等、すべての関係者にとっ

■図表１－３　休廃業・解散件数の推移

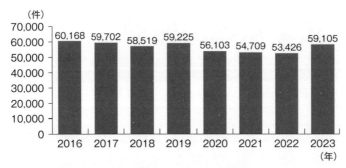

（出典）　中小企業庁「中小企業白書（2024年版）」

て緊喫の課題であるといえます。

2 事業承継の類型

Q2

事業承継には、どのようなパターンがあるのでしょうか。

Point
- ●親族内承継、従業員等への承継（企業内承継）、M＆A（社外引継ぎ）の３類型に大別される。
- ●経営者の想いは親族内承継であるものの、近年は親族内承継が減少傾向にあり、親族外承継が増加している。

Answer

現経営者と先代経営者との関係を、事業を引き継いだ時期別でみると、2000年代から親族外承継（親族外役員・従業員、社外からの登用）が増加しており、2010年以降では約２割を占めるようになっています。しかし、減少傾向にあるとはいえ、親族内承継（子供、兄弟姉妹、娘婿等からの登用）は直近でも約８割であり大部分を占めています（図表１−４）。

一方、2015年の中小企業庁調査によれば、在任期間が５年未満の経営者の約65％以上が親族外承継で、親族内承継は約35％まで減少しているという結果が示されています（中小企業庁「中小企業白書（2021年版）」）。

親族内承継は長期的には減少傾向にあるといえます。

6 第１章／事業承継の手法と税務

■図表1－4　事業を引き継いだ時期別の先代経営者との関係

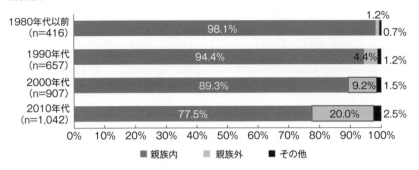

（出典）　日本商工会議所「事業承継と事業再編・統合の実態に関するアンケート調査結果」（2021年3月）

　上記でみたことから事業承継の類型は、親族内承継と親族外承継に大別され、親族外承継は従業員承継とM&A（社外引継ぎ）に二分されます。

1　親族内承継

　親族内承継は経営者の想いに沿っており、心情的に社内、社外（取引先、金融機関等）の関係者から受け入れられやすく、長期的な視野に立った後継者教育が可能です。贈与や相続によって自社株式や事業用資産を後継者に移転することで、所有と経営の一体的承継が可能となります。自社株式や個人事業の事業用資産の贈与や相続に当たっては事業承継税制を適用することができます。

　ただ、少子化、職業選択の広がり、中小企業経営への不安等から、親族内承継は近年減少傾向にあります。

　現経営者にとっては、後継者が安心して事業を引き継げるよう経営環境を作り出すことが求められ、そのためには、自らの引退時期を定め、十分な引継ぎ期間を設け、計画的な後継者育成に取り組む必要があります。

Q2／事業承継の類型　7

② 従業員承継

従業員承継とは、社内の親族外役員や従業員に承継させる方法です。長期間社内で苦楽をともにしてきた従業員等であれば、後継者としての人材かどうかを見極めることが可能で、経営方針等の一貫性も保ちやすいといえます。

ただ、従業員等の場合、自社株式や事業用資産を購入する資金力に乏しいため、種類株式、従業員持株会や持株会社等を活用する手法を検討する必要があります。事業承継税制は親族外でも適用することができます。

なお、親族外承継の場合、事前に同族株主や社内外のキーマンの同意・協力を取り付けておくことが重要です。

③ M＆A（社外引継ぎ）

M＆Aとは、株式譲渡や事業譲渡により、社外の第三者に事業を引き継がせる手法です。後継者を社外に求めることで候補者を広げることができ、現経営者は自社株式や事業用資産の売却を通じて利益（資金）を得ることができます。

近年、中小企業の後継者難の影響を受け中小企業専門の民間M＆A支援機関が増えており、件数・金額ともに増加傾向にあります。国の「事業承継・引継ぎ支援センター」も全国に設置されています。

M&A による売却価額を引き上げるためには、本業の強化、ガバナンスや内部統制の構築により事前に企業価値を高めておく必要があります。できるだけ早期にM＆A支援機関に相談し、企業価値の向上（磨き上げ）に着手することが必要です。

国は「中小M＆Aガイドライン」を公表したり、「M＆A支援機関登録制度」を導入したりして、M＆A業界の健全な発展を後押ししています。

3　事業承継の構成要素

Q3

　事業承継を構成する要素には、どのようなものがあるのでしょうか。

・・・・・・・・・・・・・・・・・・・・・・・・・・・・・・・・・・

Point
- ●事業承継は、狭義には「株式承継」と「代表者交代」が考えられるが、広義には「事業そのものの承継」であり、事業に関わる経営資源を承継することである。
- ●承継すべき経営資源は人（経営）、資産、知的資産の３要素に大別される。

・・・・・・・・・・・・・・・・・・・・・・・・・・・・・・・・・・

Answer

　円滑な事業承継を実現するためには、人（経営）、資産、知的資産の３要素の経営資源を適切に後継者に承継させる必要がありますが、株式承継はその中で最も重要な要素です（図表１－５）。

1　人（経営）の承継

　「人（経営）の承継」とは、すなわち後継者への経営権の承継です。会社であれば代表取締役の交代、個人事業では現経営者の廃業と後継者の開業ということになります。後継者を選定し、経営能力を身に付けさせ、知的資産を受け継がせるには一定の準備期間が必要なことから、後継候補者の選定はできるだけ早く開始すべきです。親

■図表1-5　事業承継の構成要素

人（経営）の承継	資産の承継
・経営権 ・後継者の選定 ・後継者教育　等	・株式 ・事業用資産 　（設備・不動産等） ・資金 　（運転資金・借入等）

知的資産の承継
・経営理念　　　・従業員の技術や技能　・ノウハウ ・経営者の信用　・取引先との人脈　　　・顧客情報 ・知的財産権（特許等）・許認可　等

（出典）　中小企業庁「事業承継ガイドライン（第3版)」

族に後継者がいない場合、親族外役員・従業員等の親族外後継者がいないのか。それもいない場合はM＆Aが重要な選択肢になっています。

② 資産の承継

「資産」とは、事業に必要な資産、すなわち設備、不動産等の事業用資産、債権債務等、会社であればこれらを包含する自社株式のことです。

これら株式や事業用資産を贈与・相続で承継する場合、多額の贈与税・相続税が発生することがあり、税負担に配慮した承継方法を検討する必要があります。

また、これらの資産を後継者に譲渡しようとした場合は後継者に資金力がないことが多く、このようなときは、自ずと外部売却（M＆A）に向かわざるを得なくなります。

③ 知的資産の承継

「知的資産」とは、人材、技術、技能、特許・ブランド等、組織力、

10　第1章／事業承継の手法と税務

経営理念、顧客とのネットワークなど、貸借対照表に表われない無形の資産のことです。

中小企業の場合、経営者と従業員、経営者と取引先との信頼関係が事業の運営に占める比重が大企業と比べて高く、経営交代に伴いその関係が喪失しないよう時間をかけて取り組む必要があります。

知的資産こそが会社の「強み」・「価値の源泉」であり、知的資産を次の世代に承継することができなければ、その企業は競争力を失い、将来的には事業の継続すら危ぶまれる事態に陥ります。事業承継に際しては、自社の強み・価値の源泉がどこにあるのかを現経営者が理解し、これを後継者に承継するための取組みが重要です。

4 事業承継の進め方

Q4

事業承継は、どのような手順で進めていけばよいのでしょうか。

Point
- ●円滑な事業承継のためには、自社事業の10年後の将来像を見据えて、早期に準備に着手する必要がある。
- ●そのためには、支援機関の協力を得ながら着実に行動を重ねていく必要がある。

Answer

　事業承継は、概ね図表1−6のようなステップを踏んで行われます。

① 事業承継に向けた事前準備

　事業承継問題は、家族内の課題として捉えられがちです。後継者教育等の準備に要する期間を考慮すると、経営者が概ね60歳に達した頃から事業承継の準備に取りかかることが望ましいといえます。

② 経営課題の把握（見える化）

　経営状況や経営課題、経営資源等を見える化し、現状を正確に把

■図表1-6　事業承継に向けたステップ

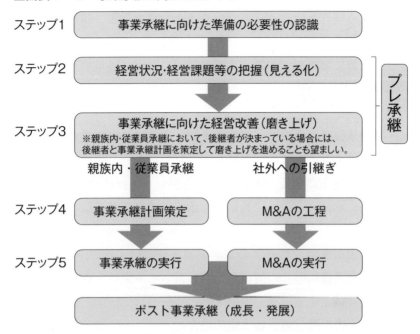

(出典)　中小企業庁「事業承継ガイドライン(第3版)」

握することです。自社の強みと弱みを把握し、強みをいかに伸ばすか、弱みをいかに改善するかの方向性を見出すことが必要です。

　見える化には、「会社経営状況の見える化」と「事業承継課題の見える化」の両面から進めていく必要があります。

③　経営改善(磨き上げ)

　親族内承継においては、相続税対策に重点が置かれ過ぎるあまり、事業とは無関係な借入金による不動産の購入や、後継者が設立した会社が多額の借入れをして経営者から株式を買い取るなど、中小企業の事業継続・発展にそぐわない手法が用いられる場合があります。

　しかし、事業承継は、経営者交代を機に事業を発展させる絶好の

機会であり、経営者は、次世代にバトンを渡すまで、事業の維持・発展に努め続けなければならないことを考慮すると、親族内に後継者がいる場合であっても、現経営者は経営改善に努め、より良い状態で後継者に事業を引き継ぐ姿勢を持つことが必要です。

④ 事業承継計画策定・Ｍ＆Ａ

(1) 事業承継計画の策定（親族内承継・従業員承継の場合）

　事業承継を進めるには、自社及び自社を取り巻く環境を把握・整理した上で将来の会社のあるべき姿を想定し、誰に、いつ、何を、どのように承継するのか、具体的な承継計画を立案しなければなりません。

　事業承継計画は、経営者の家族・親族株主の了承の下、従業員、取引先、金融機関等との関係を念頭に置いて策定し共有することが望ましいといえます。

(2) Ｍ＆Ａの手順（第三者承継の場合）

　Ｍ＆Ａを実施すべきかどうかについてＭ＆Ａ支援機関と相談の上、意思決定を行います。

　Ｍ＆Ａ支援機関は大別して仲介業者（譲渡側・譲受側双方の代理を務める）とＦＡ（フィナンシャル・アドバイザー：譲渡側・譲受側の一方のみの代理を務める）があります。国の機関である「事業承継・引継ぎ支援センター」を活用したり、中小企業庁の「Ｍ＆Ａ支援機関登録制度」に登録済みのＭ＆Ａ会社から選定することが考えられます。

　Ｍ＆Ａの意思決定を行ったら、一般には、①Ｍ＆Ａ支援機関の決定、②バリュエーション（企業価値・事業価値評価）、③譲受側（売却先）の選定（マッチング）、④交渉、⑤基本合意の締結、⑥デュー・ディリジェンス（ＤＤ）の実施、⑦最終契約の締結、⑧クロージング、という手順で行います。

5 事業承継・M&Aの実施

1～4を踏まえて資産の移転や経営権の委譲を進めていきます。環境変化を踏まえ、士業等専門家（税理士、公認会計士、中小企業診断士、弁護士等）の協力を借りて、事業承継計画を適宜修正・ブラッシュアップすることが必要です。

6 ポスト事業承継

事業承継実施後、後継者は新たな視点から従来事業を見直しする必要があります。

既存事業を活かしつつ、自社のノウハウを持ち込んで、新分野に事業展開を図ることも必要でしょう。

M&A成立後に行われる統合作業については、中小企業庁から「中小PMI（Post Merger Integration）ガイドライン」が公表されています。

5　資産承継の手法と税体系

Q5

　資産の承継には、どのような手法があり、それに対してどのような税制が適用されるのでしょうか。

Point

●資産承継の手法には、生前実現、生前準備、死後実現の３パターンがある。

●事業承継の手法に対応して、所得税、贈与税、相続税が課される。

●事業承継時期が遅れるに従って困難度合いが増すので、できれば生前実現することが望ましい。

Answer

　承継者（譲渡者、贈与者、被相続人）から後継者（譲受者、受贈者、相続人又は受遺者）への資産承継の手法は、次のように分かれます。

① 　生前実現：売買、贈与

② 　生前準備：遺言、死因贈与、遺言代用信託

③ 　死後実現：遺産分割

　これらについて税務の観点から捉えると、①のうち「売買」については譲渡所得税が、「贈与」については贈与税が課されます。

　また、②と③には相続税が課されます（図表１－７）。

ちなみに、税務的には贈与財産は承継者の将来の相続財産の前渡しと考えるため、贈与税は相続税の前払的性格があります。このため、相続税の計算上、承継者（被相続人）から生前に贈与された財産については相続時に相続財産に加算されて相続税を計算し、生前に支払った贈与税は相続税で精算（計算された相続税額から控除）することになります（ただし、暦年課税制度によった贈与については相続開始前7年内贈与に限って相続財産に加算される。詳しくは Q6 2 を参照のこと）。

■図表1－7　資産承継に係る税体系

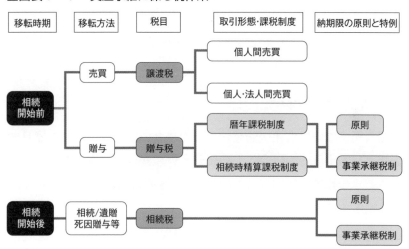

売買、贈与、相続における課税関係及びその対象が取引相場のない株式の場合の時価は、次のとおりです（詳細は**第4章**参照）。

1　売買（譲渡所得税）

(1)　個人間売買

個人が個人に対して売買により資産を移転した場合、その譲渡益に対して譲渡所得税が課税されます。

個人間売買で時価と異なる価額で取引した場合、時価と取引価額

との差額が贈与税の課税対象となります。この場合において、資産が取引相場のない株式である場合の時価とは、財産評価基本通達178から189－7によって算定することになります。

(2) 個人・法人間売買

個人が法人に対して贈与もしくは遺贈又は著しく低い価額（時価の2分の1未満の価額）で資産を移転した場合、時価で譲渡したものとしてその譲渡益に対して譲渡所得税が課税されます（所法59①、所令169）。

個人が法人に対して取引相場のない株式を譲渡したものとされる場合の時価とは、所得税基本通達59－6及び23～35共－9、法人税基本通達2－3－4ならびに9－1－13及び9－1－14によって算定することになります。

② 贈与（贈与税）

個人間において資産の贈与があった場合、受贈者に対して贈与税が課されます。この場合において贈与財産が取引相場のない株式であるときの株式評価額は、財産評価基本通達178から189－7によって算定することになります。

事業承継税制（贈与税）は、非上場株式等の贈与に係る贈与税の納税を猶予・免除する制度です。

③ 相続（相続税）

経営者（承継者）に相続が開始した場合、相続人又は受遺者に対して相続税が課されます。この場合において相続財産が取引相場のない株式であるときの株式評価額は、財産評価基本通達178から189－7によって算定することになります。

事業承継税制（相続税）は、非上場株式等の相続に係る相続税の納税を猶予・免除する制度です。

6 暦年課税制度

Q6

資産を生前に贈与する場合に課税される贈与税の制度について教えてください。

・・・・・・・・・・・・・・・・・・・・・・・・・・・・・・・・・・・・

Point
- ●贈与により資産を取得した場合、その贈与財産の価額に対して贈与税が課される。
- ●贈与税については、暦年課税制度と相続時精算課税制度の2つの制度を選択できるが、いったん後者を選択すると、以後その贈与者からの贈与について前者を選択することはできなくなる。
- ●暦年課税制度と相続時精算課税制度については、令和5年度の改正により、令和6年から新ルールが適用されている。

・・・・・・・・・・・・・・・・・・・・・・・・・・・・・・・・・・・・

Answer

1 暦年課税制度の概要

　暦年課税制度では、暦年（1月1日から12月31日までの1年間）ごとに、その年中に贈与された贈与財産の価額の合計額から110万円の基礎控除額（相法21の5、措法70の2の4）を控除した残額に対して累進税率で課税されます。

　税率は、直系尊属（父母や祖父母等）からその年1月1日におい

て18歳以上の者（子や孫等）への贈与（特例贈与財産）に対して適用される特例税率とそれ以外の財産（一般贈与財産）に適用される一般税率とがあります（相法21の7、措法70の2の5。図表1－8）。

■図表1－8　暦年課税制度の速算表

基礎控除（110万円）後の課税価格		18歳以上の者が直系専属から贈与を受けた財産（特例税率）		左記以外（一般税率）	
		税率	控除額	税率	控除額
	200万円以下	10%	－	10%	－
200万円超	300万円以下	15%	10万円	15%	10万円
300万円超	400万円以下			20%	25万円
400万円超	600万円以下	20%	30万円	30%	65万円
600万円超	1,000万円以下	30%	90万円	40%	125万円
1,000万円超	1,500万円以下	40%	190万円	45%	175万円
1,500万円超	3,000万円以下	45%	265万円	50%	250万円
3,000万円超	4,500万円以下	50%	415万円	55%	400万円
4,500万円超		55%	640万円		

＜計算例＞

➡ 18歳以上の者が直系尊属から800万円の贈与を受けた場合

（800万円－110万円）× 30%－90万円＝117万円

2　相続財産への加算

相続又は遺贈により財産を取得した者が、相続開始前7年[注1][注2]以内にその相続に係る被相続人から贈与により財産を取得したことがある場合、その贈与財産の贈与時の価額[注3]を相続税の課税価格に加算して相続税額を計算します（相法19）。

（注1）　令和8年12月31日までの間に相続又は遺贈により財産を取得した者については、その相続開始前3年以内にその相続に係る被相続人から取得した贈与財産の価額を相続税の課税価格に加算して相

20　第1章／事業承継の手法と税務

続税額を計算する（令和5年度改正法附則19②）。
(注2) 令和9年1月1日から令和12年12月31日までの間に相続又は遺贈により財産を取得した者については、令和6年1月1日からその相続開始日までの間にその相続に係る被相続人から取得した贈与財産の価額を相続税の課税価格に加算して相続税額を計算する（令和5年度改正法附則19③）。
(注3) 相続財産へ加算対象の贈与財産のうち相続開始前3年以内に取得した財産以外の財産（相続開始前3年超受贈財産）については、その財産の価額の合計額から100万円を控除した残額とする（相法19かっこ書。図表1-9）。

■図表1-9　相続財産に加算する贈与財産の範囲（暦年課税制度）

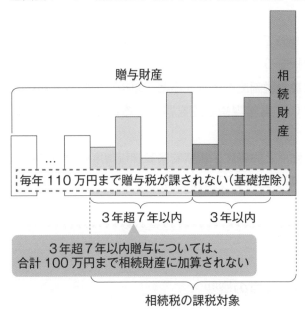

3　贈与税額控除

2により相続税の課税価格に加算された贈与財産について課された贈与税額は、その贈与者の相続に係る相続税から控除してその受贈者の納付すべき相続税額とします（相法19）。

7 相続時精算課税制度

Q7

　暦年課税制度以外の贈与税制度について教えてください。

Point

●贈与税については、暦年課税制度に代えて相続時精算課税制度を選択することができる。

●相続時精算課税制度を選択すると、以後その贈与者からの贈与について暦年課税制度を選択することはできなくなる。

●暦年課税制度と同様に、相続時精算課税制度についても令和5年度の改正により令和6年から新ルールが適用されている。

Answer

1 相続時精算課税制度の概要

　贈与により財産を取得した者が、その年1月1日において60歳以上の贈与者（特定贈与者）の直系卑属である推定相続人又は孫であり、受贈年の1月1日において18歳以上である場合、その贈与者からの贈与について暦年課税制度に代えて相続時精算課税制度を選択することができます（相法21の9、措法70の2の6）。

22　第1章／事業承継の手法と税務

この制度を選択した受贈者（相続時精算課税適用者）は、特定贈与者からの贈与についてその贈与者ごとに次の算式で計算した価額を贈与税の課税価格とし（相法21の11の2、21の12、措法70の2の4、70の3の2）、それに20％を乗じて贈与税額を計算します（相法21の13）。

| 特定贈与者から贈与を受けた財産の価額 | － | 基礎控除額（110万円^(注)） | － | 特別控除額（累積2,500万円） |

＝特定贈与者ごとの課税価格

　(注)　同一年に複数の特定贈与者から贈与を受けた場合には、特定贈与者ごとの（基礎控除額控除前の）贈与税の課税価格で按分する。

　この制度の適用を受けるためには、贈与税申告書の提出期限（贈与年の翌年3月15日）までに贈与者ごとに作成した相続時精算課税選択届出書を所轄税務署長宛に提出しなければなりません。

　相続時精算課税選択届出書を提出した場合、その届出書に係る贈与者から贈与により取得する財産は、以後暦年課税制度を適用することはできず、提出された相続時精算課税選択届出書は撤回することはできません。

　ちなみに、事業承継税制の特例措置（ **Q9** 参照）の適用を受ける贈与については、受贈者が特定贈与者の子や孫以外の者であっても相続時精算課税制度の適用を受けることができます（措法70の2の7、70の2の8）。

② 相続財産への加算

　相続時精算課税制度を選択して財産の贈与を受けた相続時精算課税適用者は、特定贈与者の相続開始の際、特定贈与者から贈与を受けた財産から贈与を受けた年分ごとに基礎控除額110万円^(注)を控除した残額を相続税の課税価格に加算して相続税額を計算します

（相法21の14〜21の16。図表1－10）。

　この場合に、相続財産に加算する相続時精算課税適用財産の価額は、その財産の贈与時の価額によります（相基通21の15－2）。

　（注）　同一年に複数の特定贈与者から贈与を受けた場合には、特定贈与者ごとの贈与税の課税価格で按分する。

■図表1－10　相続財産に加算する贈与財産の範囲（相続時精算課税制度）

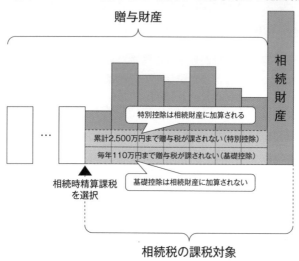

③　贈与税額控除

　上記②により相続財産に加算された相続時精算課税適用財産について課された贈与税額は、その特定贈与者の相続に係る相続税額から控除してその相続時精算課税適用者の納付すべき相続税額とします（相法21の14〜21の16）。

　この場合において、控除しきれない金額があるときは、相続税申告書を提出することにより、その控除しきれない金額の還付を受けることができます（相法33の2）。

8 贈与税制度の比較

Q8

贈与税制度には２つの制度がありますが、その両制度を比較してください。

● ●

Point

●贈与により資産を取得した場合、その贈与財産の価額に対して贈与税が課される。

●贈与税については、暦年課税制度と相続時精算課税制度の２つの制度を選択できるが、いったん後者を選択すると以後その贈与者からの贈与について前者を選択することはできなくなる。

●暦年課税制度と相続時精算課税制度については、令和５年度の改正により令和６年から新ルールが適用されている。

● ●

Answer

改正後の暦年課税制度と相続時精算課税制度を比較すると、図表１－11のようになります。

Q8／贈与税制度の比較　25

■図表１－11　暦年課税制度と相続時精算課税制度の比較

項目	暦年課税制度	相続時精算税制度
概　要	暦年（１月１日から12月31日までの１年間）ごとに、その年中に贈与された価額の合計額に対して贈与税を課税する制度	将来、相続関係が生じる親等から子等への贈与について、選択制により、贈与時に軽減された贈与税を納付し、相続時に相続税で精算する課税制度
贈与者	制限なし	60歳以上の父・母・祖父・祖母（贈与者ごとに選択可） ※住宅取得等資金については、年齢制限なし ※事業承継税制適用の際の要件は60歳以上のみ
受贈者		18歳以上の子・孫（直系卑属） ※事業承継税制適用の際の要件は18歳以上のみ
選択の届出	不要	必要（一度選択すると、相続時まで継続適用。選択の撤回不可）
控　除	基礎控除額（毎年）：110万円	基礎控除額（毎年）：110万円（複数贈与者の場合は按分） 特別控除額：2,500万円（限度額まで複数年にわたり使用可）
税　率	基礎控除額を超えた部分に対して10％～55％の累進税率（18歳以上の直系卑属は特例税率）	基礎控除額、特別控除額を超えた部分に対して一律20％の税率
適用手続	贈与を受けた年の翌年３月15日までに、贈与税の申告書を提出し、納税する	選択を開始した年の翌年３月15日までに、本制度を選択する旨の届出書及び申告書を提出し、納税する（ただし、贈与額が基礎控除額（年間110万円）以下の場合、申告書の提出は不要）
相続時の精算	相続税とは切り離して計算する。ただし、相続開始前７年（経過措置あり（注））以内の贈与財産は贈与時の評価額で相続財産に加算する なお、４～７年以内の贈与については加算額から100万円控除する	相続税の計算時に贈与年ごとに110万円控除した金額を相続財産に加算（合算）して精算する。（贈与財産は贈与時の評価額で相続財産に加算する。ただし、土地・建物が災害により一定の被害を受けた場合は再計算する）

（注）　３年以内から令和９年以降順次伸長され、令和13年からは７年以内。

9 法人版事業承継税制(概要)

Q9

非上場株式等の贈与・相続に関する贈与税・相続税制度の特例である事業承継税制について説明してください。

••

Point

●平成 20 年に中小企業における経営の承継の円滑化に関する法律（経営承継円滑化法）が創設されたことに伴い、平成 21 年に非上場株式等に係る贈与税・相続税の納税猶予制度（法人版事業承継税制：一般措置）が創設された。

●平成 30 年度税制改正において、法人版事業承継税制の特例措置（特例措置）が期間限定で創設された。

●平成 31 年度税制改正において、個人版事業承継税制も期間 10 年限定で創設された。

••

Answer

1 事業承継税制の創設

　非上場株式等については、平成 20 年に中小企業における経営の承継の円滑化に関する法律（経営承継円滑化法）が創設されたことに伴い、平成 21 年に非上場株式等に係る贈与税・相続税の納税猶予制度（法人版事業承継税制：一般措置）が創設されました。

　また、平成 30 年には令和 9 年 12 月 31 日までの相続・贈与によ

■図表1－12　贈与税の事業承継税制

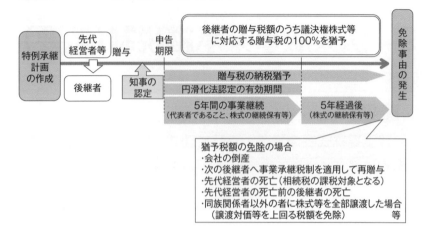

（出典）　中小企業庁「事業承継ガイドライン（第3版）」

り取得した非上場株式等についての法人版事業承継税制（特例措置）が創設され、前者（一般措置）より使い勝手が良くなりました。本書では、法人版事業承継税制の特例措置（以下「事業承継税制」という）について説明します。

2 事業承継税制の概要

　事業承継税制は、後継者が贈与・相続により取得した中小企業者の非上場株式等に係る贈与税・相続税を猶予し、一定要件を満たすことにより免除する制度です（措法70の7の5～70の7の8、70の2の8）。

　本制度の適用を受けるためには、経営承継円滑化法に基づく都道府県知事の「認定」を受け、事業承継税制の適用を受ける旨の贈与税・相続税の申告をすることで納税が猶予されます。一定の事後要件を満たせなかった場合には、猶予中の贈与税・相続税に利子税を加えて納付しなければなりません（図表1－12、13）。

■図表1-13 相続税の事業承継税制

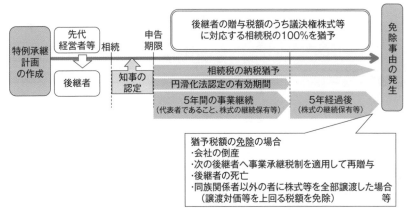

(出典) 中小企業庁「事業承継ガイドライン(第3版)」

③ 猶予税額の免除

　主に下記の場合には、猶予された贈与税・相続税が免除されます。
・贈与者が死亡した場合(贈与税が免除され相続税の課税対象となるが、相続税の事業承継税制を選択できる)
・後継者が死亡した場合
・後継者が次の後継者へ事業承継税制を適用して贈与した場合
・会社が倒産した場合
・同族関係者以外の者に株式等を全部譲渡した場合(譲渡対価等を上回る税額を免除)

④ 事業承継税制の打切り

　また、主に図表1-14の場合には、贈与税・相続税の猶予が打ち切られ、2か月以内に猶予税額と利子税を納付しなければなりません。

■図表1－14　事業承継税制の打切り事由（主なもの）

No	打切り原因となる事由（主なもの）	5年内	5年経過後	切替確認時^(注)
1	先代経営者が代表権を有することとなった場合（贈与の場合）	全額打切り	－	－
2	後継者が会社の代表者でなくなった場合（身体障害者になった場合等を除く）	全額打切り	－	適用不可
3	後継者の同族で過半数を下回った場合	全額打切り	－	適用不可
4	後継者が同族内筆頭株主でなくなった場合	全額打切り	－	適用不可
5	特例対象である非上場会社の株式を譲渡・贈与した場合	全額打切り	譲渡等した部分のみ打切り。減免制度あり	－
6	会社が資産管理会社に該当した場合（従業員が5人以上いればOK）	該当期間が6か月超の場合は、全額打切り	該当期間が6か月超の場合は、全額打切り	適用不可
7	会社が資本金の額又は準備金の額を減少した場合（欠損填補の場合を除く）	全額打切り	全額打切り	－
8	会社が一定の合併、株式交換等、分割型分割又は組織変更を行った場合	全額打切り	分割対応部分の打切り等	－
9	一定基準日の雇用平均が、承継時雇用者数の8割（端数切上）を下回った場合	都道府県に報告書を提出	－	－

（注）切替確認時：贈与者死亡による贈与税の事業承継税制から相続税の事業承継税制への切替確認申請時

5　贈与税の事業承継税制の選択肢

　なお、贈与税の事業承継税制については、暦年課税制度又は相続時精算課税制度を選択することができますが、打切り事由に該当し

た場合の納税負担及びその納税額を相続時の相続税から持戻しできることから、相続時精算課税制度を選択する方が有利です（措法70の2の7、70の2の8）。

暦年課税制度を選択するのは、先代経営者以外の株式等保有者の第二種贈与（追随贈与）で、非上場株式等の評価額が2,610万円以下である等一定の場合に限られます。

6 相続税の事業承継税制への切替え

贈与税の事業承継税制の適用を受けていた場合において、その非上場株式等の贈与者が死亡したときに猶予されていた贈与税は免除になりますが、受贈者はその納税猶予を受けていた非上場株式等をその贈与者から贈与時の評価額で相続又は遺贈により取得したものとみなされます（措法70の7の7）。

この場合において、受贈者は相続又は遺贈により取得したものとみなされた非上場株式等について相続税の事業承継税制を選択し、その非上場株式等に係る相続税の納税を猶予することができます（措法70の7の8）。

10 法人版事業承継税制（特例承継計画）

Q10

法人版事業承継税制の特例措置については、事前に特例承継計画を提出する必要があるとのことですが、その概要を教えてください。

Point

●平成30年度税制改正で創設された事業承継税制の特例措置（以下「事業承継税制」という）では、事業承継税制の適用を受けるために必要な経営承継円滑化法による都道府県知事の「認定」を受けるために、「特例承継計画」を提出して確認を受けなければならない。

●特例承継計画は、事業承継税制の適用を受けようとする株式等の発行会社が作成し、税理士等の認定経営革新等支援機関の指導・助言を受けて都道府県に提出する。

●事業承継税制による贈与・相続の期限は令和9年12月31日であるが、特例承継計画の提出期限は令和8年3月31日である。

Answer

1 特例承継計画提出の必要性

都道府県知事は、中小企業者で、その代表者の死亡等に起因する

経営承継に伴い、その中小企業者の事業活動継続に支障が生じることを防止するために、経営承継円滑化法施行規則で定める要件に該当するものの経営従事者に対して、必要な指導及び助言を行うものとしています（円滑化法16①、17）。

具体的な指導及び助言とは、中小企業者の経営を確実に承継するための具体的な計画（「特例承継計画」という）について、税理士等の認定経営革新等支援機関が指導及び助言をすることです（円滑化規16一）。

特例承継計画に関する都道府県知事の確認書（様式第22：円滑化規17④）は、都道府県知事に認定申請するための必要書類です（円滑化規7⑥十、7⑦十・⑧・⑨）。

また、都道府県知事の認定書（円滑化規7⑭）等は事業承継税制の適用を受けるための必要書類です（措法70の7の5⑤、措規23の12の2⑯四・五、措法70の7の6⑥、措規23の12の3⑯六・七）。

したがって、特例承継計画は事業承継税制の適用を受けるための必要資料ということになります。

② 特例承継計画の提出期限

特例承継計画の確認を受けようとする中小企業者は、令和8年3月31日（令和6年度税制改正により延長）までに、特例承継計画の確認申請書を都道府県知事に提出しなければなりません（円滑化規17②）。

株式の承継（贈与・相続）前に特例承継計画を提出することができなかった場合でも、都道府県へ認定申請を行う際に、併せて提出することも可能です（特例承継計画記載マニュアル（「特例承継計画に関する指導及び助言を行う機関における事務について」）3 (1)）が、令和8年3月31日を過ぎて提出することはできません。

特例承継計画の提出期限は令和8年3月31日ですが、対象株式

等の贈与・相続前であれば、その変更は4月1日以降であっても可能です（特例承継計画記載マニュアル3(2)等）。

③　特例承継計画の確認要件

特例承継計画の確認を受けるには、次の要件を満たす必要があります（円滑化規16一。図表1－15）。

■図表1－15　特例承継計画の確認要件

①	中小企業者が会社であること	
②	その会社に次のいずれかの者（以下「特例後継者^(注)」という）がいること。その者が2人又は3人以上の場合は、その会社が定めた2人又は3人までに限る。	
	(イ)	その会社の代表者（代表者であった者を含む）が死亡又は退任した場合における新たな代表候補者で、その代表者から相続もしくは遺贈又は贈与により株式等を取得することが見込まれるもの
	(ロ)	その会社の代表者で、その会社の他の代表者（代表者であった者を含む）から相続もしくは遺贈又は贈与によりその会社の株式等を取得することが見込まれるもの
③	その会社に、次のいずれかの者（以下「特例代表者」という）がいること	
	(イ)	その会社の代表者（②（イ）の代表者又は（ロ）の他の代表者に限り、代表権を制限されている者を除く）
	(ロ)	その会社の代表者であった者
④	特例代表者が経営に関する具体的な計画を有していること	
⑤	特例後継者が特例代表者から株式等を承継した後5年間の経営に関する具体的な計画を有していること	

（注）　特例後継者として特例承継計画に記載されていない者は、都道府県知事の認定を受けることはできない。

④　特例承継計画を提出できる会社

次のような事業承継税制の適用要件を満たしていない会社であっ

34　第1章／事業承継の手法と税務

ても、特例承継計画を提出することは可能です。

・先代経営者が代表権を有している会社

・後継者が未だ代表権を有していない会社

・同族で議決権の過半数の株式等を有していない会社

・常時使用従業員数がゼロの会社

・資産管理会社（資産保有型会社、資産運用型会社）

・風俗営業会社　等

5　特例承継計画を提出できない会社

　次のような会社は、特例承継計画を提出することができません。

・中小企業ではない会社（大会社、上場会社）

・医療法人、士業法人（税理士法人、監査法人、弁護士法人等）

・令和9年12月31日までの間に2回事業承継税制の適用を受ける
　予定の会社で、二代目となる後継者が未だ代表権を有していない
　会社（2回目の特例承継計画の提出が不可）　等

11　経営承継円滑化法による遺留分特例

Q11

民法における遺留分制度及び経営承継円滑化法による民法の遺留分特例について説明してください。

Point

●兄弟姉妹以外の法定相続人は、相続財産の一定割合を相続する権利（遺留分）が認められている。

●遺留分を侵害された相続人（遺留分権利者）等は、遺留分を侵害した者に対して、その侵害額を請求することができる。

●円滑な事業承継を進めるため、経営者の推定相続人全員の合意により、経営者から後継者に贈与された非上場株式等について、その価額を遺留分計算上の相続財産から除外又は固定することが認められている。

Answer

1　遺留分とは

被相続人は自身の財産を生前贈与や遺言等によって自由に処分することができます。

しかし、民法では被相続人が特定の相続人等にすべての財産を承継させた場合又は極端に偏って財産を承継させた場合であっても、

36　第1章／事業承継の手法と税務

兄弟姉妹以外の法定相続人には相続財産の一定割合を相続する権利を与えています（民法1042。図表1－16）。

この権利を遺留分といい、遺留分算定財産（下記(2)参照）の価額に、次の区分に応じた割合を乗じた額としています。

① 直系尊属のみが相続人である場合：3分の1

② ①以外の場合：2分の1

遺留分を有する者は、兄弟姉妹及びその代襲者である子（甥・姪）以外の相続人、すなわち子とその代襲者（直系卑属）、直系尊属及び配偶者です。

■図表1－16 法定相続分と遺留分

相続人	法定相続分	遺留分	各人の遺留分
配偶者のみ	1	1／2	配偶者1／2
配偶者と子	配偶者1／2 子1／2	1／2	配偶者1／4 子1／4
配偶者と 直系尊属	配偶者2／3 直系尊属1／3	1／2	配偶者2／6 直系尊属1／6
配偶者と 兄弟姉妹	配偶者3／4 兄弟姉妹1／4	1／2	配偶者1／2 兄弟姉妹　なし
子のみ	1	1／2	子1／2
直系尊属のみ	1	1／3	直系尊属1／3
兄弟姉妹のみ	1	なし	なし

（注）　子、直系尊属が複数名いる場合、子、直系尊属の法定相続分、遺留分をその人数で按分したものが、各人の法定相続分、遺留分となる。

② 遺留分算定財産の範囲と対象期間

遺留分算定の基礎となる財産は、「相続開始時の相続財産＋被相続人が生前贈与した財産－相続債務」で計算します（民法1043）。この場合、生前贈与財産は、贈与時の価額ではなく相続時の価額が遺留分算定基礎財産となります。

Q11／経営承継円滑化法による遺留分特例　37

この場合、被相続人が生前贈与した財産には図表 1 - 17 のものが含まれます。

■図表 1 - 17　遺留分算定の基礎となる贈与・特別受益に対する遺留分の範囲と対象期間

贈与・特別受益の範囲		根拠
・被相続人からの遺贈 ・被相続人から婚姻・養子縁組のために受けた贈与 ・被相続人から生計の資本として受けた贈与		民法903①
対象期間		
・相続開始前 1 年間の贈与 (注)	受贈者が相続人でない場合	民法1044①
・相続開始前10年間の贈与 (注)	受贈者が相続人の場合	民法1044③

（注）　贈与者・受贈者の双方が、遺留分権利者に損害を与えることを知って贈与したときは、1 年前（10 年前）の日より前にしたものについても対象となる（民法 1044 ①・③）。

③　遺留分侵害額請求

遺留分を侵害された相続人（遺留分権利者）及びその承継人は、侵害した受遺者又は受贈者に対し、遺留分侵害額を金銭で支払うことを請求することができます（民法 1046）。

④　経営承継円滑化法による遺留分特例

被相続人である先代経営者から後継者が自社株式等の贈与を受けた場合、その贈与株式等は「被相続人から生計の資本として受けた贈与」に該当し、特別受益として遺留分算定の基礎となる財産に含まれます。

推定相続人が複数いる場合、後継者に自社株式等を集中して承継させようとしても、遺留分を侵害された相続人から、その遺留分侵害額に相当する金銭の支払いを求められ、その支払いのために後継

者が承継した自社株式等を売却せざるを得ない事態が生ずるなど、後継者による安定的な事業の継続に支障が生ずる可能性があります。

このため、後継者を含めた先代経営者の推定相続人全員の合意の上で、一定の要件を満たしていることを条件に、先代経営者から後継者に贈与等された非上場株式等について、次の①又は②の合意をすることができます（円滑化法4①）。

① 遺留分を算定するための財産の価額からその価額を除外する旨の合意（除外合意。図表1－18）
② 遺留分を算定するための財産の価額に算入する価額を合意時の時価に固定する旨の合意（固定合意。図表1－19）

■図表1－18　除外合意の概要

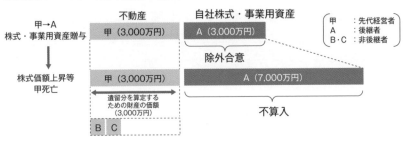

（出典）　中小企業庁「事業承継ガイドライン（第3版）」

■図表1-19　固定合意の概要

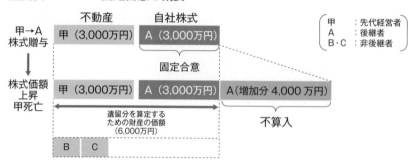

（出典）　中小企業庁「事業承継ガイドライン（第3版）」

　なお、これらの合意に加え、後継者が株式等や事業用資産を処分した場合等に非後継者がとることができる措置に関する定めをする必要があります。

　また、これらの合意（基本合意）に付随して、後継者が取得した株式等以外の財産に関する遺留分の算定に係る合意等（付随合意）を任意で行うこともできます（図表1-20）。

■図表1-20　各合意のイメージ

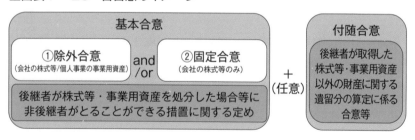

（出典）　中小企業庁「事業承継ガイドライン（第3版）」

12 事業承継に活用される その他の手法

Q12

事業承継税制や遺留分に関する民法特例以外で、円滑な事業承継に活用される手法を教えてください。

Point

●事業承継税制や遺留分に関する民法特例のように、事業承継のために設けられた制度ではないものの、以下のような手法が事業承継対策として活用されている。

●これらの手法は単独で用いられる場合もあるが、複数の対策を併せて活用することも可能である。

Answer

1 種類株式

平成 18 年に会社法が施行され、9 種類の種類株式が認められています（会社法108）。定款によってその種類ごとに異なる内容を定めることができ、これにより種類株式活用のメニューが拡大し、事業承継にも活用できるようになりました（図表 1 - 21）。

■図表1－21　種類株式の種類

異なる内容を定める事項	例
① 剰余金の配当	普通株式よりも優先して一定の剰余金の配当を受けることができる優先株式、劣後する劣後株式など
② 残余財産の分配	会社が破産又は清算した時の残余財産について、普通株式よりも優先して分配を受けることができる優先株式、劣後する劣後株式など
③ 議決権を行使することができる事項	議決権をまったく持たない無議決権株式や、取締役の選任についてのみ議決権を有する株式などの議決権制限種類株式
④ 譲渡による当該種類株式の取得	株式の譲渡について会社の承認を必要とする譲渡制限種類株式
⑤ 株主から会社への取得請求権	株主が会社に対し、当該株主の保有する株式の買取りを請求することができる取得請求権付種類株式
⑥ 会社による取得条項	株主が保有する種類株式について、一定の事由が生じたことを条件として、会社が強制的に当該株式を買い取ることができる取得条項付種類株式
⑦ 株主総会特別決議による当該種類の株式全部の強制取得	株主総会特別決議により、強制的に当該種類の株式全部を会社が取得できる全部取得条項付種類株式
⑧ 株主総会決議事項等に関する拒否権	株主総会や取締役会の決議事項について、当該種類の種類株主総会における承認決議を必要とする拒否権付種類株式（黄金株）など
⑨ 種類株主総会での取締役等の選解任	種類株主総会において取締役、監査役等を選解任することができる役員選解任権付種類株式など

（出典）　中小企業庁「事業承継ガイドライン（第3版）」

　種類株式のうち事業承継で用いられるものは、主に次の4つです。
①　議決権制限種類株式：後継者には普通株式を取得させ、他の相続人や従業員持株会には無議決権株式を承継させることで、遺留

分侵害額請求や議決権分散のリスクを低下させます。

② 配当優先種類株式：後継者以外の相続人や従業員持株会などに①の無議決権制限株式を取得させる代わりに配当優先条項を加えることでバランスを取ります。

③ 取得条項付種類株式：株主の死亡や認知症等による判断能力の低下（医師の診断や後見開始決定）を取得事由に定めることで、株式の分散や会社の意思決定の滞りを防ぐことができます。

④ 拒否権付種類株式：後継者の暴走を防ぐために、普通株式を後継者に譲った経営者に会社の重要事項については拒否権を持たせたり、株式を取得した後継者に会社の重要事項について拒否権を持たせたりします。

　また、種類株式ではありませんが、「株主ごとの異なる取扱い」（会社法109②）や「相続人等に対する売渡請求」（会社法174）を導入することも有効です（図表 1 - 22）。

■図表1－22　種類株式以外の対策

株主ごとの異なる取扱い（属人的株式）	取締役である株主等特定の株主についてのみ１株１議決権の原則の例外を定める（Ａ株主が所有している株式については１株100議決権とする）が、後見開始の審判を受けた場合は議決権を１株１議決権に戻すとするなど
相続人等に対する売渡請求	会社が、相続その他の一般承継により譲渡制限株式を取得した者に対して、その自社株式を会社に売り渡すことを請求することができるもの

② 信　託

　信託は、信託契約の定め方によって自由な設計が可能であるところにその特徴があります。平成18年に信託法が改正され、事業承継に際しても、先代経営者や後継者の希望に沿った財産の移転が可

能となりました（図表 1 - 23）。

■図表1 - 23　信託による対策

遺言代用型信託	先代経営者が死亡した場合の株式の承継について帰属権利者を後継者と定めることで遺言の作成に代えることができ、また遺産分割等による経営の空白期間を生じさせないことができる。
後継ぎ遺贈型受益者連続信託	経営者が当初の受益者を自分自身と定め（自益信託）、経営者死亡後は第二受益者を後継者として定めつつ、第二受益者たる後継者が死亡した場合には、その受益権が消滅し次の後継者が新たに受益権を取得する旨定めることができる。
議決権行使指図権	後継者を受託者と定めつつ、議決権行使の指図権については経営者が引き続き保持する旨を定めることができる。経営者は、議決権行使の指図権を引き続き保持することにより経営の実権を当面の間は握りつつ、後継者の地位を確立させることができる。また議決権行使の指図権の移転事由などについて、経営者の意向に応じた柔軟なスキーム構築が可能。

③　生命保険

　先代経営者の死亡時に支払われる死亡保険金には、相続税の計算上、相続人1人当たり500万円の非課税枠があるため、相続税負担の軽減に繋がります。

　また、死亡保険金受取人が受け取った死亡保険金は、原則として遺産分割の対象とはならず、遺留分を算定するための財産の価額にも含まれません。

　死亡保険金を受け取った後継者は、これを相続の際の納税資金、代償分割資金、遺留分侵害額請求に対する資金として活用するとともに、分散株式の買取り、事業用資産の購入等の原資として活用することができます。

　会社を死亡退職金の受取人とした場合には、死亡退職金や自己株

式買取りの原資としても活用できます。

4 従業員持株会

　従業員持株会は、会社及びその子会社の従業員による会社の株式の取得、保有の促進により、従業員の福利厚生の増進及び経営への参加意識の向上を図ることを目的として、一般に民法上の組合として設立されます。

　持株会の会員である従業員は、持株会の規約に従って拠出金を持株会に出資します。出資した拠出金は組合財産となり、持株会はそれを原資として会社の株式を取得します。各会員は出資額に応じた持株会の持分を保有することになり、各会員はその持分を持株会の理事長に信託します。これによって持株会が有する株式は持株会の理事長名義になります。株式の議決権は理事長が行使しますが、会員の指示によって異なった議決権を行使することも可能です。株式に対する配当金は持株会理事長名義宛に交付され、持株会はその配当金を各会員に対しその持分割合に応じて交付します。

　先代経営者が従業員持株会に対して自社株式を譲渡する際には、各会員が少数株主であることから配当還元価額で引き渡すことができ、先代経営者の相続税対策にも繋がります。

　従業員持株会が所有する株式は普通株式である場合の他、配当優先無議決権株式（種類株式）にすることもあります。

5 持株会社

　後継者が株主となる持株会社を設立し、持株会社が金融機関から融資を受け、この資金によって現経営者から株式を買い取る手法です。持株会社の借入金は、会社から配当を受けて返済します。

　先代経営者が死亡した際には株式ではなく現金が相続されるため、遺産分割対策や株式分散を防止できるといったメリットがあり

Q12／事業承継に活用されるその他の手法　45

ます。

　一方、現経営者が株式を持株会社に譲渡する際、株価は所得税・法人税法上の株価とされて一般には個人間における相続・贈与時の株価より高く、また譲渡所得税等を差し引いた手取額は現経営者の相続時に相続税の課税対象となることから、持株会社スキームは相続税の軽減効果は期待できません。

第2章
Ｍ＆Ａの実務

1　中小企業の現状

Q13

中小企業が置かれている状況を教えてください。

Point

●中小企業において、経営者の高齢化が進んでいる。

●後継者不在の企業は、依然として多い。顕在化している会社のみならず、潜在的なものも含めると非常に深刻な状況である。

Answer

　日本の高齢化の進展に伴い、中小企業の経営者の高齢化も進んでいます。

　中小企業庁によると、2023年における「経営者年齢」で多い層は、「50歳〜54歳」、「55歳〜59歳」、「60歳〜64歳」と分散しています（前掲図表1-2）。

　そして、事業承継の意向がある社長を対象に、「事業承継・廃業の予定年齢」をアンケートしたところ、約4割が60歳以上70歳未満での、約3割が70歳以上80歳未満での引退を予定しているとのことです。現在、第一線で活躍されている60歳から74歳の経営者の引退時期が差し迫っています。

　一方で、後継者の不在率に目を移すと、近年は減少傾向にはあるものの、令和5年（2023年）において54.5％と、依然として多く

48　第2章／M＆Aの実務

の企業が後継者不在の状況です。後継者不在の企業の顛末は、解散・清算であり、実際に、令和5年（2023年）の後継者不在による倒産の年間件数は、過去最多となったとのことです。今後も、後継者不在による倒産は増加する公算です（図表2－1）。

■図表2－1　中小企業における後継者不在率の推移（年代別）

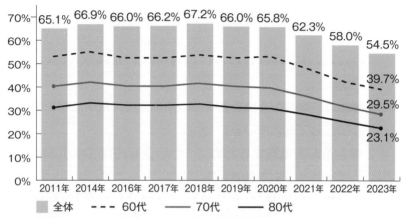

資料：㈱帝国データバンク「企業概要ファイル」、「信用調査報告書」再編加工
（注）1．ここでいう中小企業とは、中小企業基本法に定める「中小企業者」のことを指す。なお、企業規模は企業概要ファイルの情報に基づき分類している。
　　　2．「全体」については、経営者年齢の情報がない企業も含んだ中小企業数に対する割合を示している。

（出典）2024年版「中小企業白書」Ⅰ-109

　また、これまで後継者がいると見込まれていた企業も、後継者が引継ぎを決断した当時に比べ、新型コロナ禍による財務悪化、原油高、円安と、非常に厳しい環境に晒されています。さらには、少子化による働き手不足の問題でも、中小企業は非常に苦しんでいます。このようなことから、今後、事業の引継ぎを取りやめる後継者も増えてくるのではないでしょうか。
　中小企業の後継者不足は、顕在化している会社のみならず、上記のような予備軍も含めると、数字以上に深刻な状況になっています。

2 M&Aの役割

Q14

事業承継における M&A の位置付けを教えてください。

Point

● 国は、M&A を後継者不在の中小企業に対する解決策の 1 つとして捉えている。

● M&A を推進するために、中小企業庁は「中小 M&A ガイドライン」を公表した。

Answer

Q13 のとおり、中小企業の後継者不足は深刻な状況です。後継者不在の企業の顛末は、解散・清算です。解散・清算の特徴は、以下のとおりです。

⑴ 従業員

会社を清算するということは、その法人格が消滅するということです。法人格が消滅するのに伴い、会社と従業員との労働契約も当然に消滅します。実務上は、清算手続きが完了する前に従業員の解雇が行われるのが一般的です。

⑵ 取引先

法人格が消滅するということは、得意先や仕入先との取引契約も消滅することになります。清算会社への依存度が高い取引先にとっては、経営状況の悪化を招き、場合によっては、連鎖的な倒産も起

50 第2章／M＆Aの実務

こり得ます。

(3) 無形資産

中小企業が有する技術、技能、ノウハウ（いわゆる「知的資産」）は、清算により消滅することになります。知的資産を意識的に活用したり、外部にその内容を開示している中小企業は多くありません。誰もが気付かぬうちに、唯一無二の知的資産が無に帰す可能性があります。

(4) 資産、負債

清算を選択すると会社は、資産を売却し、債権を回収し、それで得た資金で債務の弁済を行います。そして、残った財産（残余財産）を株主に配当することで会社は閉じられることになります。資産というと、主には、在庫や生産設備になりますが、これらを売り切って現金化する必要があります。思うような値が付かないこともあり得ますし、売れない場合には、処分、撤去費用など逆にコストがかかるケースもあります。また、債務については、資産の換金化により、すべて弁済できる場合は良いのですが、その資産の処分の状況によっては、債務超過となり得ます。その場合は、債務の完済ができず、裁判所の関与が必要な特別清算手続きをとることになります。

上記のように、清算を選択した場合には、雇用の喪失、取引先への影響、優良な経営資源の散逸に繋がり、地域経済、ひいては日本経済にとって大きな損失となります。

中小企業庁は、これらを防ぐため、M&Aを事業承継の手法の1つとして捉えており、中小企業経営者にも、そのような認識が広がっています。

しかし、中小企業全体をみると、いまだM&Aが選択されず、廃業に至ってしまうケースが多いと考えられます。

中小企業庁は、この要因を以下のように整理しています。

・中小企業経営者にM&Aに関する知見がなく、進め方が分からない
・M&A業務の手数料などのコストが不明瞭
・M&A支援機関に対する不信感

　上記要因を解消すべく、中小企業庁は、「M&Aの基本的な事項や手数料の目安を示すとともに、M&A業者等に対して、適切なM&Aのための行動指針を提示する」ため、「中小M&Aガイドライン」を策定しました。令和2年3月に第1版が、そして、令和5年9月に第2版が公表されています。

3 中小 M&A ガイドライン

Q15

中小 M&A ガイドラインの概要を教えてください。

Point

● M&A は事業承継の選択肢の1つとして認知をされたが、未だ拒否反応を示す経営者が多いのも事実。

● 経営者の M&A に対するネガティブな先入観を取り払うために公表されたのが「中小 M&A ガイドライン」。

Answer

　中小企業経営者の高齢化、日本の少子化等に伴う後継者不足が急速に進む中、M&A による事業承継の必要性が年々高まってきています。このような状況を受けて、中小企業庁は、平成27年3月に中小企業経営者の M&A の「手引き」の位置付けとして「事業引継ぎガイドライン」を公表しました。その公表から約5年、事業承継の手段として M&A は一定の認知を得ましたが、未だ第三者に売却することに躊躇する経営者が数多く存在していました。中小企業の M&A のさらなる促進を図るため、「事業引継ぎガイドライン」を全面改訂し、令和2年3月に公表されたのが、「中小 M&A ガイドライン」となります。

　中小 M&A ガイドラインは大きく中小企業向けの手引きと支援機関向けの基本事項の2部構成となっています。中小企業向けの手

Q15／中小M&Aガイドライン　53

引きでは、経営者に M&A を身近なものとして理解してもらうための事例の紹介と、中小 M&A の進め方や仲介手数料の考え方が記載されています。一方、支援機関向けの基本事項では、支援機関に対し、M&A に対する基本姿勢を提示し、中小企業の利益の最大化を図るよう、促しています。

　令和2年3月の公表により、事業承継の手段として、M&A は定着してきました。それに伴い、M&A 市場の規模も拡大しています。市場が拡大すると、M&A を専門とする上場会社、金融機関、士業など、もともとの専門的なプレイヤーに加え、零細企業、場合によっては個人事業主など人数面に不安を抱える者、経験値の少ない者も参戦してきます。そうなると、質の違いが顕著に表れるなど支援機関に関するさまざまな課題が見受けられるようになりました。この課題に対応するため、令和5年9月に初版を改訂、「中小 M&A ガイドライン（第2版）」が公表されました。この第2版が最新版となります（令和6年6月時点）。

4 M&A支援機関

Q16

M&A支援機関の登録制度について教えてください。

Point

●中小企業の経営者が安心してM&Aに取り組める基盤を
構築することを目的に創設されたのがM&A支援機関の
登録制度。

●中小企業庁のホームページにて、登録支援機関が公表され
ている。

Answer

　中小企業庁は、令和3年4月28日、中小M&Aを推進するため、
5年間に実施すべき取組を「中小M&A推進計画」として取りまと
めました。

　この計画により、安心してM&Aに取り組める基盤を構築する
ことを目的に、M&A支援機関の登録制度が創設されました。

　本登録制度の対象者は、中小企業者に対してフィナンシャル・ア
ドバイザー（以下「FA」という）業務又は仲介業務を行う者（以下、
登録した者を「登録FA・仲介業者」という）となります。登録
FA・仲介業者によるFA業務又は仲介業務に係る手数料が中小企
業庁実施の「事業承継・引継ぎ補助金」制度の対象となります。
M&Aでは、手数料が高額となることが一般的で、「事業承継・引

Q16／M&A支援機関　55

継ぎ補助金」は、手数料の負担者である中小企業がM&Aに係る業務を登録FA・仲介業者に委託する大きな動機となります。

　登録FA・仲介業者に登録されると、中小企業庁ホームページの登録支援機関データベースにてその名が公表されることになります。

■図表２－２　登録支援機関データベース

（参考）中小企業庁ホームページ（「M&A支援機関登録制度」https://ma-shienkikan.go.jp）

　登録FA・仲介業者となるためには、以下の要件を満たす必要があります。
① 　中小M&Aガイドラインの遵守を宣言すること
② 　中小M&Aガイドラインを遵守していることについての宣言を自社のホームページに掲載すること

③　FA・仲介業者において定める料金表を提出すること

④　登録後の遵守事項を履行すること

⑤　顧客中小企業者等の情報提供窓口への相談等を制約しないこと

⑥　反社会的勢力に該当しない、今後も反社会的勢力との関係を持つ意思がないこと

⑦　経済産業省の所管補助金交付等の停止及び契約に係る指名停止措置を受けていないこと

⑧　登録申請及び登録継続申請時にFA・仲介業者が提供した情報のうち中小企業が必要と認めたものに限り、本公募要領記載の範囲で公表することについて、同意し、異議を申し述べないこと

⑨　上記の他、登録申請の手続きの際の項目についても確認の上、宣誓をすること

　要件の充足は比較的やさしく、最新に公表されたデータ（令和5年6月22日現在）によると登録FA・仲介業者の数は3,133件、そのうち2020年代に設立された事業者が1,598件とボリュームゾーンを構成しています。中小M&A市場の今後に魅力を感じ、新規参入している事業者が多いことが分かります。

5 M&Aのプロセス

Q17

M&A の一般的な流れを教えてください。

Point

●中小M＆Aの一般的なプロセスは以下のとおり。

① 後継者不在の確認

② M&A 支援機関に相談

③ FA・仲介業者との契約

④ バリュエーション

⑤ マッチング

⑥ 交渉

⑦ 基本合意の締結

⑧ デュー・ディリジェンス

⑨ 最終契約の締結

⑩ クロージング

⑪ PMI

Answer

1 後継者不在の確認

　中小企業経営者がまず行うべきは、後継者が不在であることの確認です。親族又は親族外の役職員の中に後継者候補がいないという

事実を確定させます。

後継者問題については、1人で悩んでいる経営者は少なくありません。日ごろから経営者と接している顧問税理士や金融機関が積極的に相談に乗るとよいでしょう。逆に、日ごろから事業承継の話題に触れていなければ、相談先には決して選んでもらえないでしょう。

② M&A支援機関に相談

後継者不在の確認と同時に行うのが、支援機関への相談です。支援機関には、士業等専門家、金融機関、M&A専門業者、商工団体、事業承継・引継ぎ支援センターなどがあります。

経営者が単独で検討していても、日々のビジネスを優先してしまい、なかなか進みません。また、1人での検討は、誤った判断に至るおそれもあります。

したがって、支援機関（特に顧問税理士）は、日ごろから事業承継の話題に触れ、経営者が潜在的に抱えている事業承継問題を顕在化させ、後継者不在であれば、M&Aの選択に舵を切れるよう、経営者の背中を押してあげることが必要です。

また、支援機関にとって、事業承継（親族内承継、M&Aも含む）は、自身のビジネスのチャンスでもあり、ピンチでもあります。このタイミングで経営者に相談してもらえるか否かは、事業承継のプロセスに関与できるか否かに関わります。さらには、その後の顧問契約の継続にも影響を与える可能性さえあります。前述のとおり、経営者から事業承継の相談先に選んでもらえるよう、普段から働きかけておくのがよいと考えます。

③ FA・仲介業者との契約

M&Aの意思決定の次は、FA・仲介業者との契約の締結です。
FA契約と仲介契約の主なポイントは、以下のとおりです。

(1) FA or 仲介業者

＜ＦＡ＞

① 譲渡側と譲受側のいずれか一方と契約を締結する。

② その一方から手数料の支払いを受ける。

③ 一方の当事者のみから依頼を受けているため、依頼者の意向を踏まえて、依頼者にとって有利な条件でのM&Aの成立を目指し、助言や調整を行う。

＜仲介業者＞

① 譲渡側と譲受側の双方と契約を締結する。

② 双方から手数料の支払いを受ける（ことが通常である）。

③ 譲渡側及び譲受側の双方から依頼を受けているため、いずれか一方の利益のみを優先的に取り扱うことはできないものの、双方の意向を一元的に把握し、双方の共通の目的であるM&Aの成立を目指し、助言や調整を行う。

(2) 業務範囲・内容

業務範囲はどこまでなのか、マッチングまでなのか、クロージングまでなのか、バリュエーションは含まれるのかなど、手数料と比較して、その業務範囲や内容が妥当か、時には、事業承継・引継ぎ支援センター等へのセカンド・オピニオンを活用し、十分に検討をする必要があります。

(3) 手数料の体系

一般的な体系は、以下のとおりです。

① 着 手 金

主にFA契約・仲介契約締結時に支払います。

② 月額報酬

主に一定額を毎月支払います。

③ 中 間 金

例えば、基本合意締結時など一定の時点に支払います。

④ 成功報酬

　主にクロージング時点の案件完了時に支払います。

　一般に採用される成功報酬の計算方式として「レーマン方式」があります。

　レーマン方式とは、「基準となる価額」に応じて変動する各階層の「乗じる割合」を、各階層の「基準となる価額」に該当する各部分にそれぞれ乗じた金額を合算して、報酬を算定する手法です。

■図表２−３　レーマン方式の一例

基準となる価額（円）	乗じる割合（％）
5億円以下の部分	5
5億円超10億円以下の部分	4
10億円超50億円以下の部分	3
50億円超100億円以下の部分	2
100億円超の部分	1

　「基準となる価額」の考え方が各ＦＡ・仲介業者によって大きく異なります。採用される考え方によって手数料が大きく変動しますので、その考え方、報酬額の目安をしっかり確認しておくことが重要となります。

　また、対象会社が小規模である場合には、レーマン方式にて手数料を計算しても十分な額にならないケースがあります。そのようなリスクに備え、最低手数料を設けているＦＡ・仲介業者がほとんどとなります。

⑷　各種条項

① 秘密保持条項

　情報漏洩は、M&Aが頓挫してしまうどころか、その後のビジネスに影響を与えかねないため、秘密保持の観点は重要です。ＦＡ・仲介業者との契約においては、双方に秘密保持義務を課すことが一

般的です。

② 専任条項

専任条項とは、マッチング支援等において、並行して他のFA・仲介業者への依頼を行うことを禁止するものです。どのような行為が禁止されているのか、具体的に確認をしておくことが必要です。

③ 直接交渉の制限に関する条項

これは、依頼者が、M&Aの相手方となる候補先と、FA・仲介業者を介さずに直接交渉又は接触することを禁じる旨の条項です。直接交渉が禁じられる相手方候補先の範囲、交渉・接触の目的、条項の有効期間等について、あらかじめ確認しておく必要があります。

④ テール条項

これは、マッチング支援等において、M&Aが成立しないまま、FA契約・仲介契約が終了した後、一定期間（いわゆる「テール期間」）内に、譲渡側がM&Aを行った場合に、その契約は終了しているにもかかわらず、そのFA・仲介業者が手数料を請求できることとする条項です。テール期間の長さ（最長でも2年〜3年以内が目安）や、テール条項の対象となるM&Aについて、あらかじめ確認しておくことが必要です。

4 バリュエーション

FA・仲介業者や士業等専門家が、譲渡側経営者との面談や提出資料、現地調査等に基づいて譲渡側の企業・事業の評価を行います。

中小M&Aでは、「簿価純資産法」、「時価純資産法」又は「類似会社比較法（マルチプル法）」といったバリュエーションの手法により算定した株式価値・事業価値を基に譲渡額を交渉するケースが一般的です。

5 マッチング

FA・仲介者は、通常、まずノンネーム・シート（ティーザー）を作成します。ノンネーム・シートとは、譲渡対象の会社（以下「対象会社」という）が特定されない程度の情報、例えば、業種、エリア、従業員数、売上規模などが記載された A4 サイズ 1 枚程度の書面です。このノンネーム・シートを数十社程度のリスト（ロングリスト）内の企業に送付し、買収の打診をします。

関心を示した候補先から譲受側となり得る数社程度をリスト（ショートリスト）化し、これらとの間で秘密保持契約を締結した上で、次のステップに進みます。

譲渡側は、打診を行う候補先、その優先順位、あるいは打診を避けたい先など事前に FA・仲介業者と話し合う必要があります。

6 交　渉

まず、譲渡側及び譲受側のそれぞれの決裁権者（経営者が一般的）同士の面談（トップ面談）が行われるのが一般的です。

トップ面談は、譲受側経営者の人間性、その人間性から作り出される経営理念及び企業文化を、譲渡側経営者が直接確認する機会となります。この会社に、大事な従業員を任せても大丈夫か、譲渡側経営者が真剣に考える場となります。

7 基本合意の締結

当事者間の交渉により、概ね条件合意に達した場合には、譲渡側と譲受側との間で最終契約におけるスキーム、デュー・ディリジェンス前の時点における譲渡対価の予定額や経営者その他の役員・従業員の処遇、最終契約締結までのスケジュールと双方の実施事項や遵守事項、条件の最終調整方法等、主要な合意事項を盛り込んだ基

本合意を締結します。

8　デュー・ディリジェンス

　デュー・ディリジェンス（以下「DD」という）とは、譲受側が対象会社の財務・税務、法務、ビジネスの実態について、FA や士業専門家に依頼して調査する手続きです。

　この手続きを行うことで、買収の合理性、譲渡対価の妥当性を精査します。また、財務諸表や契約書の正確性、資産の実在性が担保され、簿外債務を認識することができます。

　DD は調査範囲を広げれば広げるほど、時間やコストをかければかけるほど、正確で有益な結果を得られます。しかし、中小 M&A においては、譲受側の予算、対象会社の受入体制から、調査範囲を絞って行われるのが一般的です。

9　最終契約の締結

　基本合意で概ね合意されていた事項に対し、DD で発見されたリスク等について再交渉を行い、最終的な合意を得る手続きです。

　契約内容に必要な事項が網羅されているか、最終確認を行った後、調印を行います。

10　クロージング

　株式等の譲渡や譲渡対価の支払いを行う段階です。

11　PMI

　クロージング後の、代表者変更のための登記手続き、契約書の名義変更、役職員や取引先への説明、業務フロー等の引継ぎなど、譲受側に事業を円滑に引き継ぐための手続きとなります。

6 中小M&Aにおける譲渡価格

Q18

中小M&Aにおける取引価格の考え方を教えてください。

Point

● M&Aは第三者間同士による取引であるため、合意した価格が税務上の時価となる。

Answer

税務上、株式の売買における取引は時価取引が求められます。仮に、時価より低い価格又は高い価格により取引が行われた場合には、どちらか一方に利益移転が行われたことになります。

ここで、「時価とは？」という疑問が生じます。

親族内承継の場合、株式を移転する（譲渡又は贈与）際の取引価格は、いわゆる、税務上の株価が求められます。これは、親族内承継（例えば、親から子）の場合は、できる限り取引価格を少額に、贈与税や相続税の負担を最小に、と株価を低く抑える動機が高くなるからです。ここに恣意性の介入余地があり、課税庁はその取引に利益移転がないか、注視をしています。

一方、M&Aの場合は、取引の当事者である譲渡側と譲受側は純然たる第三者同士です。それぞれが自身の利益、経済合理性を求め

Q18／中小M&Aにおける譲渡価格　65

て相手方と交渉をします。この交渉を経て、需給のバランスが取れた結果として確定したM&Aの取引価格は、税務上の時価として認められるものと考えられています。

　中小M&Aでは、「簿価純資産法」、「時価純資産法」又は「類似会社比較法（マルチプル法）」といったバリュエーションの手法により算定した株式価値・事業価値を基に譲渡額を交渉するケースが一般的です。

　また、算出された金額が必ずそのまま中小M&Aの譲渡額となるわけではなく、交渉等の結果、例えば「簿価純資産法」又は「時価純資産法」で算出された金額に数年分の任意の利益（税引後利益又は経常利益等）を加算する場合等もあり、当事者同士が最終的に合意した金額が譲渡額となります。

7 中小M&Aのスキームと税務

Q19

中小M&Aのスキーム及び税務を教えてください。

Point

● 中小M&Aにおける一般的なスキームは、株式譲渡と退職金支給の組合せ。
● 組合せのバランスを取ることで、譲渡側経営者の手取額の最大化を図る。

Answer

中小M&Aでは、株式譲渡又は事業譲渡のスキーム、特に株式譲渡が選択されることがほとんどです。また、これに併せて、譲渡側経営者に対する「退職金」の支給を行うことも多くあります。

それぞれの税務上の取扱いは、以下のとおりです。

① 株式譲渡（譲渡側経営者）

株式の譲渡益（株式の譲渡所得）に対して、税率20.315％（所得税15％＋復興特別所得税0.315％＋個人住民税5％）で分離課税による課税がなされます。

株式の譲渡所得は、以下の計算式で計算されます。

株式譲渡所得 ＝ 譲渡収入 －（ 取得費 ＋ 譲渡費用 ）

取得費については、「実際の取得費」と「譲渡収入×5%」を比較して、有利な方を選択することが可能です。

また、譲渡費用には、FA・仲介業者に支払った手数料も含まれます。

② 退職金（譲渡側経営者）

退職所得に対して、累進税率で分離課税による課税がなされます。

退職所得は、以下の計算式で計算されます。

退職所得 ＝ （退職金 － 退職所得控除額 [注]） × 1／2

（注）　図表2－4参照。

■図表2－4　退職所得控除額

勤続年数(＝A)	退職所得控除額
20年以下	40万円 × A （80万円に満たない場合には、80万円）
20年超	800万円 ＋ 70万円 × （A－20年）

累進税率ということで、税負担が一見、重くみえますが、退職所得控除後の額の2分の1が課税対象となりますので、退職金の支給額によっては、株式譲渡のみのケースよりも、譲渡側経営者の手取額が有利となるケースがあります。

ただし、勤続年数が5年以下の役員への退職金については、退職所得控除後の額の2分の1が適用できませんので、注意が必要です。

③ 役員退職金の損金算入（対象会社）

退職金を支給した場合には、対象会社においてその支給額が法人税の計算上、損金算入されます。

ただし、その役員退職金が「不相当に高額」とされた場合には、

68　第2章／M＆Aの実務

その部分（適正額を超える部分）は損金不算入となります。

　では、役員退職金の適正額はというと、法律上、明確な規定は存在しません。実務上は、過去の裁判例で採用された「功績倍率法」が使われています。

　功績倍率法とは、次の計算式で示されます。

　役員退職金の適正額 ＝
　最終報酬月額 × 役員在任年数 × 功績倍率

　そして、功績倍率については、昭和55年の裁判において、国が示した「社長3.0、専務2.4、常務2.2、平取締役1.8、監査役1.6」が採用されることが多くなっています。

8 M&Aにおける課税の特例 ～損失準備金

Q20

中小企業事業再編投資損失準備金について教えてください。

Point

● 中小M&Aを促進するため、令和3年度税制改正において、創設された特例。
● M&Aにより取得した株式の取得価額のうち、一定額を損金算入できる制度。

Answer

　M&Aは巨額の買収資金が必要になるため、通常の納税資金の負担も鑑みると、譲受側は一時的に経営状態が不安定になります。また、株式取得前には、予見できなかった経営上のリスクや簿外債務などが生じる可能性があります。

　一方で、M&Aで対象会社を買収した場合、譲受側の貸借対照表に、子会社株式としてその買収額で資産計上され、よほどのことがない限り、そのまま計上され続けます。

　このようなリスクからM&Aに踏み切れない会社も存在することが想定されます。その結果、後継者不在の中小企業が廃業に至ってしまうことになります。

　そこで、この課題を解消し、中小M&Aを促進するため、令和3

70　第2章／M&Aの実務

年度税制改正において「中小企業事業再編投資損失準備金」が創設され、令和6年度税制改正において拡充されています。

具体的には、以下のとおりです。

青色申告書を提出する法人で特別事業再編計画の認定を受けた認定特別事業再編事業者が対象です。

当該事業者がその計画に従って、M&Aにより株式を取得し、事業年度の終了日まで有している場合において、その株式等の取得価額（株式等の取得価額が100億円を超える金額又は、1億円に満たない金額である場合を除く）に、次の区分に応じ、それぞれに掲げる割合を乗じた金額を限度に中小企業事業再編投資損失準備金として積み立てたときは、その積立額を損金算入することができます。

① 最初に取得をした株式等：90%

② ①以外の株式等：100%

積み立てた準備金は、その株式等の全部又は一部を手放した場合、評価損（減損）により帳簿価額を減額した場合に取り崩して、益金に算入します。また、積立事業年度の翌事業年度の期首から10年を経過した日を含む事業年度から5年間で均等額を取り崩して、益金算入します。

■図表２－５　中小企業事業再編投資損失準備金制度

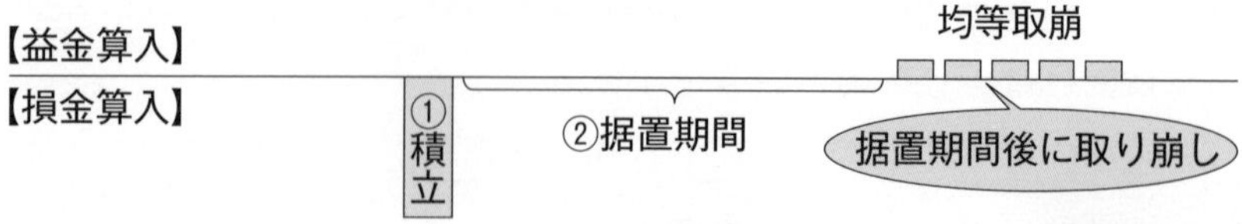

【益金算入】

【損金算入】

均等取崩

①積立　②据置期間

据置期間後に取り崩し

【現行制度】
対象者：経営力向上計画の
認定を受けた中小企業者等

①積立率
株式取得価額の
70％まで

②据置期間
5年間

※基本合意後、認定前にデュー
デリジェンスを実施できるよ
う認定プロセスを改善

～中堅・中小企業の複数回M&Aを後押し～

［拡充枠］
対象者：特別事業再編計画の
認定を受けた中堅・中小企業
（認定にあたっては、過去5年以内に
M&Aを実施していることが必要）

①積立率
認定計画における1回目の
M&Aは株式取得価額の90％
まで、2回目以降のM&Aは
株式取得価額の100％まで

②据置期間
10年間

（出典）中小企業庁ＨＰ

(https://www.chusho.meti.go.jp/keiei/kyoka/shigenshuyaku_
zeisei.html)

第3章
資本政策・種類株式

1　中小企業における資本政策

Q21

中小企業において、資本政策とはどのようなもので、なぜ重要なのでしょうか。

Point

●中小企業の資本政策としては、株主構成の最適化が重要。

●多様な目的のために、資本政策を分析、検討する必要がある。

Answer

資本政策とは、企業が事業の目的や計画を実現するために、資金調達と株主構成を最適化するための計画と実行を意味します。具体的には、必要な資金調達額を算定し、その調達方法を選択し、調達条件を決定していくプロセスと、現在の株主構成を分析し、目指すべき株主構成を検討し、株主とコミュニケーションをとりながら株主構成を最適化していくプロセスに分解できます。

中小企業にとって、資本政策は事業成長、経営安定化、事業承継など、さまざまな課題を解決するための重要な手段です。具体的には、以下の目的で活用されます。

1　事業成長のための資金調達

事業資金の調達方法としては銀行借入れを中心とするデットファイナンスが主流ですが、返済義務のないエクイティファイナンスに

74　第3章／資本政策・種類株式

より、財務体質を強化し、積極的な投資が可能になります。デットファイナンスとエクイティファイナンスをバランスよく使い分けていくことが重要です。

② 経営安定化

一時的な運転資金の不足等への対応策として、経営の安定化のための資金調達が行われます。一般的にはデットファイナンスによる調達が行われますが、投資家の協力が得られる場合には、エクイティファイナンスによる場合もあります。エクイティファイナンスにより自己資本比率が向上するため、企業価値を高め、金融機関からの評価を改善できます。

③ 事業承継

現経営者が保有する株式を後継者に移転し、所有・意思決定における主導的な地位を後継者に委譲することを事業承継といいます。事業承継は、株主構成の最適化を図る主要な機会であり、資本政策の観点からもきわめて重要なタイミングです。

④ 従業員のモチベーション向上

株主構成の最適化を検討するに当たって、安定株主の存在は非常に重要です。従来のような銀行や取引先による株式持合いが解消された昨今において、従業員持株制度は、従業員の帰属意識を高め、モチベーション向上に繋げられるほか、経営陣にとっては安定株主獲得の主要な方法と位置付けられます。

本章では、資本政策に関連するテーマのうち、資金調達に関しては、**Q22**において中小企業のエクイティファイナンスについて触れますが、それ以降においては、事業承継においてきわめて重要なテーマである株主構成に関するテーマを主に扱うこととします。

Q21／中小企業における資本政策　75

2 中小企業のエクイティ ファイナンス

Q22

中小企業にとってのエクイティファイナンスの位置付けと、注意点を教えてください。

Point

●中小企業にとって、エクイティファイナンスは大きなメリットがある。

●活用は進んでいないため、今後の浸透が期待される。

Answer

　我が国の中小企業における主な資金調達手法は銀行借入れ等のデットファイナンスであり、株式発行によるエクイティファイナンスは、スタートアップ企業等を除き、ほとんど利用されていません。エクイティファイナンスは返済義務がないことから財務基盤の強化につながり、新規事業等への投資資金の調達に適している反面、新規株主の介入により、意思決定・経営判断の自由度が低下するおそれもあるため、実施時には注意が必要です。

① 中小企業のエクイティファイナンス

　エクイティファイナンスとは、企業が株式を発行して資金調達する方法です。借入金と異なり、返済義務がない点が特徴です。中小企業にとって、エクイティファイナンスには以下のメリットとデメ

リットがあります。

(1) メリット

① 返済義務がない：借入金と異なり、返済義務がないため、財務負担が軽くなります。

② 経営の自由度が向上する：返済義務がないため、将来の資金繰りの心配なく、事業投資を実行することができます。

③ 投資家との関係：エクイティファイナンスにおいて資金の出し手となる投資家は、デットファイナンスでは期待し得ない、キャピタルゲインを得る可能性があります。そのため、多様な投資家から資金提供を得られる可能性があるほか、投資家からの積極的な事業協力を得やすいという特徴があります。

(2) デメリット

① 株主への利益配当：出資する株主との合意内容や会社の財務状況にもよりますが、出資した株主に対するリターンとして、利益配当を行う必要があるケースが一般的です。

② 株式価値の希薄化：株式を発行することで、発行済株式数が増加します。これにより、1株当たりの価値や利益率等が低下するほか、議決権のある新株を発行した場合には既存の株主の議決権割合も低下することとなります。

③ 情報開示の義務：非上場会社であっても、出資した株主から一定の情報開示を求められることが多く、それへの対応が必要となります。詳細は会社と出資者との間で締結する投資契約等に定められます。

④ コスト：株式の発行に際しては、新株発行のスキーム選択や法的な導入手続きの履践、株価評価等を行う必要があるため、弁護士や公認会計士等の専門家費用といったコストがかかります。

② エクイティファイナンスにおける資金の出し手

① エンジェル投資家：ベンチャー企業等に投資を行う個人投資家
② ベンチャーキャピタル：事業成長性の高い企業に対して投資を行うファンド
③ クラウドファンディング：インターネットを通じて、不特定多数の人から資金調達する方法
④ 株式公開：株式市場に株式を公開し、市場を通じて資金調達する方法
⑤ 銀行投資子会社：近年は、銀行法改正により、多数の銀行が投資専門子会社を設立して地域の有望な中小企業等への出資を行っている。
⑥ 事業会社：コーポレートベンチャーキャピタルのほか、出資先企業との事業シナジーが見込まれる場合には、事業会社が出資を行う例も少なくない。

③ エクイティファイナンスの課題と期待

　現状においては、中小企業に対する資金の出し手が少ないことが、大きな課題とされています。一部のベンチャー企業を除き、株式公開やM&Aによる投資資金の回収やキャピタルゲインを期待することが難しいことが主たる原因と考えられます。

　昨今は、中小企業のM&Aマーケットが急速に発展してきたことから、M&AをEXITの機会とするエクイティファイナンスが広がる可能性があると考えます。また、地域金融機関等による、地域をけん引する企業等への出資事例も散見されるところであり、既存のプレイヤーが資金の出し手になる可能性も小さくありません。

　中小企業庁が、「中小企業者のためのエクイティ・ファイナンスの基礎情報」と題して、中小企業がエクイティファイナンスを検討するに当たって非常に有益な情報を同庁ウェブサイトで公表していますので、ぜひ参考にしてください。

3 中小企業の株主構成

Q23

中小企業の株主構成の現状と課題を教えてください。

・・・・・・・・・・・・・・・・・・・・・・・・・・・・・・・

Point
- ●中小企業の株式は相当程度分散しているといえる。
- ●意思決定の困難さやさらなる分散など、リスクの深刻化が懸念される。

・・・・・・・・・・・・・・・・・・・・・・・・・・・・・・・

Answer

1 中小企業の株主構成

　令和5年に東京商工会議所が実施したアンケート調査（令和6年2月29日公表「事業承継に関する実態アンケート報告書」）によると、現経営者と後継者の保有する株式の保有割合は、発行済株式数の3分の2以上を保有している、とする中小企業が64.6％を占めていますが、50％以下である（議決権にして過半数を保有していない）中小企業が全体の25.4％存在することが分かりました。

　また、株式保有割合と当該中小企業の業歴の関係については、業歴が長い企業ほど、現経営者らで保有する株式の割合が小さくなることも分かりました。

　経営陣以外の株主構成に関する詳細情報は見当たりませんが、一般に、共同創業者や従業員（元従業員を含む）、親族、取引先などが、

少数株主として株主名簿に名を連ねていると考えられます。

　これは、平成2年に商法が改正されるまで、株式会社の設立には最低7人の発起人が必要であり、発起人は最低1株の株式を引き受けなければならなかったことが影響しているといわれます。確かに、昭和年代に創業された会社では、株式の分散が顕著である傾向にあります。

　また、かつては株式の分散について、そのリスク等を指摘する意見も少なく、経営陣も株主構成について比較的大らかな態度をとっていたと思われます。例えば、従業員への論功行賞のために株式を付与したり、相続における共同相続人間の公平確保のために、後継者以外の相続人に株式を相続させたりすることで、多くの少数株主が発生してきたのです。

② 中小企業の株主構成の課題

　上記のとおり、特に業歴の長い会社において、株式の分散が進行しています。株式が分散した場合、以下のような不都合が生ずる、又は生じている可能性があると考えられます。

(1) 迅速・大胆な意思決定を阻害する

　かねてから、中小企業の強みの1つとして、議決権の大多数を支配するオーナー経営者による迅速かつ大胆な意思決定が可能であることが指摘されてきました。上場企業の場合は、株主やマーケットから、毎年、利益の増大と配当の増額を求められます。そのため、経営陣は単年度で確実に利益を生み出す方向の判断を行い、長期的視野に立った判断や、リスクのある事業投資等を行いにくい環境にあります。

　一方、オーナー経営者が株式の大部分を保有する中小企業においては、単年度で利益を確保し配当を実施する動機がほとんどなく、将来を見据えた投資行動等を採りやすい環境にあります。また、リ

80　第3章／資本政策・種類株式

スクの伴う大胆な経営判断も、オーナー経営者のリスクにおいて採用しやすく、これを迅速に（いわば独断で）実施することができるのです。

　しかし、株式が分散してしまうと、経営陣以外の株主の意向を斟酌せざるを得ず、大胆な意思決定が困難になるばかりか、他の株主の意向確認等で時間を要し、意思決定の迅速さも失いかねません。

⑵　さらなる分散を引き起こす

　株式が分散してしまった／分散してしまっている場合、経営陣との関係性の薄い株主が含まれている可能性があります。そのような少数株主に相続が起こった場合、（何の対策も講じられていなければ）その株式は相続人間で分割され、さらに多くの少数株主が生まれてしまうことになります。

⑶　所在不明株主が発生する

　経営陣と関係性の薄い株主が複数存在する場合、会社による株主の管理も行き届かず、いつの間にか連絡がとれなくなり、株主総会の招集通知を送付しても返送されてきてしまう、といった状況に至ることが少なくありません。特に中小企業においては、株主総会運営が形骸化している例が多く、経営陣以外の株主との接点が非常に希薄であるため、所在不明株主が発生しやすい状況があります。

　所在不明株主が発生してしまうと、総株主の同意を要するアクションがとれない、株式の相対取得による集約が進められない、M&Aを行えない（買手は100％の株式取得を求めることが多いため）、といった弊害が生じます。

⑷　名義株主が存在する

　これは株式の分散に伴って発生する不都合というより、株式が分散する理由と密接に関連する事象なのですが、株式が分散している会社においては、前述のとおり、発起人から名義を借りて実際の経営者が出資し、株主として振る舞っているケースや、親族に株式を

付与しているようにみえて、実際には当該親族は株式取得の事実を認識しておらず、単に名義を貸していたに過ぎないといったケースも存在します。

このように、経営陣との関係が希薄な少数株主が複数、ないし多数存在する場合には、名義株主が存在する可能性を認識しつつ、真の株主を確定していく必要があるのです。

(5) 株主管理コストが嵩む

前述のとおり、多くの中小企業において株主総会が現実に開催されず、また株主に対する適切な通知等も行われていない実態がみられます。本来は、定款及び会社法の定めに従った株主総会招集通知の発出といったやり取りが必要であり、そのための住所の管理、問合せ対応、株主名簿のメンテナンス等を行わなければなりません。

株式が分散すれば、それだけ管理すべき株主が増加しますので、当然株主管理コストも嵩んでしまうのです。

(6) M&Aが困難になる

中小企業の事業承継や事業発展の手法として、近年M&Aが非常に活発化しているところです。その際、買手は少数株主リスクを排除する等の観点から、対象会社の株式の100%を取得することを求めるケースが多く見受けられます。少数株主から株式の買取りを求められたり、少数株主権を行使されたりする可能性があるのですから、買手がそのような要求をすることは当然であると考えられます。

その際、対象会社の株式が分散していると、売手サイドを主導する立場にある対象会社の経営陣としては、複数ないし多数の少数株主に説明を行い、買手候補と進めている条件交渉の内容について納得し、共同での売却に応じてもらわなければなりません。

これが奏功しなければ、最悪の場合はM&Aがとん挫したり、少数株主が有利な立場を利用して高値での買取りを求めてきたりす

ることが想定されます。

③　社歴が長いほど株式は分散する

　以上のとおり、我が国中小企業においては、社歴が長いほど株式が分散していく傾向にあり、分散してしまった結果、総会運営や株主管理、M&A等に重大な悪影響を及ぼす可能性があるのです。このような分散を防止し、また分散した株式を集約していくことが重要ですので、**Q24** 以下で説明します。

4 事業承継における株主構成

Q24

事業承継において、あるべき株主構成や課題について教えてください。

Point
● 経営者個人による100%保有が理想的であることはいうまでもない。
● 中小企業の成長に資する株主構成のあり方も検討に値する。

Answer

事業承継をスムーズに実行するためには、中小企業の株主構成が重要な役割を果たします。以下では、事業承継をスムーズにするための理想的な株主構成と、その構成を実現するための具体的な方法について説明します。

■ 理想的な株主構成

(1) 従来の考え方

中小企業における理想的な株主構成とは、どのようなものでしょうか。

従来は、本書でも述べたように、中小企業の迅速で大胆な意思決定を確保するために、経営陣において100%にできる限り近い議決

84 第3章／資本政策・種類株式

権比率を保有しておくことが重要であると考えられてきました。確かに、100％の株式・議決権を保有する先代経営者から、後継者に対してすべての株式を移転することが、最も安定的であり、当該先代経営者及び後継者の経営能力や情熱を、ストレートに会社の発展に結び付けることができます。この意味で、理想的な株主構成は、1人の経営者が100％の株式・議決権を保有すること、といえます。

(2)　中小企業経営の転換期

一方、筆者は常々、100％保有が中小企業にとって理想的であることは変わりないものの、それが「唯一の最適解」なのだろうかと、疑問を抱いてきました。読者の皆さんがイメージされる一般的な中小企業においては、確かに、従来のロジックが最適であると思われます。しかし、IT技術の発展や、ウェブサービスの充実、AIの台頭というテクノロジーの進化とともに、会社経営の在り方についても、多様な進歩的な提言が行われています。

デザイン思考、両利きの経営、ビジョン経営、ＤＥＩといった経営の根幹にまつわるキーワードが生み出され、同時にガバナンスやファイナンス領域でも、日々新たな提言や意欲的な取組みをみることができます。そして、このような新しい考え方や取組みを主に実践しているプレイヤーは、主として、大企業やベンチャー企業ではないでしょうか。

大企業では、株式・債券市場からの資金調達を行っていますし（そのために上場しているので当然ですが）、他社と資本提携等を行って新規事業の開拓等を行っています。一方で、円滑な意思決定のために、機関投資家等を安定株主として迎え入れ、適時適切な情報開示とコミュニケーションを通じて、経営陣への協力体制を築き上げてきました。

ベンチャー企業においては、エンジェル投資家やベンチャーキャピタル等から資金調達を行うだけでなく、それらの投資家から事業

アドバイス等も得て、事業成長につなげています。さらに、ストックオプションや従業員持株会制度等も活用して、従業員のモチベーションアップと福利厚生の充実を図りつつ、安定株主確保も実現しています。

翻って、中小企業においては、経営者個人の経営力やノウハウ、人格に依存するビジネスモデルが多く、外部からの資金調達や経営リソースの獲得を戦略的に行っている例は多くありません。目まぐるしく変化する経済・社会環境を前にして、1人の経営者の力だけで企業をけん引することは難しい局面も多いでしょう。柔軟な意思決定が強みの中小企業こそ、外部リソースの活用を真剣に検討すべきであり、その観点から、あるべき株主構成、すなわち、中小企業の成長・発展に資する株主構成を考えるべきです。

(3) 理想的な株主構成とは

前述した中小企業の強みの発揮と、株式分散リスクの低減の観点から、経営陣において株式・議決権を100%保有することが最適な株主構成である、という事実は変わりません。100%保有が実現できていない場合には、以下の2つの要素をいずれも満たしている必要があります。

まずは、ある株主の存在が、株主側と会社・経営陣側の双方のメリットにつながることです。これが欠けている場合、将来的に株式の買取りや、株主総会での議決権行使の場面で関係性にほころびが生じやすいと考えられます。株主側のメリットとして、主には配当や事業シナジー、将来の高値売却への期待といった経済的な利益のほか、帰属意識や、創業家としての誇り・思い入れなどがあるでしょう。会社側のメリットとしては、資金調達のほか、さまざまな助言、安定株主としての存在など、こちらも多面的なメリットを想定することができます。

次の要素は、経営陣と、それ以外の株主が適時適切なコミュニケー

ションを行い、将来の双方のリスクや回避策についてコンセンサスを得ていることです。筆者の経験則ですが、法的紛争に発展した事案においては、当事者間のコミュニケーションの不十分さや行き違いが介在している例を多く見かけます。長年にわたって没交渉の状態であり、返事がないので、もう連絡（株主総会招集通知）するのもやめたところ、数年後に株式買取りを請求された、といった話も聞きます。

　会社としては、事業計画や資本政策など、基本的な方向性については株主への説明を尽くし、日頃から株主の理解を得ておくことで、将来的な紛争リスクを低減させることができます。また、将来に向けた自社株式の取扱い（株主死亡時の対応や自社株買いの見込み、分散防止策等）についても、株主と対話を行っていくことが重要です。そうすることで、双方が疑心暗鬼になることなく、建設的な議論を進めることができます。

　なお、上記の要素を満たして少数株主の存在を容認する場合にあっても、経営陣においてどの程度の割合の議決権を確保しておくべきかについては、改めて整理が必要です。理想は全株式（100％）、できれば議決権の3分の2超（67％）、最低でも過半数（50％超）を保有しておくべきです。自社の株主構成や株式保有状況と、株主との関係性等を踏まえて、株式の集約が急務であるのか、株主とのコミュニケーションが重要となるか、ご検討ください。

　それぞれの保有割合に応じてどういった権能を取得できるのかについては、図表3-1をご参照ください。

　上記の2つの要素が満たされていれば、株主と会社が事業の維持・成長に協力しつつ、両者間の紛争も生じない（適切に回避される）、という理想的な会社・株主関係を構築することができます。

　このような観点から、自社又はクライアント企業の株主構成を再検討してみてください。

■図表3－1　議決権の一覧表

(1) 普通決議

要　　件	対象となる決議事項
議決権を行使できる株主の議決権の過半数を有する株主が出席し、その出席株主の議決権の過半数の多数をもって行う決議 定款で別段の定めが可能	自己株式の取得（特定の株主からの取得を除く） 剰余金の配当（金銭分配請求権を与えない現物配当を除く） 剰余金の減少による資本金、準備金の額の増加 取締役、監査役の報酬の決定
特則 定足数の定款による引下げは、議決権を行使できる株主の議決権の3分の1までにしかできない	取締役、監査役の選任、解任

(2) 特別決議

要　　件	対象となる決議事項
議決権を行使できる株主の議決権の過半数の議決権を有する株主が出席し、出席株主の議決権の3分の2以上の多数により議決される決議 定足数は定款で3分の1以上の割合を定めることが可能 決議要件は定款で引き上げることが可能	定款の変更 特定の株主からの自己株式の取得 譲渡制限株式の譲渡不承認の場合の会社による買受 相続人等に対する売渡請求 自己株式の譲渡に関する募集事項の決定の取締役会への委任 組織変更、合併、会社分割、株式交換、株式移転 資本金の額の減少

(3) 特殊決議

要　　件	対象となる決議事項
議決権を行使できる株主の半数以上、かつ議決権の3分の2以上の多数で決定	全部の株式に譲渡制限をする旨の定款変更 譲渡制限の付されていない株式と引換えに譲渡制限の付された株式等が交付される合併、株式交換、株式移転
総株主の半数以上、かつ議決権の4分の3以上の多数で決定	公開会社でない株式会社が、剰余金の配当、残余財産の分配、議決権につき、株主ごとに異なる扱いをする旨を定款で定める場合

5 株式の分散

Q25

株式が分散してしまう原因を教えてください。

Point
- ●設立当初から分散しているケースも多い。
- ●後発的には、主に相続と「ばら撒き」によって分散している。

Answer

　株式の分散を防止するための対策を検討するに当たって、まずは、なぜ株式の分散が生じてしまうのかを確認しておきましょう。

① 設立当初からの分散

　Q23でも触れたとおり、平成2年の商法改正以前は、会社設立時には7名以上の発起人が必要であり、すべての発起人が株式を保有する必要がありました。そのため、業歴の古い会社においては、設立当初から株主が7名以上存在していました。そのような制度であっても、現代社会におけるのと同様に、実質的な創業者はそのうちの1名から3名程度であり、それ以外の株主はいわゆる名義株主であったケースが多くありました。

　一部の経営者たちは、会社経営への関与の薄い株主からの株式の集約に早期に取り組み、安定した資本政策を実現してきました。し

Q25／株式の分散　89

かし、多くの中小企業においては、経営陣以外の株主が継続して株式を保有し、分散状態が固定化してしまいました。経営者の世代を経るごとに、経営陣と、それ以外の株主との関係性も希薄になり、コミュニケーションを通じた株式の集約が困難になっている実態もあります。

これは、設立当初から分散してしまっていることの原因を示すもので、分散を防止するための方策を検討する上で参考になる情報ではありません。この理由で分散してしまっている会社においては、それ以上の分散防止や、分散した株式の集約の方策を検討していくこととなります。

② 株主の相続による分散

上記①は、設立当初からの分散の理由を紹介しましたが、株主に生じた相続に起因する分散は、株式の後発的な分散の主たる原因の1つであると考えられ、かつ、防止できる可能性の高い局面です。

例えば、自社株式の100％を保有していた経営者が亡くなった場面を考えてみましょう。遺言はなかったこととすると、複数の相続人間で遺産分割協議をすることになります。また、非常に優良企業であるため株式評価額が高く、相続財産の大部分を自社株式が占めており、その他には自宅と預貯金があるとします。

このような場合、相続人の中には事業を承継した後継者も含まれますが、相続人らにおいて「均等な相続」を優先しようとすれば、株式を分割保有することでバランスをとるしかありません。自社株式の評価額が4億円、自宅が1億円、預貯金1億円で、相続人が3人兄弟だったとすれば、「均等な相続」を実現するには、後継者が株式を2億円分、もう1人は株式1億円と自宅、もう1人は株式1億円と預貯金で、2億円ずつ「均等な相続」が実現できたことになります。

その結果、後継者は自社株式の50％を保有し、その他に25％ず
つの株式を保有する少数株主が発生することになります（合計
50％になり、後継者は過半数を保有できていないため、会社経営上
は致命的な状況といえる）。その少数株主においても、将来相続が
発生すれば、その相続人らにさらに分散することとなります。この
相続においては、経営に関与する相続人が存在しないことが多く、
相続人らのうち1名に集約しようというインセンティブが働きませ
ん。

　このような、過度な「均等な相続」の追及は、中小企業の資本政
策の最適化の観点からは、弊害としか評価できないものと考えます。
多くの中小企業経営者は、自社株式の相続税法上の評価を高過ぎる
と感じており、「売却等による現金化ができないのだから、株価は
もっと低く評価されるべきだ」と考えています。その反面、後継者
以外の相続人の中には、経営に関与せず、相続税等の負担が付いて
回る自社株式など相続したくないと考える方がいる一方で、会社を
支配できれば役員報酬や配当など経済的利益が得られるはずであ
り、自社株式も経済的価値があるのだから、遺産分割時には価値あ
るものとして扱うべきと考えている人が一定数います。

　しかし、中小企業のオーナー経営者が報酬等の利益を享受できる
のは、自身がリスクをとって経営を担い、それを成功させたからに
他なりません。また、このような会社と株主の関係性は、**Q24**で
前述した会社と株主双方にメリットのある関係性とも評価できませ
んので、分散を許容し得る理由も成り立ち得ないというべきです。

　このように、非合理的な理由で株式の分散を引き起こすべきでは
なく、後継者及びその他の相続人間で現実的な議論を行い、株式を
後継者に集約する形で遺産分割を進めるべきなのです。

　なお、以上は遺産分割の場面を例として取り上げましたが、大株
主である先代経営者が子ら（相続人）の間で均等相続ができるよう

企図して、株式を分散する内容の遺言を作成しているケースも少なからず存在します。先代経営者においては、株式を集約しつつ、後継者以外の相続人の心情的・経済的・法的な利益にも配慮した遺言を作成することが強く求められています。

③ 論功行賞等による分散

筆者の経験上、上記②に次いで見聞きする株式の分散原因として挙げられるのが、創業者を含む先代経営者や現経営者が、論功行賞をはじめとする多様な理由で従業員や親族に譲渡を行うことによる分散です。

例えば、先代経営者が会社の発展に貢献した従業員に、「株式を配った」という事例や、我が子や親族への「お小遣いのような意味で株を贈与した」といった事例があります。また、「株主の数が多いほうが信用を得られると思って」従業員や親族に株式を譲渡したという事例もありました。

かつては、株式分散の弊害が指摘されることも少なく、集約の必要性が社会的に認知されていなかったため、必ずしも慎重な検討を経ることなく、株式の譲渡が行われていたようです。近年は、これらの認識を中小企業経営者が共有しつつあり、安易な株式譲渡が行われることは稀かと思われますが、分散の原因として認識しておくべきといえます。

また、状況は異なるとはいえ、共同で事業を営もうとする場面や、資金面等での支援を受ける場面など、一見、株式譲渡の正当な理由があると思われる場面においては、その他の方策を検討することなく株式譲渡が選択されている部分もあります。

経営者には、論功行賞やお小遣いは金銭で、共同経営は経営委任契約等で、資金調達は借入れ等で行ってもらい、株式譲渡はあらゆる場面における最終手段として認識してもらうことが重要です（も

ちろん、合理的なエクイティファイナンスを否定する趣旨ではない)。

4 過去の事業承継対策

　以上のほか、過去の事業承継対策の結果として、株式が分散してしまっている事例も見受けられます。例えば、相続税対策のために経営陣の持株数を減らす目的で、意図的に税務上の同族株主に該当しない者に株式を譲渡したり、配偶者控除の適用を企図して経営に関与していない配偶者に相続させたりするようなケースがあります。

　また、従業員や幹部従業員への福利厚生やモチベーション・帰属意識の向上のために従業員持株会「に準じた」形で株式を譲渡したという事例もあります。これは、上記の「論功行賞型の株式分散」と似ていますが、経営陣ら自身は「従業員持株会がある」と信じている点が異なります。本来の従業員持株会は、規約等で退職時の株式の取扱い等を定めておかなければリスク排除できませんが、それらの点の手当てなしに進めた結果、単に株式をばら撒いただけになってしまっているケースです。

6 株式の分散防止対策

Q26

株式の分散を防止するための対策について教えてください。

Point

●生前の譲渡や遺言作成、遺留分対策、安定株主の導入など、分散防止に資する多様な方策が考えられる。

Answer

Q25 で紹介したように、株式が分散する原因は複数あるものの、その発生頻度と対策の可能性の観点から、以下では、**Q25** ②の株主の相続による分散の防止策について説明します。

① 生前の譲渡

自社株式を保有する経営者の相続に際しての株式分散を防止するための最もシンプルな方法は、相続開始前、すなわち生前に株式を譲渡してしまうことです。生前に譲渡してしまえば、原則として自社株式は相続財産から除外されますので、遺産分割等による分散を防止できます。

譲渡という単語は多義的ですが、先代経営者個人から後継者個人への株式譲渡の方法としては、贈与か売買のいずれかの方法によることとなります。

94 第3章／資本政策・種類株式

贈与は、後述する遺留分の問題はあるものの、後継者において取得資金を調達する必要がありませんので、税負担への対策さえ講ずることができれば、有効な選択肢となります。

　売買は、取得する後継者において取得資金を調達する必要がありますが、遺留分及び税負担の問題は生じません。先代経営者の遺産分割対策としても、個人資産の大部分を自社株式が占めているような場合、これを金銭という分割しやすい資産に置き換えることができますので、平等・公平な分割が容易になるメリットもあります。ただし、取得資金を外部からの借入れで賄った場合、その返済負担が伴うことはもちろん、自社株式と異なり評価額のコントロールが一切できない金銭の相続税負担については、別途対策を講ずる必要が残りますので注意してください。

② 遺言の作成

　税負担や資金調達が困難な場合には生前の譲渡の実行は難しいため、遺言による分散防止を検討することとなります。その際、形式的な平等を追い求める結果、複数の相続人に株式を分割して相続させるような遺言を作成していては、本末転倒です。相続人間の紛争予防と自社の経営の安定（事業承継の成功）という、一見して背反し得る目的をバランスよく達成するため、工夫が必要となります。

　もちろん、自社株式を後継者に取得させ、その他資産を後継者以外の相続人に取得させることで均等な割合になるような場合には、遺言作成時のハードルはほとんどないと思われます。しかし、多くの場合、自社株式が個人資産の大部分を占めるため、後継者が相続財産の大部分を取得し、その他の相続人は自社株式に比べれば少額の資産を取得するなど、（評価額ベースでは）著しく偏った分配になってしまいます。

　このような場合でも、遺言の作成を諦める必要はありません。解

決の方法は大きく２パターンに大別され、１つは資産の構成を変動させることで分配割合の均衡を保持する方向性、もう１つはそのような変動は加えず、形式的には偏った分配方法を維持しながら、紛争等を予防していく方向性です。

　資産構成を変動させる方法は、例えば前述した、先代経営者の保有する自社株式の全部又は一部を後継者に売却する方法があります。これにより、先代経営者の個人資産の構成が変動し、より分配しやすい構成になります。その際、全株式を売買の対象とする必要はなく、資産構成の変動に必要十分な数の株式を売却し、その他は贈与をするといった組合せもあり得ます。後述する安定株主の導入も、この観点からの対策の一環として位置付けることができます（自社株式の取得者は後継者ではなく従業員持株会その他の第三者となる）。

　ちなみに、後継者が株式の全部又は一部を取得する資金調達の方法として、持株会社を介した銀行借入れを採用する方法が、一般には持株会社スキームと呼ばれるものです。銀行から調達した取得資金は持株会社から先代経営者に支払われるため、先代経営者の保有していた自社株式は金銭に置き換えられ、遺言作成に際しては、売却対価としての金銭を含む個人資産を相続人に分配していけばよいので、相続人間での均等分配を比較的簡単に実現することができます。

　もう１つの、偏った財産分配は維持しつつ、現実的なリスク回避を図る方策についても簡単に説明します。自社株式を後継者に相続させることで相続財産の分配が後継者に偏ってしまう場合、後継者以外の相続人が不満を抱くこともあろうかと思われます。この場合のリスクとしては、後継者とそれ以外の相続人との間で感情的な軋轢が生まれてしまう点と、分配の結果、後継者以外の相続人の遺留分（下記3参照）を侵害してしまい、遺留分紛争に発展してしまう

96　第3章／資本政策・種類株式

点です。

　前者の感情的なリスクへの対策としては、後継者以外の相続人に
いかに納得してもらえるか、という点に尽きます。財産分配の偏り
の原因は自社株式を後継者に集約して取得させることにあり、それ
は事業の維持・発展において非常に重要な要素であること、後継者
は株式を承継する利益だけではなく、多大な責任や犠牲を払って事
業を承継するということなどを、可能な限り、遺言作成者である先
代経営者から相続人らに対して、直接説明していただくことが望ま
しいでしょう。相続人らに納得してもらうことができれば、感情的
なリスクを相当程度軽減することができます。

　遺留分侵害リスクに関しては、後述（下記3参照）するとおり、
遺留分制度によってただちに株式が分散するリスクはないものの、
遺留分に関する民法の特例（円滑化法第2章）や、生前の遺留分放
棄（民法1049①）を活用して、相続開始後に遺留分紛争が生じな
いようにすることが可能です。

　以上の感情的なリスクや遺留分紛争のリスクを低減する方策とし
て、死亡保険金（生命保険）や死亡退職金等による対策が講じられ
ることもあります。これらは、受取人固有の財産として相続財産（遺
産分割の対象財産）から除外され、同様に遺留分算定基礎財産から
も除外されます。後継者以外の相続人を受取人とすることで、法的
な意味で遺留分侵害額を減少させることはできませんが、相続に起
因して相続人が取得する財産には変わりがないので、上記のリスク
をいずれも低減することに繋がります。

　ここで、生命保険等を活用せずとも、その額の金銭を先代経営者
が保有していれば、相続財産の範囲内で偏りを是正できるのではな
いかと思われるかもしれません。しかし、生命保険はいうまでもな
く、一部が損金となる点や運用益が期待できる（商品による）メリッ
トがありますし、死亡退職金も一定の場合は損金とすることができ

Q26／株式の分散防止対策　97

ます。一方、先代経営者に現金を残そうとすると、受領した役員報酬から所得税を差し引いた額しか残りませんので、経済的合理性の観点から、前者のメリットが大きいと考えられるのです（その他、相続開始後すぐに支払いが行われる点など、生命保険活用のメリットは多い）。

なお、遺言は遺産分割紛争を回避する効果もありますので、株式分散リスクがないケースであっても、すべての会社経営者が作成すべきものです。株式は譲渡したから大丈夫、ではなく、金銭を含む自社株式以外の資産の安定的な承継、残された家族の紛争予防、ムダな資金の流出防止等の観点から、遺言作成の必要性に変わりはないと認識してください。

③ 遺留分対策の実施

平成30年7月6日に成立した民法改正（遺留分関連部分は令和元年7月1日施行）により、遺留分制度も大きな影響を受けました。それまで、遺留分を侵害された遺留分権利者は、遺留分減殺請求権を行使することができ、その効果として、遺贈又は贈与の一部が当然に無効となり、共有状態が生ずることとされていました。そのため、自社株式の生前贈与が後継者以外の相続人の遺留分を侵害した場合、かかる相続人より遺留分減殺請求権が行使されると、自社株式の生前贈与の一部はその効力を失い、自社株式は後継者と遺留分権利者の共有に陥ることとなっていました（これも、株式分散の原因の1つになっていた）。

上記民法改正により、遺留分減殺請求権は遺留分侵害額請求権という金銭債権として整理され、その権利行使により遺贈又は贈与の効力は何の影響も受けないこととなりました（民法1046①）。遺留分を侵害した後継者としては、遺留分侵害額請求に耐え得るだけの資金調達が求められるものの、遺留分権利者による権利行使の直接

的な効果として株式が分散することはなくなったのです。

　他方で、先代経営者から後継者への遺贈又は贈与によって、後継者以外の相続人の遺留分を侵害した場合であって、後継者が自己資金や銀行・会社からの借入れ等により資金調達できない場合、後継者自身が保有する自社株式を金庫株として会社に売却し、その対価で遺留分侵害額に対する支払いを行うことや、遺留分権利者の同意を得て、金銭の支払いに代えて自社株式を譲渡する（代物弁済）ことも考えられます。こういった形で、遺留分の問題が株式の分散につながる可能性もありますので、株式分散防止の観点からも、遺留分対策の重要性を認識しなければなりません。

④　相続人等に対する株式売渡請求

　前述のとおり、過去の経緯から株式が経営陣以外の親族等に分散している場合、これを放置すれば、かかる少数株主の相続によって、さらに分散する可能性があります。そこで、会社の定款に、相続人等に対する株式売渡請求（会社法174）を規定しておくことで、万一の場合には、少数株主の相続人に対して、相続した株式を自社に売り渡すよう請求することができるようになります。

　この制度を活用すると、少数株主に相続が発生した場合に、経営陣の意思決定によって当該少数株主の相続人から強制的に株式を買い取ることができますので、分散した株式のさらなる分散を防止するとともに、株式の集約をも実現することができるのです。

　この制度を利用するには、①当該株式が譲渡制限株式であり、②定款に売渡しを請求できる旨が定められており、③財源規制に違反しないことが必要です（会社法174、461①五）。具体的には、株主総会の特別決議によって売渡請求を行う旨を決定し（会社法175①）、相続人に対して請求を行います（会社法176①・②）。ただし、かかる請求は、会社が相続等が生じたことを知った日から1年以内

に行わなければなりません（会社法176①ただし書）。通常は、この請求時に会社が妥当と考える価格を提示します。

　相続人側としては、売渡し自体を拒絶することはできませんが、価格については別ですので、両者間で交渉を行うこととなります。協議が調わない場合、両当事者は売渡請求があった日から20日以内に、裁判所に価格決定の申立てを行うことができます（会社法177）。裁判所は、一切の事情を参酌して価格を決定しますが、会社側としては事前に予測することが困難な事項であり、売渡請求の実行を躊躇させる要因になっています。

　なお、この制度に関して「クーデターのおそれ」を指摘する意見もみられます。実は、上記の株主総会決議において、売渡請求の相手方となっている者は当該決議における議決権を行使できません（会社法175②）。そのため、株式の大部分を保有するようなオーナー経営者が亡くなった際、少数株主側のみで特別決議を可決させることが可能であり、後継者を含む相続人らから株式を奪ってしまうことができるのです。このような可能性を排除するためには、経営者の保有部分については法人（持株会社や資産管理会社）所有としておくことや、種類株式等を活用するなどの対策が必要といえます。

5　安定株主の導入

　分散の理由について、相続に際して、遺産分割や遺留分紛争等によって分散する可能性があることを指摘しました。これは端的には、先代経営者の個人資産の内訳において、自社株式の占める割合が過大であることが原因である、と言い換えることもできます。この割合を変動させるためには、既述のとおり、資産ポートフォリオの置換えとしての自社株式の売却が1つの方法になります。その際の株式取得者は後継者を想定していましたが、同様の効果を期待できる対策として、安定株主の導入が挙げられます。

経営者が保有する株式の一部を、取引先、金融機関、従業員持株会等のステークホルダーに譲渡する方法で、経営者は自社株式の保有割合を減らす代わりに一定の譲渡対価を得ることができます。これらのステークホルダーは経営陣の意向を支持してくれることが期待できますので（もちろん、株主間契約書等で意思決定ルール等を定めておくことも可能）、経営上の意思決定に支障が生ずるおそれは小さいといえます。

　その結果、先代経営者から後継者に承継しなければならない自社株式を少なくすることができ、代わりに金銭が増加します。これにより、遺言や遺産分割における相続人間の調整が容易になりますし、その際の株式分散リスクを相当程度低減することができるのです。なお、承継対象株式を減少させる、という対策は、相続財産の流動性を高めることに繋がり、同時に相続税対策にもなり得るという特徴があります。

⑥　種類株式の導入

　会社法上、株式会社は内容の異なる種類の株式を発行できることとされています（会社法108）。種類株式制度の概要と資本政策における活用については後述（**Q28**）しますが、ここでは株式の分散防止に資する種類株式を簡潔に紹介することとします。

　まず、直接的に分散防止の効果が期待できる種類株式としては、取得条項付種類株式と全部取得条項付種類株式が挙げられます（会社法107①・②）。これらの種類株式は、いずれも一定の場合に会社が当該種類株式を保有する種類株主から、強制的に株式を買い取ることができるものです。株式が分散した、又は分散している場合において、当該少数株主の保有株式に取得条項が付されており、取得事由が発生すれば、会社は強制的に株式を買い取ることができます。しかし、分散が生ずる前にかかる種類株式制度を導入している

Q26／株式の分散防止対策　101

ケースは現実的には想定できず、これらの種類株式は株式集約の場面で活用されるものといえます。

一方で、種類株式を分散防止の観点から活用する場合、「株式の」分散を防止するのではなく、「議決権の」分散を防止するという考え方も可能です。具体的には、少数株主の保有する株式については無議決権株式（株主総会における議決権を有さない）としておくことで、かかる無議決権株式がどれほど分散したとしても、経営者において自由に意思決定可能な水準の議決権を保持し続けることが可能になり、株式分散の弊害の一部を解消することができるのです。

7 分散の原因・理由を具体的にイメージすること

以上のとおり、株式の分散防止策を検討する上では、分散の原因・理由を具体的にイメージすることが重要です。本章では、分散原因として相続、特に遺産分割による分散を主因と捉えて対策を列挙しましたが、これらの中から、導入コストや株主構成、先代経営者の個人資産の内訳等を踏まえて、最適な対策を設計していくことになります。

なお、繰り返しになりますが、遺言については、会社経営者には必ず作成してもらうべきものですので、この点を強く認識してください。

7 株式の集約方法

Q27

分散した株式の集約方法を教えてください。

Point
● まず検討すべきは相対取得であり、工夫の余地は大きい。
● スクイーズアウトの手法はリスクも大きいが、必要に応じ
て積極的に活用すべき。

Answer

1 株式の集約の概要

本章で繰り返し述べてきたとおり、意図しない株式の分散は迅速な意思決定を阻害し、株主と経営陣の間での深刻な紛争を惹起するリスクがあるため、可能な限り早期の集約を図るべきです。

集約の方法としては、複数の選択肢が挙げられるものの、経営陣の保有する議決権割合等の事情に応じて選択・実行の可否が定まる部分もあるほか、株式取得の対価について不確実性を伴うケースも多いため、それらの事情を踏まえて検討する必要があります。

2 相対取得

会社・経営者が少数株主から自社株式を取得する方法は、何らかの会社法上の制度を活用する方法に限られることはありません。譲

Q27／株式の集約方法　103

渡制限や財源規制の制約はあるものの、その範囲内において自由に譲渡することが可能です。下記3以下で紹介するスクイーズアウト等の手法は、強制取得が可能とはいえ、利用には要件を満たす必要があり、強制取得できることの代償として、少数株主との間で紛争化する可能性が非常に高い手法でもあります。

　したがって、いざ少数株主から株式を取得しようとする際には、まずは相対取得の可能性を検討することとなりますが、一言に相対取得といっても、その具体的な進め方にはかなり広い選択肢があります。複数の選択肢の中から、集約の目的に応じて対象者とスケジュールを整理していくことになります。

　例えば、複数の少数株主に分散した自社株式をすべて、最短のスケジュールで集約することを目的とする場合（例えば、M&Aを行う場合など）には、すべての少数株主に対して一括での取得を打診することになるでしょう。また、特に対立可能性の高い特定の少数株主からの取得を企図する場合や、10年程度の期間で、可能な範囲での集約を企図する場合もあります。前者の場合には、当該株主だけに、相対的に高い株価を提示して買取の確実性を高める必要がありますし、後者の場合には、毎年、買取予算を定めて、すべての少数株主に対して申込みの勧誘を行う方法等が想定できます。

　また、買取主体も慎重に検討する必要があります。自社で買い取る（金庫株）場合には財源規制や特定の株主からの自己株式取得に関する会社法上の規制を遵守する必要があること、経営者個人で買い取る場合には税務上の評価額が異なる場合があること、買取資金を外部調達する場合には法人を新規設立する場合もあることなど、諸般の事情を総合的に考慮して、最適な買取主体を決定します。

104　第3章／資本政策・種類株式

③ いわゆるスクイーズアウト

(1) 株式併合

　株式併合を活用したスクイーズアウトは、株主でいてほしくない少数株主の保有する株式が株式併合後に1株未満になるよう株式併合割合を決め、株式併合後に株主の保有する端株の処分・買取りを行う方法です。

　少数株主の保有株式数は1株未満となりますので、その端数部分を競売等の方法で売却し、売却代金を各少数株主に交付します（会社法235）。また、競売によらず、自社で買い取ることもできます。

　しかし、当該株主総会決議に際しては、（株式併合により1株未満の端数が生じますので）反対株主の買取請求権が認められます（会社法182の4①・②）。この場合の買取価格は「公正な価格」であり、会社の提示した対価が認められるとは限りません。価格協議が調わない場合は裁判所での価格決定手続きを経ることになる上、会社が株式併合に係る株主総会において提示した対価の額が裁判所の判断した公正な価格よりも著しく低い場合には、株主総会の取消事由になり得ると考えられています（会社法831①）。

　会社としては、公認会計士等に依頼するなどして、公正な価格を想定した上で、この方法の採否を検討すべきでしょう。

(2) 株式交換

　株式交換を活用したスクイーズアウトは、株式交換を活用して少数株主から株式を強制的に取得する方法です。株式交換とは、既存の複数の会社間に親子関係を作出するために用いられる手法ですが、その際、一般的には子会社株主に対して親会社株式が割り当てられますので、当該複数の会社同士が親子会社の関係となり、子会社株主は親会社株主に移行することになります（会社法767〜769）。

一方、株式交換により現存する事業会社を子会社とする際、子会社となる会社の従来の株主に対して親会社株式ではなく金銭を交付すれば、子会社たる事業会社の株主が親会社の少数株主として存続することはなく、強制的に株式を取得することができます（会社法768①）。

　株式交換の場合も株式併合と同様、株式交換に反対する株主は、所有する株式を株式交換完全子会社に対して公正な価格で買い取ることを請求することができる（会社法785①）ので、注意が必要です。

(3) 全部取得条項付種類株式

　全部取得条項付種類株式を活用したスクイーズアウトは、種類株式の一種である全部取得条項を、会社の発行するすべての株式に付した上で、これを会社が全部取得し、その対価の設定方法によって少数株主から集約する方法です（会社法171、173、234）。

　全部取得条項付種類株式を取得する際には、取得の対価を株主に交付しますが、その交付比率について、経営者には1株以上交付され、少数株主には1株未満が交付されるように設定します。その後は、株式併合の場合と同様に、端株の処分・買取りを進めていきます（会社法234）。

　この手続きを進める中で、全部取得条項付種類株式を導入する際に、一定の要件を満たす反対株主は、裁判所に対する価格決定の申立てを行うことができます（会社法172）。この場合には、裁判所が公正な価格を定めますので、反対株主は株主総会が定めた対価ではなく、公正な価格に相当する金銭を取得することとなります。

(4) 特別支配株主の株式等売渡請求

　以上、紹介したスクイーズアウトの手法は、いずれも経営陣で3分の2超の議決権を保有している場合に活用可能な手法ではあるものの、手続きが煩雑であるなど、使い勝手のよい手法とはいい難い

ものでした。一方、平成26年会社法改正において創設された特別
支配株主の株式等売渡請求制度は、単純な議決権要件さえ満たせば
利用可能なシンプルな制度で、期間短縮にもつながりますので、要
件に該当する会社にとっては最適な手法といえます。

この制度において、ある会社の総株主の議決権の90％以上（自
身の100％子会社等の保有株式も含む）を有する株主（特別支配株
主）は、自身以外の少数株主ら全員に対し、その保有する株式の全
部を特別支配株主に売り渡すよう請求することができます（会社法
179）。

なお、売渡請求を受けた少数株主は、一定の期間内であれば、裁
判所に対して売買価格の決定の申立てをすることができる点に留意
が必要です（会社法179の8）。

④ 相続人等に対する株式売渡請求

定款に定めることで、株主に相続が生じた場合にその相続人に対
して株式の売渡しを請求できる制度であり、詳細は **Q25** において
紹介したとおりです。

スクイーズアウトの各手法等のように、一括して少数株主を排除
できる手法ではないものの、少数株主との間での感情的な対立関係
を生じさせにくいタイミングでもあり、積極的に活用すべきと考え
ます。

⑤ 所在不明株主

所在不明株主とは、発行会社から株主名簿に記載された住所宛て
に発送される通知又は催告が5年以上継続して到達せず、かつ、継
続して5年間配当を受領していない株主をいいます（会社法197①）。
株式分散の原因として紹介した発起人が多数必要であったことによ
り分散したケース等において、古い株主の一部には所在不明となっ

ている株主も一定数存在し、一定の要件を満たす場合には、その株式を処分したり、会社が取得したりすることができます。

この場合、発行会社は、取締役会の決議により、所在不明株主が所有する株式を売却し、その対価を当該株主に交付することができます。所在不明株主の株式を売却するに当たり、発行会社は、所在不明株主の株式を売却すること、売却に異議のある場合は一定の期間内（3か月以上）に発行会社に申し出ることを公告（「異議申述公告」という）するとともに、所在不明株主宛てに催告を行います。

異議申述期間内に申出があった株主の所有株式は、売却対象から除外されます。

期間内に申出がされなかった所在不明株主の所有株式については、発行会社が売却し、その対価を管理します。所在不明株主から売却代金の支払請求がある場合、売却代金は所在不明株主等に交付されます。なお、売却代金の消滅時効期間は売却日より10年です。

この制度を活用することで、所在不明株主からの株式の集約が可能ですが、上記の「5年間要件」が、いざ事業承継を実行しようとする会社（それまで株主総会の招集通知等を送付してこなかった会社など）にとっては長すぎるため、適時の事業承継が実現できないと指摘されてきました。

そこで、中小企業のうち、経営承継円滑化法12条1項1号ホの定める要件を満たす会社、つまり事業承継のための株式集約の必要性が高い会社については、「5年」の期間を「1年」に短縮する特例制度が創設されました。

この制度の詳細については中小企業庁のパンフレット等に詳解されていますので、中小企業庁のウェブサイト等から参照してください。なお、筆者としては、上記の適用要件のうち、所在不明株主の保有議決権割合に関する要件が厳しく、利用を断念するケースが多いのではないかと想像しますが、所在不明株主対応を行う場合には

108　第3章／資本政策・種類株式

同制度の適用可能性の検討は必須ですので、ご留意ください。

6 名義株主

名義株とは、他人の名義を借用して取得された株式をいい、株主名簿上の株主と、真の株主が一致しない状態となっているものです。一般的には、当該株主名簿上の株主を名義株主といい、真の株主とは区別して把握されているケースが見受けられます。

名義株主は、前述した平成2年改正前商法における発起人の人数ルールを始め、**Q25**で紹介した株式の分散原因と同様の原因で発生してきたものと考えられます。すなわち、発起人7名のケースや論功行賞等のケースにおいて、実際に株式を取得させると株式分散の問題が生じますが、実際には株主名簿を操作するだけで、真の株主たる地位は移転させないケースにおいて、名義株主の問題が生ずるのです。

しかし、中には、譲渡を受けた者は真の株主になったと思っていたけれども、譲渡した側は名義を移しただけで真の株主は自分のままであると認識しているケースもあります。これは「当該株式に係る真の株主は誰か」という問題であり、紛争に発展するケースも少なくない論点といえます。

真の株主については累次の裁判例より、株式取得資金の拠出者は誰か、名義人と所有者との関係や合意内容、取得後の配当等の帰属状況、名義人らと会社との関係、名義を借用する理由の合理性、株主総会での議決権の行使状況など、諸般の事情を総合的に考慮して決せられることとされています。その中でも、資金拠出者と、議決権行使や配当等で会社が誰を株主として扱ってきたか、といった点が重要な考慮要素と考えられています。

名義株主の問題は一見すると株式の集約とは異なる論点と思われますが、株式分散と名義株主は表裏の関係にあり、分散した少数株

主の中に真の株主も名義株主も混在している、といったケースも少なくありません。

　名義株主が、自身は名義株主であることを認めている状況であれば、かかる内容の合意書（確認書）と、株主名簿書換請求書を作成して署名押印してもらい、定款・会社法の定めに従って株主名簿を書き換えれば問題ありません。しかし、名義株主が真の株主であると主張するような場合には、上記の考慮要素に基づいて、真の株主が誰であるのかを判定しなければなりません。会社側の解釈に基づく要求に応じてもらえない場合には裁判所で株主権の確定のための裁判を行うことも視野に、交渉を行うこととなります。

8 種類株式制度の概要

Q28

中小企業が事業承継において活用できる種類株式制度
とは、どのような制度でしょうか。

・・

Point

●種類株式には多様なメニューがあり、事業承継にも活用可
能。

●複雑な制度である上、後戻りもしにくいため、慎重に検討
すべき。

・・

Answer

① 種類株式制度とは

　我が国会社法の定める株主平等の原則に基づき、各株主の権利内
容と株主ごとの取扱いは平等でなければならないのが原則です（会
社法109）。同じ株主であるはずなのに、大株主が（持株割合を超
えて）高額な配当を受け取ったり、多くの議決権を行使したりして
いたら、他の株主として受け入れることはできません。

　一方で、会社側には多様な資金調達ニーズがあり、議決権や配当
において柔軟な設計を施すことで、自社株式という投資商品の価値
を高め、株主から適時適切な資金調達を実現する必要があります。
また投資家側にも、議決権には興味はなく、経営は現経営陣に委ね

Q28／種類株式制度の概要　111

たいが、その分配当では高利回りを期待したいというケースや、一定の場合には投資先の株式を現金化するために会社に取得を求めたいケースなどもあるでしょう。

こういった、会社側及び投資家側のニーズに応えるため、種類株式制度が創設されました（会社法 108）。なお、会社法上、株式の種類として設定できる事項は議決権や取得条項、拒否権等に限られており、会社法の定める以外の事項に関する種類を付すことはできません。

以下では、事業承継で活用される主な種類株式の概要と、その活用場面を紹介します。

② 事業承継で活用される主な種類株式

⑴ 議決権制限株式

会社法上、議決権の行使を制限した株式を発行することができます（会社法 108 ①三）。経営陣とそれ以外の株主について、前者には議決権を持たせ、後者の議決権を持たせない（無議決権株式とする）ことで、議決権を集約して機動的な意思決定を確保しつつ、他の株主にも配当等で報いることなどができます。

なお、当該種類株式においては議決権の制限ができるのみ、すなわちある事項又は全部の事項について議決権を行使できないこととする、という定めしかできません。したがって、1 株に複数の議決権を持たせたり、一定数以上の株式を保有する株主に議決権数の上限を設けるといった定め方はできません。

事業承継の場面においては、例えば少数株主をスクイーズアウトする代わりに、少数株主の同意を得て、当該株主が保有する株式を無議決権株式として議決権の集約を図る方法が考えられます。その際、議決権を奪うだけではなく、いわば代償として配当優先株式とすることで、少数株主の理解を得やすくなると考えられます。

112 第3章／資本政策・種類株式

同様に、主として配当による福利厚生を企図した従業員持株会を設立する場合に、従業員持株会に交付する株式は配当優先無議決権株式とするケースや、遺言による遺産の分配に際して、後継者には普通株式を相続させ、後継者以外の相続人にはあらかじめ発行しておいた配当優先無議決権株式を相続させるといった対策も考えられます（遺留分問題や遺産分配の偏りの是正の観点から）。

(2) 取得条項付種類株式

会社は、一定の事由が生じたことを条件として、会社がその株式を強制的に取得することができる種類の株式を発行することができ、取得条項付種類株式といいます（会社法108①六）。名称の似ている全部取得条項付種類株式や取得請求権付種類株式とはまったく異なるものです。

事業承継の場面では、上記の「一定の事由」について、株主の死亡と定めておくことで、相続人等に対する株式売渡請求と同様の効果を期待することができます（相続人等に対する株式売渡請求の場合と異なり、いわゆるクーデターのリスクがない）。また、一定の事由として「会社が別に定める日の到来」といった抽象的な定めも認められます（会社法107②三ロ）。この場合、会社は任意の時期に当該種類株式を強制的に取得することができることとなります。

なお、取得対価が分配可能額（会社法461②）を超える場合には取得の効力は生じないこととなりますので、ご留意ください（会社法170⑤）。

(3) 全部取得条項付種類株式

会社は、株主総会の特別決議により、その種類の株式の全部を取得することができるという内容の種類株式を発行することができ、全部取得条項付種類株式といいます（会社法108①七）。

事業承継の場面では、株式が分散している場合に、その集約の目的で活用されることがあります。具体的には、議決権を経営陣に集

約するために、既存株式の全部を全部取得条項付種類株式に変更し、経営陣には普通株式（議決権のある株式）を割り当て、無議決権株式（議決権制限株式）を取得対価として、全部取得条項付種類株式を取得する方法です。

　一方、少数株主の締出しが「不当な目的」に該当する場合には株主総会決議の取消理由となり得る、との指摘もあり、本制度の活用時には慎重な検討が必要です。

⑷　拒否権付種類株式

　会社は、株主総会等での決議事項について、その株主総会等の決議のほか、当該種類の株式を保有する種類株主により構成される種類株主総会の決議を必要とする、という内容を有する種類株式を発行することができ、拒否権付種類株式（いわゆる黄金株）といいます（会社法108①八）。

　拒否権付種類株式が発行されている場合、その対象となる決議事項については、通常の株主総会で決議されただけでは効力は生じず、拒否権付種類株式の株主による種類株主総会の決議があって初めて効力を生じます（会社法323）。

　事業承継の場面では、後継者に株式を譲渡するものの、最終的な意思決定権は先代経営者に留保したいケースや、後継者に経営を任せるものの、重要な事項については先代経営者の承認を必要としたい、といったケースにおいて活用可能です。

　なお、拒否権付種類株式が相続の対象となり、仮に後継者以外の相続人に相続されてしまった場合には、後継者による意思決定に重大な支障をきたすことから、当該種類株式を発行する場合には、将来的に当該種類株式がどのように承継されていくのかを慎重に検討し、最低限遺言を作成するなど、適切な対応が必要です。

⑸　株主ごとの異なる取扱い

　全部の株式について譲渡制限を定めている会社（中小企業の大部

分）においては、株主平等原則の例外として、①剰余金の配当を受ける権利、②残余財産の分配を受ける権利、③株主総会における議決権に関する事項について、株主ごとに異なる取扱いを定款で定めることができます（会社法109②）。これを、「属人的な定め」といい、その類似性から種類株式と並列に説明されることが多いのですが、厳密にはまったく異なる制度です。

　事業承継の場面では、特に議決権に関する取扱いの柔軟性が特徴的であるため、拒否権付種類株式のように株式譲渡と意思決定権の委譲のタイミングをずらす目的で活用されたり、現経営者の認知症対策として活用されたりすることも想定されます。

　種類株式とは異なり、属人的な定めは登記されないため、第三者に知られることなく事業承継対策を行うことが可能であり、この点からも近年活用事例が増えているように思われます。

③　積極的な種類株式の活用を

　以上のとおり、種類株式はその活用方法によっては円満・円滑な事業承継の実現にとって有益なものであり、属人的な定めを含めて、活用事例も増えているものと思われます。しかし、制度はそれほど単純ではない上に、数年から数十年のスパンでその影響を及ぼすものであり、後戻りも難しい制度ですので、導入する際には、将来会社に起こり得るさまざまな事象を想起して、致命的な障害が生じないかを検証する必要があります。

　事業承継対策すべてに当てはまることですが、手先のテクニックに頼るのではなく、当事者や承継対象会社の実態を真摯に分析し、本質的な課題を見極めて、適切な、できるだけシンプルな対策を講ずるのが事業承継対策の王道であると考えます。その上で、種類株式の活用が最適であると判断した場合には、ぜひ積極的に活用してください。

Q28／種類株式制度の概要　115

第4章

事業承継における株式評価

1 「時価」とは

Q29

非上場株式の評価における時価の考え方について教えてください。

Point

●財産の時価とは、市場における自由な取引によって決まる価格を指す。

●上場株式は市場価格がそのまま時価として認められるが、非上場株式の場合は、独立した当事者間の取引価格や国税庁の基準による評価額が時価として考慮されることが一般的。これにより、財産の公正な評価が可能となる。

Answer

一般に、財産の時価とは、特定の時点におけるその財産の客観的な交換価値を指し、「不特定多数の当事者間で自由な取引が行われる際に通常成立する価額」と理解されています。この概念は、所得税法、法人税法、相続税法においても同様に適用されます。

例えば、上場株式の場合、市場で成立している価格がその時価となります。これは、市場での需給バランスに基づいて価格が決まるため、時価を明確に知ることができるからです。

非上場株式においても、M&A などの利害関係が対立する独立した当事者間で行われる取引では、両者が会社の価値を評価し、合意

118　第4章／事業承継における株式評価

した価額がその時点での適正な時価といえます。

しかし、利害対立のない親族間で非上場株式の譲渡を行うような場合の時価の算定は簡単ではありません。一般的には非上場株式は市場性がなく、仮に売買された事例があったとしても特定の当事者間で特別の事情で取引されるのが通常であるため、客観的交換価値をこういった取引事例から決定することは非常に困難です。

したがって、親族間における非上場株式の取引においては、課税のリスクを避けるため、常に税法基準を意識して売買価格を決定する必要性があります。

本章においては、事業承継の際の同族グループを中心とした取引を前提としています。

2 非上場株式の取引形態によって適用される税法

Q30

非上場株式の時価の算定において、どの税法が適用されるのか教えてください。

Point
●非上場株式の時価を算定する際には、取引相手や取引内容に応じて適用される税法が異なる。

Answer

　利害対立のない親族間における非上場株式の取引については、課税のリスクを避けるために、常に税法基準を意識して売買価格を決定する必要性があります。

　税法を踏まえて非上場株式の時価を算定する際には、適用される税法が取引相手や取引内容に応じて異なることとなります。個人については所得税法の規定が、法人については法人税法の規定が適用されます。なお、株式の評価について、所得税法と法人税法はいずれも個別の規定を設けておらず、相続税法の財産評価基本通達による方法を一定の条件下で採用する扱いになっています。

① 個人が株式を譲渡等する場合

(1) 個人から個人への売買

　個人間で非上場株式を売買する場合には、株式の譲渡所得に対し

120　第4章／事業承継における株式評価

ては所得税が課税されるので、所得税法が適用されますが、所得税法には個人間取引の時価算定に関する具体的な定めがありません。

　一方、個人間で決定した取引金額が、相続税法に定める時価と差が生じた場合、みなし贈与課税（相法7）が発生することもあります。

　よって、個人間で非上場株式を売買する場合の取引金額の設定には相続税法の規定が前提として適用されることとなります。

(2)　個人から法人への売買

　個人が法人に対し株式を売買する場合には、個人については所得税法の規定を、法人については法人税法の規定を適用することになります。

　所得税法において、個人が法人に対し、譲渡所得の基礎となる財産を著しく低い価額の対価で譲渡した場合には、時価による譲渡があったとみなされて課税されます（いわゆる「みなし譲渡課税」）（所法59①二）。この「著しく低い価額」とは、財産の譲渡の時における価額の2分の1に満たない金額とされています（所令169）。一方、受取法人については、法人税法において、時価により財産を取得したものとして扱われ受贈益に対し法人税が課税されます（法法22②）（所得税法及び法人税法における「時価」については **Q38**、**Q39** 参照）。

(3)　相続又は贈与

　相続税法においては、相続、遺贈又は贈与により取得した財産の価額は、その取得の時における時価により、債務の金額はその時の現況により評価し、相続税や贈与税が課税されます。相続税法における時価は財産評価基本通達により評価した価額とされています（相法22、評基通1(2)）。

　ただし、財産評価基本通達には「この通達の定めによって評価することが著しく不適当と認められる財産の価額は、国税庁長官の指示を受けて評価する」（評基通6）とも規定されているので、例え

ば非上場株式が直近に第三者間で売買され、その価額が財産評価基本通達による評価額と乖離が大きいような場合には、財産評価基本通達以外の要素を考慮する必要も出てきます。

② 法人が株式を譲渡等する場合

法人が行う取引については、すべて経済的合理性があるものとして取り扱われるため、その合理性を失うような特別な関係がある場合などに課税上の問題が生じます。法人税法における非上場株式の時価については、Q38を参照してください。

(1) 法人から個人への売買

法人から個人へ株式を売買する場合には、①(2)と同様に、法人については法人税法の規定を、個人については所得税法の規定を適用することになります。

法人が個人に対して行った株式の譲渡価額が、時価よりも低額である場合には、譲受者個人側に、一時所得、あるいは譲受者の立場により、給与所得、退職所得課税がされます。一方、譲渡法人では、時価との差額は寄附金等として取り扱われます。

(2) 法人から法人への売買

法人間で株式を売買する場合、法人税法が適用されます。

法人が法人に対して行った株式の譲渡価額が、時価よりも低額あるいは高額である場合、各々の当事者について、時価との差額は受贈益や寄附金等として取り扱われることになります。

(3) 組織再編を行う場合

組織再編を行う際には合併比率や会社分割比率などの株式の交付比率を算定しますが、その際に使用する非上場株式の評価については、会社法や税法は特に規定がありません。

実務上は、客観的に企業価値が計測できる「1株当たり時価純資産価額」を使用することが多いです（債務超過である場合は別途検

討が必要になる）。

　具体的には、**Q38**法人税基本通達 9 － 1 － 14 (2)・(3)及び**Q39**所得税基本通達 59 － 6 (3)・(4)を参考にして、「1 株当たり純資産価額」をベースに、土地や上場有価証券などの財産は時価に置き換え、評価差額に対する法人税額等に相当する金額は控除しないといった方法により評価します。

　1 株当たり時価純資産価額を基に株式交付比率を算定すれば、株主の間で株式の価値の移転によるみなし贈与課税や受贈益課税といった問題は原則として生じないものと考えられます。

Q30／非上場株式の取引形態によって適用される税法　123

3 非上場株式の評価の手順

Q31

相続税法上の非上場株式の評価方法の判定手順を教えてください。

Point

●財産評価基本通達で定める非上場株式の評価は、取得者が同族株主に該当しているか否かによって評価額が変わるため、まずは取得者の判定から始める。

Answer

次の手順で判定を行い、非上場株式の評価を行います。

① 株式等の取得者は、「同族株主」に該当するか否か

株主が同族株主以外の株主に該当していれば、原則として配当還元方式により株価を算定することになります。ただし、配当還元価額が原則的評価方式により計算した価額（純資産価額又は類似業種比準価額）より高い場合には後者を採用しますので、原則的評価方式の価額も算定する必要があります。

② 評価の対象となる会社の規模判定

上記①で「同族株主」と判定された株主は、原則的評価方式により評価することになりますが、次に評価対象会社の規模（大会社・

124 第4章／事業承継における株式評価

中会社・小会社）の判定を行い、「類似業種比準方式」、「純資産価額方式」又は「併用方式」のうち、具体的に採用する方式を決定します。

③ 特定の評価会社の判定

上記①で「同族株主」と判定された株主は、原則的評価方式により評価するのが原則ですが、対象となる会社が「特定の評価会社」に該当しているか否かの判定を行います。

なお、「特定の評価会社」と判定された場合には、純資産価額方式を中心とした方式により株価を算定します。ちなみに「特定の評価会社」のうち「開業前又は休業中の会社」及び「清算中の会社」と判定された会社の株価は、同族株主以外の株主を含め純資産価額等により算定します。

④ 具体的な評価方式の計算

上記②及び③により、具体的な評価方式が決定しますが、それに応じて「類似業種比準方式」もしくは「純資産価額方式」又は「配当還元方式」により株価を算定します。

4 同族株主の判定

Q32

同族株主の判定順序について教えてください。

Point

●同族株主とは、株主グループ（株主の1人とその同族関係者）の有する議決権割合が、30%以上である場合におけるその株主及びその同族関係者のことをいう。ただし、過半数を占める筆頭株主グループがいる場合は、そのグループのみが該当する。

●一定の条件下において、同族株主であっても特例的評価方式によって評価することもあれば、同族株主でなくとも原則的評価方式で評価することもあるため、注意が必要。

Answer

① 株主区分の判定

(1) 株主区分による評価方法の判定

取引相場のない株式の価額は、一般的には類似業種比準方式、純資産価額方式及びこれらの併用方式によって評価することとされています（原則的評価方式）。ただし、議決権割合が少ない一定の株主等が所有する株式については、特例的評価方式（配当還元方式）が認められています。

126 第4章／事業承継における株式評価

株主区分の判定と評価方式の関係を示すと、図表4－1のとおりです。

■図表4－1　株主区分の判定と評価方式

株主の様態					評価方式
同族株主のいる会社	同族株主	取得後の議決権割合5%以上			原則的評価方式
		取得後の議決権割合5%未満	中心的な同族株主がいない場合		
			中心的な同族株主がいる場合	中心的な同族株主	
				役員である株主又は役員となる株主	
				その他	配当還元方式（原則的評価方式も選択可能）
	同族株主以外の株主				
同族株主のいない会社	議決権割合の合計が15%以上のグループに属する株主	取得後の議決権割合5%以上			原則的評価方式
		取得後の議決権割合5%未満	中心的な株主がいない場合		
			中心的な株主がいる場合	役員である株主又は役員となる株主	
				その他	配当還元方式（原則的評価方式も選択可能）
	議決権割合の合計が15%未満のグループに属する株主				

（出典）　松田貴司編『財産評価基本通達逐条解説　令和5年版』（大蔵財務協会）

(2)　**特例的評価方式（配当還元方式）が適用される株主**

　特例的評価方式（配当還元方式）が適用される株主は、次のとおりです（評基通188）。

①　同族株主のいる会社の同族株主以外の株主

　なお、「同族株主」とは、課税時期における評価会社の株主の

うち、株主の1人及びその同族関係者（法令4に規定する特殊の関係のある個人又は法人をいう）の有する議決権の合計数がその会社の議決権総数の30％以上である場合におけるその株主及びその同族関係者をいう。

　ただし、議決権総数の50％超を占める筆頭株主グループがいる場合はそのグループのみが「同族株主」となり、その他の株主はすべて同族株主以外の株主となる。

②　中心的な同族株主がいる会社の中心的な同族株主以外の株主で、株式取得後の議決権の数がその会社の議決権総数の5％未満であるもの。ただし、課税時期においてその会社の役員（社長、理事長ならびに法令71①一・二・四に掲げる者をいう）である者及び法定申告期限までに役員となる者を除く。

　なお、「中心的な同族株主」とは、課税時期において同族株主の1人ならびにその株主の配偶者、直系血族、兄弟姉妹及び1親等の姻族（これらの者の同族関係者である会社のうち、これらの者が有する議決権の合計数がその会社の議決権総数の25％以上である会社を含む）の有する議決権の合計数がその会社の議決権総数の25％以上である場合におけるその株主をいう。

③　同族株主のいない会社の株主のうち、課税時期において株主の1人及びその同族関係者の有する議決権の合計数が、その会社の議決権総数の15％未満である株主

④　中心的な株主がおり、かつ、同族株主のいない会社の株主のうち、課税時期において株主の1人及びその同族関係者の有する議決権の合計数がその会社の議決権総数の15％以上である場合におけるその株主で、その者の株式取得後の議決権の数がその会社の議決権総数の5％未満である者（上記②の役員である者及び役員となる者を除く）

　なお、「中心的な株主」とは、課税時期において株主の1人及び

その同族関係者の有する議決権の合計数がその会社の議決権総数の15％以上である株主グループのうち、いずれかのグループに単独でその会社の議決権総数の10％以上の議決権を有している株主がいる場合におけるその株主をいう。

　通常、オーナー経営者が後継者に株式の承継をする場合には、大株主であることから特例的評価方式（配当還元価額方式）になることは稀です。しかし、親族であっても、特定の条件を満たせば配当還元価額方式により株式を承継させることができます。

② 議決権割合の判定

(1) 自己株式を有する場合の議決権総数

　評価会社が自己株式を有する場合には、その自己株式に係る議決権の数は0として計算した議決権の数をもって評価会社の議決権総数とします（評基通188－3）。

(2) 相互保有株式に係る議決権の数

　会社法308条1項の規定により、例えば、A法人がB法人の議決権を25％以上有する場合、B法人はA法人の株式に基づく議決権を有しないこととされています。

　上記規定により、評価会社の株式につき議決権を有しないこととされている会社がある場合には、その会社の有する評価会社の議決権の数は0として計算した議決権の数をもって評価会社の議決権総数とします（評基通188－4）。

　なお、評価会社の株主が同族関係者に該当するかどうかについても同様に判定します。

(3) 議決権制限株式を発行している場合の議決権総数

　会社法108条1項では、議決権を行使することができる事項について制限を設けた「議決権制限株式」の規定が設けられています。

　評価会社が株主総会の全部の事項について議決権を行使できない

株式（完全無議決権株式）を発行している場合には、その完全無議決権株式に係る議決権の数は0として計算した議決権の数をもって評価会社の議決権総数としますが、株主総会の一部の事項についてのみ議決権を行使できない株式に係る議決権の数については、これを含めて判定を行います（評基通188－5）。

⑷　投資育成会社が株主である場合の同族株主等

　評価会社の株主のうちに投資育成会社（中小企業投資育成株式会社法に基づいて設立された中小企業投資育成株式会社をいう）があるときは、投資育成会社の有する評価会社の議決権の数を除外して同族株主等の判定を行います（財基通188－6）。

5 会社規模の判定

Q33

非上場株式の会社規模の判定手順について教えてください。

Point

●会社規模の判定においては、業種ごとに定められた「簿価総資産価額」「従業員数」「直前期末以前1年間における取引金額」の3要素で判定を行い、大会社〜小会社の5つの区分に区分されるが、従業員数が70人以上である場合は無条件で大会社となる。

Answer

① 会社規模の判定

　取引相場のない株式の原則的な評価方式は、会社の規模によって評価方法が異なります。まず、従業員数70人以上の場合は他の要素にかかわらず大会社に該当します。従業員数70人未満の場合は業種を「卸売業」「小売・サービス業」「卸売業、小売・サービス業以外」の3つに区分した上で、会社規模の判定をします。

　会社規模の判定には、「総資産価額（帳簿価額によって計算した金額）」及び「従業員数」、「直前期末以前1年間における取引金額」の3要素をもとに、「総資産価額基準（図表4-2A）と従業員数

Q33／会社規模の判定　131

基準（図表 4 - 2 B）のいずれか下位の区分」と「取引金額基準（図表 4 - 2 C）」のいずれか上位の区分により、大会社・中会社の大・中会社の中・中会社の小・小会社のいずれに該当するか判定を行います。

■図表4-2　会社規模の判定

①直前期末の総資産価額基準及び従業員数基準				②直前期末の取引金額基準			会社規模の判定結果
総資産価額（簿価）			従業員数	取引金額			
卸売業	小売・サービス業	左記以外		卸売業	小売・サービス業	左記以外	
20億円以上	15億円以上	15億円以上	70人未満35人超	30億円以上	20億円以上	15億円以上	大会社
20億円未満4億円以上	15億円未満5億円以上	15億円未満5億円以上	70人未満35人超	30億円未満7億円以上	20億円未満5億円以上	15億円未満4億円以上	中会社の大
4億円未満2億円以上	5億円未満2.5億円以上	5億円未満2.5億円以上	35人以下20人超	7億円未満3.5億円以上	5億円未満2.5億円以上	4億円未満2億円以上	中会社の中
2億円未満7,000万円以上	2.5億円未満4,000万円以上	2.5億円未満5,000万円以上	20人以下5人超	3.5億円未満2億円以上	2.5億円未満6,000万円以上	2億円未満8,000万円以上	中会社の小
7,000万円未満	4,000万円未満	5,000万円未満	5人以下	2億円未満	6,000万円未満	8,000万円未満	小会社

A　　　　B　　　　C

② 会社規模別の評価方法

会社規模別の評価方法は、図表 4 - 3 のとおりです（評基通179）。

① 大会社の株式は、類似業種比準価額による評価となっています

132　第4章／事業承継における株式評価

が、1株当たりの純資産価額による評価を選択することもできます。

② 中会社の株式は、類似業種比準価額と1株当たりの純資産価額との併用方式により評価します。この場合も1株当たりの純資産価額による評価を選択することができます。

③ 小会社の株式は、1株当たりの純資産価額によって評価します。ただし、Lの割合を0.5として中会社の株式に適用している併用方式で評価することも選択できます。

■図表4-3　会社規模別の評価方法

会社規模	評価方法
大会社	類似業種比準価額 又は 純資産価額
中会社	類似業種比準価額×L＋純資産価額×（1－L） 又は 純資産価額
小会社	類似業種比準価額×0.5＋純資産価額×0.5 又は 純資産価額

（注）　算式中の「L」は、会社規模の判定結果に応じて、中会社の大は0.9、中会社の中は0.75、中会社の小は0.6とされている。Lの割合が大きくなると類似業種比準価額の反映割合も大きくなる。

会社規模が大きくなると評価額が下がることがありますが、これは一般的に類似業種比準価額の方が純資産価額よりも評価額が低く算定されることが多いためです。また、類似業種比準価額は業績によって評価額に影響を与えるため、贈与や相続のタイミングで課税価格が変動することがあります。

Q33／会社規模の判定　133

6 特定の評価会社の判定

Q34

「特定の評価会社」とはどういった会社でしょうか。また、評価方法の違いについて教えてください。

Point

●特定の評価会社とは、評価会社の資産の保有状況、営業の状態等が一般の評価会社とは異なるものと認められる評価会社をいい、原則として純資産価額方式により評価される。

Answer

　同族株主が取得した株式は、原則として会社規模に応じた算定方法で評価されます。**Q33**でみたとおり、①上場会社に準ずるような大会社の株式は、上場会社とのバランスを考慮して「類似業種比準方式」、②個人事業に準ずるような小会社の株式は、個人が所有する財産とのバランスを考慮して「純資産価額方式」、③大会社と小会社との中間にある中会社の株式は、それぞれの評価方式をミックスした「併用方式」により評価することとされています。

　しかし、評価対象会社の中には、一般の会社と比べて、資産内容や営業活動の内容が特徴的な会社もあり、このような会社については、会社の規模だけを考慮して株価を算定することは、その会社の実態を反映した適正な株式評価とはいえません。そこで、財産評価基本通達では、このような会社を「特定の評価会社」と定義して、

134　第4章／事業承継における株式評価

原則として純資産価額方式により評価すると規定しています。

特定の評価会社の判定は、下記の順序で行います。

1 清算中の会社

解散手続きが完了し、課税時期において清算段階に入っている会社をいいます。該当する場合は、清算分配見込額の複利現価の額によって評価します。

2 開業前又は休業中の会社

「開業前の会社」とは法人設立後、現に事業活動を開始するまでに至っていない会社をいい、「休業中の会社」とは、課税時期において相当長期間にわたって休業中であるような会社をいいます。該当する場合は、「純資産価額」により評価します。

3 開業後3年未満の会社

課税時期において開業後3年未満の会社をいいます。該当する場合は、「純資産価額」により評価します。

4 比準要素数0の会社

課税時期において類似業種比準方式の3つの比準要素である「配当金額」「利益金額」及び「純資産価額」（詳しくは**Q35**を参照）の3要素がいずれもゼロである会社をいいます。該当する場合は、「純資産価額」により評価します。

5 土地保有特定会社

評価会社の総資産価額に占める土地等の価額の合計額の保有割合が次の基準に該当する会社をいいます。該当する場合は、「純資産価額」により評価します。

■図表4-4 土地保有特定会社

会社規模	土地等の保有割合	
大会社	70%以上	
中会社	90%以上	
小会社	会社規模の判定において大会社の総資産価額基準に該当する会社	70%以上
	会社規模の判定において中会社の総資産価額基準に該当する会社	90%以上

6 株式保有特定会社

評価会社の総資産価額に占める株式等の価額の合計額の保有割合が50%以上の会社をいいます。

該当する場合は、「純資産価額」又は「S1+S2方式による価額」により評価します。

7 比準要素数1の会社

課税時期において、上記4の比準要素数0の会社で示した要素のうち2つの要素がゼロであり、かつ、直前々期末を基準にしてそれぞれの金額を計算した場合にも2つの要素がゼロとなる会社をいいます。

該当する場合は、「純資産価額」又は「類似業種比準価額×0.25＋純資産価額×0.75」により評価します。

なお、上記の「特定の評価会社」に該当していたとしても、従業員や得意先などの同族株主等以外については、「1清算中の会社」及び「2開業前又は休業中の会社」を除き、配当還元方式により評価することになります。

136　第4章／事業承継における株式評価

7 類似業種比準方式の計算方法

Q35

類似業種比準方式の計算方法について教えてください。

・・・・・・・・・・・・・・・・・・・・・・・・・・・・・・・・・・・

Point

●類似業種比準方式は、評価会社の事業内容が類似する上場会社の株価を基に、1株当たりの「配当金額」「利益金額」及び「純資産価額」の3つの比準割合を乗じて算出する。なお、上場株式に比べて流通性が低いことを考慮し、会社規模により比準価額の70%～50%相当額で評価する。

・・・・・・・・・・・・・・・・・・・・・・・・・・・・・・・・・・・

Answer

① 類似業種比準方式の概要

類似業種比準方式は、評価会社と事業内容が類似する業種目に属する上場会社（類似業種）の株価をベースに、評価会社と類似業種の1株当たりの「配当金額」「利益金額」及び「純資産価額」の3つの比準割合を乗じて算出する方式です（評基通180）。

なお、実際には取引市場を持たず流通性の低い株式であることを考慮し、それぞれ算出された価額に対して、大会社は70%、中会社は60%、小会社は50%相当額で評価します。

Q35／類似業種比準方式の計算方法　137

■図表4－5　類似業種比準価額の算式

$$
A \times \frac{\dfrac{《B》}{B} + \dfrac{《C》}{C} + \dfrac{《D》}{D}}{3} \times
\begin{array}{l}
0.7（大会社の場合）\\
0.6（中会社の場合）\\
0.5（小会社の場合）
\end{array}
$$

A：類似業種の株価
B：課税時期の属する年の類似業種の1株当たりの配当金額
C：課税時期の属する年の類似業種の1株当たりの年利益金額
D：課税時期の属する年の類似業種の1株当たりの純資産価額（簿価）
　《B》：評価会社の1株当たりの配当金額
　《C》：評価会社の1株当たりの年利益金額
　《D》：評価会社の1株当たりの純資産価額（簿価）

② 各算定要素の確認方法

(1) 業種目の判定

　業種目の判定は、まず総務省が公表している「日本標準産業分類」によって会社を分類することから始めます。

　次に、国税庁より公表されている「日本標準産業分類の分類項目と類似業種比準価額計算上の業種目との対比表」を用いて、日本標準産業分類における分類項目から類似業種の業種目を特定します。このとき、該当する業種が小分類に区分されているものは小分類による業種目、中分類に区分されているものは中分類の業種目、大分類に区分されているものは大分類の業種目を使用します。ただし、類似業種が小分類の業種目は、その業種目の属する中分類の業種目、類似業種が中分類による業種目は、その業種目の属する大分類の業種目を選択することができます（評基通181、181－2）。

(2) 類似業種の株価等

　算定に用いる類似業種の株価、1株当たりの「配当金額」「利益金額」及び「純資産価額」については「類似業種比準価額計算上の業種目及び業種目別株価等について（法令解釈通達）」に定められ

138　第4章／事業承継における株式評価

ており、国税庁から毎年6月以降にその年分の株価等が公表されています（評基通183－2）。

　なお、類似業種の株価は、課税時期の属する月以前3か月間の各月の類似業種の株価のうち最も低いものを用います。ただし、納税義務者の選択により、類似業種の前年平均株価又は課税時期の属する月以前2年間の平均株価によることもできます（評基通182）。

(3)　評価会社の3要素の算定

　それぞれ下記の方法で計算を行います。ただし、発行済株式数はいずれも1株当たりの資本金等の額を50円とした場合の株数を用います（評基通183）。

《B》：評価会社の1株当たりの配当金額

　　直前期末以前2年間におけるその会社の剰余金の配当金額（非経常的な配当を除く）の合計額の2分の1に相当する金額を、直前期末における発行済株式数で除して計算した金額とします。

　　なお、上記配当は各事業年度中に配当金交付の効力が発生した配当金額（資本金等の額の減少によるものを除く）を基として計算を行います。

《C》：評価会社の1株当たりの年利益金額

　　直前期末以前1年間における法人税の課税所得金額（非経常的な利益の金額を除く）に、その所得の計算上益金に算入されなかった剰余金の配当等の金額（所得税額に相当する金額を除く）及び損金に算入された繰越欠損金の控除額を加算した金額（その金額が負数のときは、0とする）を、直前期末における発行済株式数で除して計算した金額とします。

　　ただし、納税義務者の選択により、直前期末以前2年間の各事業年度について、上記に準じて計算した金額の合計額（その合計額が負数のときは、0とする）の2分の1に相当する金額を直前期末における発行済株式数で除して計算した金額とすることがで

Q35／類似業種比準方式の計算方法　　139

きます。

《D》：評価会社の1株当たりの純資産価額（簿価）

　　直前期末における資本金等の額及び利益積立金額に相当する金額の合計額を直前期末における発行済株式数で除して計算した金額とします。

　　なお、利益積立金額が負数である場合には、その負数に相当する金額を資本金等の額から控除し、その控除後の金額が負数となる場合には、その控除後の金額を0とすることに注意が必要です。

8 純資産価額方式の計算方法

Q36

純資産価額方式の計算方法について教えてください。

Point

● 1株当たりの純資産価額は、資産の相続税評価額から負債の相続税評価額及び評価差額の法人税等相当額を控除した金額を、発行済株式数（自己株式を除く）で除して計算した金額となる。

Answer

1 純資産価額方式の概要

1株当たりの純資産価額は、課税時期における各資産を財産評価基本通達に定めるところにより評価した価額（相続税評価額）の合計額から課税時期における各負債の金額の合計額及び評価差額に対する法人税額等に相当する金額（37％）を控除した金額を課税時期における発行済株式数で除して計算した金額とします（評基通185、186－2）。

2 評価上の留意点

(1) 帳簿価額の考え方

会計上の帳簿価額ではなく、「法人税法上の帳簿価額」を用います。

Q36／純資産価額方式の計算方法　141

■図表4-6　純資産価額方式

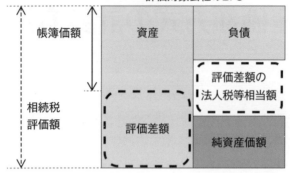

　具体的には会計上の貸借対照表に法人税別表五(一)の内容を考慮して算出します。例えば、法人税法上の否認額がある減価償却資産の「法人税法上の帳簿価額」は、会計上の帳簿価額にその否認額を加算した金額となります。

(2)　課税時期前3年以内に取得した土地等

　課税時期前3年以内に取得又は新築した土地及び土地の上に存する権利（以下「土地等」という）ならびに家屋及びその附属設備又は構築物（以下「家屋等」という）がある場合には、その土地等又は家屋等の相続税評価額は、課税時期における通常の取引価額に相当する金額（ただし、その土地等又は家屋等の帳簿価額が課税時期における通常の取引価額に相当すると認められる場合には、その帳簿価額に相当する金額）によって評価した価額とします（評基通185かっこ書）。

　なお、合併や分割、現物分配で移転した不動産も同様の取扱いとなります。

③　組織再編を行う場合の留意点

　評価明細書第5表（純資産価額）の「現物出資等受入れ資産の価

額の合計額」の二欄の金額は、各資産の中に、現物出資、合併、株式交換又は株式移転により著しく低い価額で受け入れた資産（以下「現物出資等受入資産」という）がある場合に、現物出資、合併、株式交換又は株式移転の時におけるその現物出資等受入資産の相続税評価額の合計額を記載します。

ただし、その相続税評価額が、課税時期におけるその現物出資等受入資産の相続税評価額を上回る場合には、課税時期におけるその現物出資等受入資産の相続税評価額を記載します。

また、現物出資等受入資産が合併により著しく低い価額で受け入れた資産（以下「合併受入資産」という）である場合に、合併の時又は課税時期におけるその合併受入資産の相続税評価額が、合併受入資産に係る被合併会社の帳簿価額を上回るときは、その帳簿価額を記載します。

（注） 資産の部「相続税評価額」の「合計」の①欄の金額に占める課税時期における現物出資等受入資産の相続税評価額の合計の割合が20％以下の場合には、「現物出資等受入資産の価額の合計額」欄は、記載しない。

9 配当還元方式の計算方法

Q37

特例的評価方式である「配当還元方式」について、詳しく教えてください。

Point

●同族会社における同族株主以外の株主などのいわゆる少数株主においては、配当金額と資本金等の額のみを基準として評価する配当還元方式が認められている。

Answer

① 配当還元価額の計算方法

Q32の同族株主の判定によって、同族株主等以外の株主と判定された者が取得した株式については、その株式の発行会社の会社規模にかかわらず、次の算式により計算した配当還元価額によって評価します（評基通188、188 - 2）。

$$\frac{その株式に係る年配当金額(1)}{10\%} \times \frac{その株式の1株当たりの資本金等の額(2)}{50円}$$

(1) 「その株式に係る年配当金額」

直前期末以前2年間の平均配当金額を、1株当たりの資本金等の額を50円とした場合の発行済株式数で除して計算します（類似業

144 第4章／事業承継における株式評価

種比準価額を計算する際の1株当たりの配当金額と同じ方法)。

この計算によって求めた金額が2円50銭未満となった場合や配当を支払っていない場合は2円50銭とします。

⑵ 「その株式の1株当たりの資本金等の額」

資本金等の額を実際の発行済株式数で除した金額です。

これを50円で除して計算しているのは、上記⑴で1株当たりの資本金等の額を50円とした場合の1株当たりの配当金額を求めているため、元の評価会社の状態に戻す計算を行っています。

② 計算式の考え方

「その株式に係る年配当金額」の計算結果が2円50銭以上の場合において、直前期末以前2年間の配当金額が一定である場合には、計算式を変形することにより以下の価額となります。

配当還元価額 ＝ (実際の)1株当たりの配当金額× 10

つまり、配当還元価額は10年分の配当金額の価値を表しているといえます。

③ 配当を出していない場合

配当金額を0円とした場合であっても、「その株式に係る年配当金額」は最低2円50銭と定められているため、配当還元価額は0円とはなりません。

「その株式に係る年配当金額」が2円50銭未満の場合には、以下の価額となります。

配当還元価額 ＝ (実際の)1株当たり資本金等の額÷2

したがって、配当還元価額は配当金額を抑えることで、1株当たり資本金等の額の半額まで引き下げることができます。

4 事業承継における留意点

　配当還元方式は、原則的評価方式に比べて非常に低い評価額となることが多いのですが、同族株主については議決権を5%以上有すると適用を受けられないため、後継者がこの評価方法を採れる可能性は低く、後継者以外の遠縁の親族が取得する場合や、オーナー経営者の保有する株式の一部を従業員に持たせる場合などに限られます。

　また、株式交換等の組織再編により資本金等の額が大きく増加することがありますが、その際は1株当たりの配当還元価額も同様に大きく増加することとなってしまうため、事前に対策を検討する必要があります。

10　法人税法上の評価方法

Q38

法人税法上の非上場株式の評価について教えてください。

・・・

Point

●法人税における非上場株式の評価については、3つの条件の下、財産評価基本通達を準用して評価することとなる。

・・・

Answer

　法人税法では、別段の定めがあるものを除き、資産の販売、有償又は無償による資産の譲渡又は役務の提供、無償による資産の譲受けその他の取引で資本等取引以外のものに係るその事業年度の収益の額を益金の額に算入すべき金額としています（法法22②）。

　取得の時における株式の価額については、法人税基本通達9－1－13「評価損計上の場合の時価評価の取扱い」の規定を準用しています。

◆法人税基本通達9－1－13（市場有価証券等以外の株式の価額）の要旨

(1)　売買実例のあるもの：期末前6か月間の売買実例のうち、適正価額のもの

(2)　公開途上株式：公募価格等を参酌して通常取引されると認められ

Q38／法人税法上の評価方法　147

る価額

(3) 売買実例がなく類似法人株価のあるもの：その価額に比準して推定した価額

(4) (1)～(3)以外

　当該事業年度終了の日又は同日に最も近い日におけるその株式の発行法人の事業年度終了の時における1株当たりの純資産価額等を参酌して通常取引されると認められる価額

　具体的には、「課税上弊害がない限り」、次の規定により、財産評価基本通達の準用を認めています。

◆法人税基本通達9－1－14（市場有価証券等以外の株式の価額の特例）の要旨

　課税上弊害がない限り、財産評価基本通達の178～189－7（取引相場のない株式の評価）の計算額を次の3つの条件付で認める。

(1) 法人が、その株式の発行会社にとって「中心的な同族株主」に該当するときは、その発行会社は常に「小会社」であるものとして評価すること（評基通179⑶により、L＝0.5として計算することとなる。ただし類似業種比準価額の計算においては、会社規模に応じて、斟酌率を大会社0.7～小会社0.5として計算することとなる）

(2) 純資産価額方式の適用上、株式の発行会社が土地（借地権を含む）又は上場有価証券を有しているときは、これらの資産は、その事業年度終了の時における価額によること

(3) 純資産価額方式によって株価を算定する際は、評価差額に対する法人税額等に相当する金額は控除しないこと

11 所得税法上の評価方法

Q39

所得税法上の非上場株式の評価方法について教えてください。

Point
●個人が法人に対して売却する場合には、4つの条件の下、財産評価基本通達を準用して評価することとなる。

Answer

　所得税法では、その年分の各種所得の金額の計算上収入金額とすべき金額又は総収入金額に算入すべき金額は、その年において収入すべき金額とし、それが金銭以外の物又は権利その他経済的な利益である場合には、取得し又は利益を享受する時における価額としています（所法36①・②）。取得の時における株式の価額については、所得税基本通達23～35共－9に次の内容が規定されています。

◆所得税基本通達23～35共－9（株式等を取得する権利の価額）の要旨

　株式等を取得する権利の価額は、次のようになる。

(1)　上場株式の場合：最終価格

(2)　旧株式が上場しており、新株が未上場の場合：最終価格を基準として計算した合理的な価額

Q39／所得税法上の評価方法　149

(3) 気配相場のある株式：気配相場

(4) (1)～(3)以外

　イ　売買実例のあるもの：最近の売買実例適正価額

　ロ　公開途上株式：公募価格等を参酌して通常取引されると認められる価額

　ハ　売買実例がなく類似法人株価のあるもの：その価額に比準して推定した価額

　ニ　イからハまでに該当しないもの

　　　権利行使日等又は権利行使日等に最も近い日におけるその株式の発行法人の1株又は1口当たりの純資産価額等を参酌して通常取引されると認められる価額

　ここでいう、「1株当たりの純資産価額を参酌して通常取引される価額」については、法人税基本通達9－1－13と基本的に同じ扱いと考えられます。

　また、個人から法人への譲渡については、所得税法59条のみなし譲渡の規定の適用があるため、次の規定により財産評価基本通達の準用を認めています（それ以外の取引の場合については明確な規定はない）。

◆所得税基本通達59－6（株式等を贈与等した場合の「その時における価額」）の要旨

　所得税法において財産評価基本通達を準用する場合には、次の4つの条件が付けられる。

(1)　財産評価基本通達における株主区分の判定は、株式等の譲渡等をした個人のその譲渡等の直前の議決権割合によること

(2)　株式等の譲渡等をした個人がその譲渡等の直前に「中心的な同族株主」に該当するときは、その発行会社は常に「小会社」であるも

のとして評価すること（評基通 179(3)により、L =0.5 として計算することとなる。ただし類似業種比準価額の計算においては、会社規模に応じて、斟酌率を大会社 0.7 〜小会社 0.5 として計算することとなる）

(3) 純資産価額方式の適用上、株式の発行会社が土地（借地権を含む）又は上場有価証券を有しているときは、これらの資産は、その譲渡等の時における価額によること

(4) 純資産価額方式によって株価を算定する際は、評価差額に対する法人税額等に相当する金額は控除しないこと

実務上、個人法人間で非上場株式を取引する際の課税問題を回避するには、本通達に定められた評価方法によることとなります。

第5章
自己株式の法務・税務

1　事業承継における自己株式の活用方法

Q40

　自己株式とは何ですか。また、自己株式を事業承継に活かせる方法はありますか。

Point

●非上場会社の事業承継で障壁になるものとして、特に株式分散や後継者の税金負担は深刻な問題。

●会社に株式を買い取ってもらうことで（自己株式の買取り）、それらの問題を解決することができる。

Answer

① 自己株式の概要

　自己株式とは、自社の株式を買い取り保有しているものをいいます。英語での「Treasury stock」の訳から「金庫株」と呼ばれることもあります。

(1) 取　得

　株式会社が自己株式を取得することができる場合は、会社法において限定列挙されています（会社法155各号）。これらのうち、非上場会社においては、以下のものが一般的な取得事由といえます。

・株主との合意による取得（会社法155三）

・相続等により株式を取得した株主に対する売渡請求（会社法155

154　第5章／自己株式の法務・税務

六）

　自己株式取得時の財源規制はあるものの、取得目的・時期・回数に制限なく自由に自社株を取得可能です。具体的な取得の手続きについては **Q41** で後述します。

(2)　保　　有

　取得した自己株式を会社が保有する数量、期間に制限はありません。なお、自己株式には議決権や配当請求権はありません。

(3)　消却・処分

　保有する自己株式を消却・処分（譲渡）することもできます（**Q51**、**Q52** 参照）。

② 株式分散の解消等

　事業承継を行うに当たり、外部の少数株主や血縁関係の薄い親戚が保有しているなど、株式が分散している（オーナー一族以外の株主が保有している）ケースが多くみられます。

　相続を繰り返して分散したケース、また、先代オーナーの相続税の株価対策で分散しているものもあると思われますが、この状況を放置していると分散した株式がさらに次の世代へ引き継がれ、顔も見たことがないような人物が株主になるという事態が生じ得ます。そうなった場合、経営陣と考えを異にする人が株主になったり、（株主という自覚が薄いため）相続が起こっても会社に知らされずに株主と連絡が取れなくなる場合もあります。また、これらの少数株主にとっても市場流通性のない非上場会社を保有し続けるメリットは少ないため、このような株式分散を防止・解消するために自己株式の取得は有効であり、オーナーの経営権の集約にもつながることとなります。

　また、会社間で相互に株式を持ち合っているケースも多くみられます。場合にもよりますが、事業承継においてそれらの持合いを解

Q40／事業承継における自己株式の活用方法　155

消しておいた方がよいケースもあり、その際に自己株式の取得が活用できることもあります。

③ 納税資金対策

上場株式と異なり市場流通性のない非上場会社の株式は、容易に換金することができません。

非上場株式を保有するオーナーに相続があった場合、上場株式と異なり市場流通性のない非上場会社の株式は、もちろん相続税の対象となりますが、換金性がないため相続人が納税資金に困るケースが多くみられます。

そこで、生前にオーナーが保有する株式を会社に買い取ってもらう、又は、オーナーの後継者が相続等により取得した株式を会社に買い取ってもらうことにより、相続税の納税資金を確保することができます。

2 自己株式を取得する場合の手続き

Q41

　自己株式はどのように買い取ってもらえばよいでしょうか。

Point

●非公開会社における自己株式の買取りには、①全株主を対象に取得する方法と、②特定の株主を対象に取得する方法がある。

●特定の株主から自己株式を買い取る際には、株主総会での特別決議が必要となる。

Answer

① 自己株式取得の概要

　Q40 で述べた非上場会社における「株主との合意による取得」は、次の2つに分けることができます。

① 全株主に申込みの機会を与える方法による取得（一般に「ミニ公開買付け」といわれる。会社法 156 ①）

② 特定の株主からの取得（会社法 160）

　上記①の全株主に申込みの機会を与える方法（ミニ公開買付け）が原則的な自己株式の取得形態になりますが、事業承継の場面で適用例が多いのは②の「特定の株主からの取得」になると考えられます。

いずれの場合も、図表5－1のように株主総会での自己株式取得決議が必要です。

■図表5－1　自己株式の取得と決議方法（会社法309）

買取対象	①全株主	②特定株主
決議種別	普通決議	特別決議
定足数	議決権の過半数を所有する株主が出席	
決議要件	出席株主の過半数	出席株主の2／3以上

以下、②の場合の具体的な手続きについて説明します。

2　特定の株主から買い取る場合の手続き

特定の株主からの自己株式取得の流れは、以下のとおりです。原則的な自己株式の取得方法である「ミニ公開買付け」と比べて、株主総会の決議要件が加えられるなど、手続きがより厳格になっています。

■図表5－2　特定株主からの取得手続き

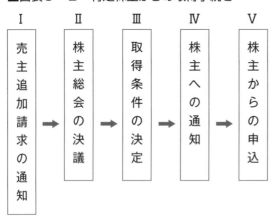

Ⅰ 売主追加請求の通知 → Ⅱ 株主総会の決議 → Ⅲ 取得条件の決定 → Ⅳ 株主への通知 → Ⅴ 株主からの申込

(1) 株主総会決議前の「売主追加請求」の通知

株主平等の原則の観点から、特定株主からの買取りの場合には、株主総会前に以下の手続きが必要となります（会社法160）。

＜2週間前まで＞

会社から株主全員に対して、自己を売主に加えることを請求できる旨（売主追加請求権を行使できる旨）を通知します（会社規28）。

＜5日前まで＞

会社からの売主追加請求権を行使できる旨の通知を受けて、株主は会社に対して「特定の株主」に自己を追加するよう議案の修正を請求することができます（会社規29）。

なお、以下に該当するような場合には、売主追加請求は発生せず、また、上記売主追加請求に係る株主に対する通知も不要とされています。

① 市場価格のある株式を、市場価格以下で取得する場合（会社法161）

② 株主の相続人その他の一般承継人から取得する場合（会社法162。**Q42** 参照）

③ 定款で売主追加請求権を排除した場合（会社法164）

(2) 株主総会決議

会社が自己株式を有償で買い取る場合には、一定の例外を除き、以下の内容で株主総会の決議を行う必要があります（会社法156①）。この決議は、定時株主総会でも臨時株主総会でも可能ですが、特定の株主から買い取る場合は特別決議が必要となります（会社法309②）。

① 取得する株式の数

② 取得と引換えに交付する金銭等の内容及びその総額

③ 株式を取得することができる期間

Q41 ／自己株式を取得する場合の手続き　159

なお、この決議において買取対象となった特定の株主は議決権を行使することができません（会社法160④）。

(3) 取得条件の決定

株主総会での決議を受け、取締役（取締役会設置会社の場合は取締役会）が以下の事項を決定します（会社法157）。

① 取得する株式の数

② 株式1株の取得と引換えに交付する金銭等の内容、及び数もしくは額、又は算定方法

③ 取得と引換えに交付する金銭等の総額

④ 株式譲渡の申込期日

(4) 株主への通知

会社は全株主に対し、上記(3)の決定内容を通知します（会社法158）。

(5) 株主からの申込み

上記(4)の通知を受け、譲渡を希望する株主は、譲渡する株式の種類及び数を明示した上で株式会社に対して申し込みます（会社法159①）。

株主から譲渡の申込みを受けた株式会社は、特段の意思表示をすることなく、上記(3)で定めた申込期日において、申込みに係る自己株式の譲受けを承諾したものとみなされます（会社法159②）。

③ 子会社から買い取る場合の手続き

事業承継に当たり、企業グループ内で組織再編等を活用するケースがありますが、その際に、例えば子会社から自己株式を取得する場合もあろうかと思われます。

株式会社がその子会社から自己株式を取得する場合は、子会社による親会社株式の保有の早期解消を図るべく、上述の手続きが簡略化されます（会社法163）。

160　第5章／自己株式の法務・税務

具体的には、取締役会設置会社について、上記②において必要とされている株主総会に代えて取締役会の決定のみで決議することができることとされているため、迅速な手続きが可能となっています。

④　有限会社・合同会社の場合

　有限会社の場合は、上述の株式会社と同じ取扱いとなります。

　また、合同会社は、株式会社における自己株式の取得は認められていません。これは、合同会社は会社法上の持分会社となり、持分を譲渡しようとする社員から持分の全部又は一部を譲り受けることができないと定められているためです（会社法 587）。

3 相続が発生し相続人から自己株式を取得する場合の手続き

Q42

株主に相続が発生した際に、相続人から自己株式を買い取るにはどのようにすればよいでしょうか。

Point

●株主に相続が発生した場合は、株式を相続する相続人が会社に対して名義書換えを請求することになる。

●相続した株式を発行会社に（自己株式として）買い取ってもらう場合は、①相続人等に対する売渡請求、②相続人等との合意に基づく買取りの2パターンがある。

Answer

1 株主に相続が発生した場合

株主が亡くなり、遺言や遺産分割協議により株式を相続した相続人は被相続人名義から相続人名義への書換えを会社に請求することとなります。請求を受けた会社側は、利害関係人とのトラブルを防ぐため、戸籍謄本等による相続人の特定、遺産分割協議書又は遺言により、被相続人が保有していた株式が請求者である相続人に帰属している事実を確認した上で株主名簿を書き換えることとなります。

なお、ほとんどの非上場会社では、会社にとって好ましくない相手に対し自由に株式を譲渡することを防ぐために、株式を譲渡する

162　第5章／自己株式の法務・税務

際に発行会社の承認を必要とする旨を定めています（「非公開会社」という。株式の譲渡制限に関する事項が登記簿謄本又は定款に記載してある）。相続又は包括遺贈の場合は制限対象となる「譲渡」には該当しないため、株主の異動に伴う発行会社の承認は不要ですが、特定遺贈又は贈与の場合は、通常の譲渡と同様の手続きが必要となります。

② 相続人から買い取る場合の手続き

(1) 相続人等に対する売渡請求

相続により取得した株式はそのまま相続人が保有し続けるケースももちろんありますが、Q40 で述べたとおり、相続を繰り返し株式が分散することにより不都合が生じることも多々あります。そこで、会社は、相続により株式を取得した者に対して、承継した株式の売渡請求をすることができる旨を定款で定めることができます（会社法174）。

売渡請求の手続きは、株主に相続が起こる都度、株主総会の特別決議で以下の事項を決定することになります。

① 請求する株式数

② ①の株式を有する者の氏名又は名称

なお、相続等により株主となった者はその決議において議決権を行使することができません（会社法175）。

定款に相続人等に対する売渡請求の記載がない場合は、会社側から売渡請求をすることができませんので、相続による株式分散を招くおそれがある会社については導入の余地があるでしょう。

このように相続人等に対する株式の売渡請求は、支配株主であるオーナー以外の株主が亡くなった場合などに株式の分散を防ぐために有効な制度です。しかし、支配株主であるオーナーが亡くなった場合であっても、その相続人には、株式の売渡請求を議案とする株

主総会において議決権がありません。その際に、オーナーの相続人以外の少数株主がおり、（もしその株主に悪意があった場合、その気になれば）それらの者が売渡請求に賛同すれば、オーナーの相続人は株式の売渡しを余儀なくされ、結果として支配権が移動してしまうリスクがあります。

したがって、相続人等に対する売渡請求条項を定款に付すべきか否かは会社の状況によって異なりますので、顧問税理士等と相談してよく検討すべきでしょう。

(2) 相続人との合意による自己株式取得

株式を取得した相続人が発行会社にその株式を買い取ってもらいたいものの、(1)で述べた承継株式の売渡請求に関する事項が定款で定められていないケースでは、会社は相続人との合意に基づき自己株式を買い取ることができます。

合意に基づく自己株式の取得手続きは、基本的には Q41 で述べた特定の株主から買い取る場合の手続き（図表5－2）と同様ですが、図表5－3のように、他の株主の売主追加請求権が認められず、また、他の株主への通知も不要となります（会社法162）。

■図表5－3　合意に基づく自己株式の取得手続き

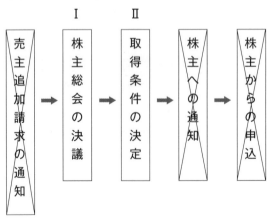

4 自己株式を取得する際の 財源規制

Q43

自己株式を取得するに当たり、取得価額の上限はありますか。

Point

●自己株式の取得に当たり、株主総会において取得価額の総額を決める必要がある。

●取得価額総額の決定に当たっては、通常の配当と同様に、分配可能額の範囲内で行う必要がある。

Answer

Q41 で述べたとおり、特定の株主からの買取りに当たっては、株主総会で「取得と引換えに交付する金銭等の内容及びその総額」を決める必要があります。その取得価額の総額は、その効力を生じる日における分配可能額を超えてはならないとする財源規制の規定があります（会社法 461 ①）。

具体的な計算は図表 5 - 4 のとおりです（会社法 446、461 ②）。

計算過程は長いのですが、結果的に「その他利益剰余金」と「その他資本剰余金」の金額の合計額が分配可能額となるケースが多いと思われます。

Q43 ／自己株式を取得する際の財源規制　165

■図表５−４　分配可能額の計算過程

効力発生日における剰余金の額	
＋剰余金の額 (注1)	
	＋資産の額 ＋自己株式の額 △負債の額 △資本金、準備金の額 △法務省令で定める各勘定科目 　に計上した額の合計額
＋自己株式処分差益	
＋資本金の減少額	
＋準備金の減少額	
△自己株式消却額	
△剰余金配当額	
△法務省令で定める各勘定科目 　に計上した額の合計額	

直前決算日における
剰余金額の算定

直前決算日からの
変動額

△

効力発生日における自己株式の額

△

直前決算日後の自己株式処分額

△

法務省令で定める各勘定科目に
計上した額の合計額

＝

効力発生時における分配可能額

（注１）　剰余金は結果的に「その他資本剰余金」と「その他利益剰余金」の合計額となる。

（注２）　臨時決算は行わない前提である。

（注３）　金額はいずれも帳簿価額となる。

5 自己株式を取得した場合の発行会社における会計処理及び税務処理

Q44

株主から自己株式を取得した場合、どのように会計処理及び税務処理を行えばよいでしょうか。

・・

Point

●会計上は自己株式勘定（純資産の部のマイナス項目）で受け入れる。

●税務上は、自己株式の対価を資本の払戻部分と利益の払戻部分とに分けて考える。なお、自己株式の取得の処理が会計と税務で異なるため、法人税申告書作成時に別表調整を行う必要がある。

●みなし配当が生じる場合は、源泉徴収の処理も必要となる。

・・

Answer

① 会計処理

法人が金銭を対価として自己株式を取得した場合、以下のような仕訳となります（自己株式等会計基準7）。

（借）自 己 株 式　　×××　　（貸）現　預　金　　×××
　　　（純資産の部の
　　　　マイナス）

期末において、貸借対照表では図表5－5のように表示されます（自己株式等会計基準8）。

Q44／自己株式を取得した場合の発行会社における会計処理及び税務処理　167

■図表5－5　自己株式を取得した場合の貸借対照表

貸借対照表（一部）

```
              <負債の部>
                     ・
                     ・
                     ・
                     ・
              <純資産の部>
              資本金        ×××
              資本剰余金      ×××
              利益剰余金      ×××
              自己株式       ▲×××
                     ・
                     ・
                     ・
                     ・
```

　なお、株主資本等変動計算書にも自己株式の取得について反映し、注記表には株主資本等変動計算書に関する注記として期末における自己株式の数を記載する必要があります（会社計規105二）。

② 税務処理

(1) 税務上の仕訳

　法人が金銭を対価として自己株式を取得した場合における税務の仕訳は会計上の仕訳と異なり、以下のとおりとなります。

```
(借) 資本金等の額(A)    ×××    (貸) 現 預 金    ×××
      利益積立金額(B)    ×××    （ 預 り 金   ×××）
```

　上記仕訳のとおり、税務上は自己株式の対価について、（A）資本の払戻部分と（B）利益の払戻部分とに分けて考えます。具体的な金額算出のプロセスは以下のとおりです。

（A）資本の払戻部分の計算

　まず、減少させる資本金等の金額（取得資本金額）を算出します。取得資本金額は、1株当たり資本金等の額に取得した自己株式の数

を乗じて算出します（法令8①二十）。算式で表すと以下のとおりです。

$$
取得資本金額 = \frac{資本金等の額}{発行済株式総数 - 既保有自己株式数} \times \begin{array}{c}今回取得する\\自己株式数\end{array}
$$

$$
\downarrow
$$

$$
\boxed{1株当たり資本金等の額^{(注)}}
$$

　(注)　今回取得する自己株式取得の効力発生直前時点の数値

　ここでいう資本金等の金額は直前期末の別表五㈠「Ⅱ. 資本金等の額の計算に関する明細書」の合計値です。

　なお、資本金等の額がマイナスの場合、取得資本金額はゼロとなります。

(B)　利益の払戻部分の計算

　自己株式の取得対価と（A）の金額との差額が減少させる利益積立金額となります（法令9十四）。この減少する利益積立金額がみなし配当のもととなる金額となります。

⑵　**期末における別表調整**

　⑴で税務上のそれぞれの金額を計算した上で、会計上の仕訳と税務上の仕訳との差異を別表五㈠で調整します。通常の別表記載と同様に、まず会計上の自己株式を「資本金等の額の計算に関する明細書」に記載します。その上で会計処理と税務処理とで異なる、税務上の利益積立金減少額を「利益積立金額の計算に関する明細書(減)」と「資本金等の額の計算に関する明細書（増）」に記載します。

　具体的な記載例は、以下のとおりです。

＜前　提＞

・自己株式の取得対価　　300円
・税務上の取得資本金額　200円

Q44／自己株式を取得した場合の発行会社における会計処理及び税務処理　169

＜会計仕訳＞

（借）自 己 株 式　　　300　　（貸）現　預　金　　　300

＜税務仕訳＞

（借）資本金等の額　　　200　　（貸）現　預　金　　　300
　　　利益積立金額　　　100

＜別表調整＞

別表五(一)　記載例
Ⅰ.利益積立金額の計算に関する明細書

区分	期首現在利益積立金額	当期の増減		差引翌期首現在利益積立金額
		減	増	
利益準備金				
資本金等		100		▲100　②−1

Ⅱ.資本金等の額の計算に関する明細書

区分	期首現在資本金等の額	当期の増減		差引翌期首現在資本金等の額
		減	増	
資本金				
自己株式		300		▲300　①
利益積立金額			100	100　②−2

資本金等
減少額
200

① 　会計処理した金額を記載

② 　税務上の利益積立金減少額を記載

　(注)　「Ⅰ.利益積立金額の計算に関する明細書」へのマイナス記載（「減」
　　欄）と「Ⅱ.資本金等の額の計算に関する明細書」へのプラス記載
　　（「増」欄）はセットである。

(3)　源泉所得税関係の手続き

　自己株式を取得する際にみなし配当部分がある場合は、金銭等を
支払う法人（＝自己株式取得者である発行法人）において源泉徴収
し、翌月10日までに納付する必要があります（所法181①）。源泉

所得税の納期の特例の適用はない点に注意が必要です。

　また、支払確定日から1か月以内に「配当等とみなす金額に関する支払調書」及びその合計表を税務署に提出する必要があります。支払調書については株主へも送付します（所法225①）（株主におけるみなし配当については**Q45**、**Q46**を参照のこと）。

令和　　年分　配当等とみなす金額に関する支払調書合計表

処理事項	通信日付印	検 収	整理簿登載
※	・　・	※	※

令和　　年　　月　　日提出

提出者	所在地	電話（　　−　　−　　）
	法人番号(※)	
	フリガナ 名 称	
	フリガナ 代表者氏名	

税務署長 殿

整理番号	
調書の提出区分（新規=1、追加=2、訂正=3、無効=4）	提出媒体	本店一括	有・無
作成担当者	
作成税理士署名	税理士番号（　　　）
	電話（　　−　　−　　）
支払確定年月日	（第　　回）

○平成28年1月1日以後提出用

区　分		みなし配当の総額（支払調書提出省略分を含む。）				左のうち、支払調書を提出するものの合計			
		株主数又は出資者数）人	株数又は出資の口数	配当とみなされる金額 円	源泉徴収税額 円	株主数又は出資者数）人	株数又は出資の口数	配当とみなされる金額 円	源泉徴収税額 円
居住者又は内国法人に支払うもの	一般分								
	非課税分								
非居住者又は外国法人に支払うもの課税分	一般分								
	軽減分								
	非課税又は免税分								
計		旧 新	株(口)　〃			旧 新	株(口)　〃		
摘　要		1株(口)当たり配当とみなされる金額 円							

○ 提出媒体欄には、コードを記載してください。（電子=14、FD=15、MO=16、CD=17、DVD=18、書面=30、その他=99）
(注) 平成27年分以前の合計表を作成する場合には、「法人番号」欄に何も記載しないでください。

（用紙　日本産業規格　A4）

令和　　年分　配当等とみなす金額に関する支払調書（支払通知書）

支払を受ける者	住所（居所）又は所在地	
	氏名又は名称	個人番号又は法人番号

交付する金銭及び金銭以外の資産の価額				1株又は出資1口当たりの資本金等の額から成る部分の金額	1株又は出資1口当たりの配当等とみなされる金額
1　株　又　は　出　資　1　口　当　た　り　の　額					
金　銭	金銭以外の資産の価額		計		
	株式又は出資	その他の資産			
円　銭	円　銭	円　銭	円　銭	円　銭	円　銭

支払確定又は支払年月日	株式の数又は出資の口数	配当とみなされる金額の総額	通知外国税相当額	源泉徴収税額
年　月　日	千　株(口)	千　円	千　円	千　円

（摘要）

支払者	所在地		
	名称	（電話）	法人番号

支払の取扱者	所在地		
	名称	（電話）	法人番号

整　理　欄	①	②

○個人番号又は法人番号「欄に個人番号（12桁）を記載する場合には、右詰で記載します。

362

172　第5章／自己株式の法務・税務

6 自己株式の買取りがあった場合の法人株主における税務処理

Q45

当社が保有している非上場株式の発行法人による自己株式の買取りがあった場合、当社ではどのような会計処理及び税務処理を行えばよいでしょうか。

・・・・・・・・・・・・・・・・・・・・・・・・・・・・・・・・・・・・・・

Point
●税務上は、①みなし配当額を認識し、②有価証券の譲渡損益を算出する。

・・・・・・・・・・・・・・・・・・・・・・・・・・・・・・・・・・・・・・

Answer

1 会計処理

　法人株主が、発行法人へ株式を譲渡した場合（発行法人による自己株式の買取りがあった場合）における法人株主の仕訳は、便宜的に税務上の仕訳と同様とします。

2 税務処理

(1) 概　　要

　法人株主が、発行法人へ株式を譲渡した場合、税務上は譲渡した株式の譲渡対価を①みなし配当金額と、②株式の譲渡収入部分とに区分します。おおまかな考え方は図表 5 - 6 のとおりです。

　イメージとしては、 Q44 で述べた発行法人の利益の払戻部分が

Q45 ／自己株式の買取りがあった場合の法人株主における税務処理　173

①みなし配当金額、資本の払戻部分が②譲渡収入金額に相当します。

■図表5－6　みなし配当金額と譲渡収入金額

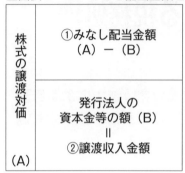

➡譲渡原価と比較して譲渡損益を認識

① みなし配当金額の計算

　法人株主が発行法人へ株式を譲渡した場合でみなし配当が生じるとき、原則として発行会社から支払調書（「配当等とみなす金額に関する支払調書（支払通知書）」。図表5－7参照）が交付されますので、株主が自らみなし配当金額を計算することは基本的にありません。

　参考までに、みなし配当金額を算式で表すと、以下のとおりです（法法24①五）。

みなし配当額＝株式の譲渡対価－発行法人の資本金等相当額※

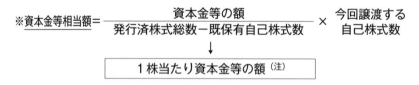

（注）　1　今回取得する自己株式取得の効力発生直前時点の数値
　　　　2　いずれも株式の発行会社における数値

■図表5-7

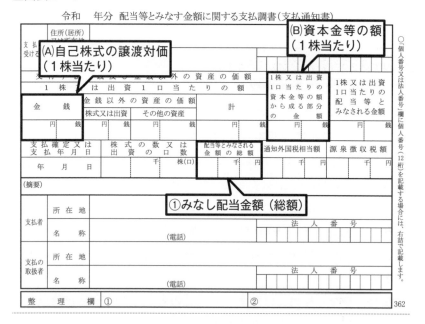

② 有価証券譲渡収入及び譲渡損益の計算

　法人株主が発行会社へ株式を譲渡した場合、税務上は、株式の譲渡対価からみなし配当金額を控除した金額が株式の譲渡収入となります（法法61の2①一）。

　そのようにして求めた譲渡収入と譲渡原価との差額が有価証券譲渡損益となります（発行法人と譲渡法人との間に完全支配関係がある場合は、譲渡損益を認識しない）。

(2) 株式譲渡時の税務処理

　(1)の株式譲渡時における税務仕訳は、以下のとおりとなります。

(借)現　預　金	×××	(貸)受　取　配　当	×××
		（みなし配当）	
法　人　税　等	×××	有　価　証　券	×××
		（譲　渡　原　価）	
		有価証券譲渡益	×××

(3)　期末における別表調整

①　受取配当等の益金不算入

　「自己株式の対価＞資本金等の金額」となり、みなし配当が生じる場合は、原則として受取配当等の益金不算入の対象となります(法法23①、24①五)。

②　所得税額控除

　みなし配当が生じる場合の源泉徴収税額は別表六㈠に記載します。通常の配当に係る源泉税額とは異なる箇所に記載することとなります。

　なお、みなし配当には配当計算期間の考えはなく全額控除されることとなります（法令140の2①二）。

所得税額の控除に関する明細書

事業 年度	： ：	法人名	

別表六(一) 令六・四・一以後終了事業年度分

区　　　　　分		収　入　金　額 ①	①について課される 所　得　税　額 ②	②のうち控除を受ける 所　得　税　額 ③
公社債及び預貯金の利子、合同運用信託、公社債投資信託及び公社債等運用投資信託(特定公社債等運用投資信託を除く。)の収益の分配並びに特定公社債等運用投資信託の受益権及び特定目的信託の社債的受益権に係る剰余金の配当	1	円	円	円
剰余金の配当(特定公社債等運用投資信託の受益権及び特定目的信託の社債的受益権に係るものを除く。)、利益の配当、剰余金の分配及び金銭の分配(みなし配当等を除く。)	2			
集団投資信託(合同運用信託、公社債投資信託及び公社債等運用投資信託(特定公社債等運用投資信託を除く。)を除く。)の収益の分配	3			
割　引　債　の　償　還　差　益	4			
そ　　　　の　　　　他	5	×××	×××	×××
計	6			

剰余金の配当(特定公社債等運用投資信託の受益権及び特定目的信託の社債的受益権に係るものを除く。)、利益の配当、剰余金の分配及び金銭の分配(みなし配当等を除く。)、集団投資信託(合同運用信託、公社債投資信託及び公社債等運用投資信託(特定公社債等運用投資信託を除く。)を除く。)の収益の分配又は割引債の償還差益に係る控除を受ける所得税額の計算

個別法による場合	銘　　柄	収入金額	所得税額	配当等の 計算期間	(9)のうち元本 所有期間	所有期間割合 (10)/(9) (小数点以下3 位未満切上げ)	控除を受ける 所得税額 (8)×(11)
		7	8	9	10	11	12
		円	円	月	月		円

銘柄別簡便法による場合	銘　　柄	収入金額	所得税額	配当等の計算 期末の所有 元本数等	配当等の計算 期首の所有 元本数等	(15)-(16) 2又は12 (マイナスの 場合は0)	所有元本割合(16)+(17) (15) (小数点以下3位未満切上げ) (1を超える場合は1)	控除を受ける 所得税額 (14)×(18)
		13	14	15	16	17	18	19
		円	円					円

その他に係る控除を受ける所得税額の明細

支払者の氏名 又は法人名	支払者の住所 又は所在地	支払を受けた年月日	収　入　金　額 20	控除を受ける所得税額 21	参　　　考
○○○	○○○	・　・	××× 円	××× 円	みなし配当
		・　・			
		・　・			
		・　・			
		・　・			
計					

Q45／自己株式の買取りがあった場合の法人株主における税務処理　177

7 自己株式の買取りがあった場合の個人株主における税務処理

Q46

　私が保有している非上場株式の発行法人から自己株式の買取りがあった場合、どのような処理を行えばよいでしょうか。

Point

● **Q45** で述べた法人株主の処理と同様、①みなし配当額を認識し、②有価証券の譲渡損益を算出する。

● 相続により取得した株式について、一定の条件下で自己株式の買取りがあった場合は **Q47** を参照。

Answer

① 税務処理の概要

　個人株主が自己株式を譲渡した場合、**Q45** で述べたとおり、税務上は自己株式の譲渡対価を、①みなし配当金額と、②株式の譲渡収入部分とに区分します。

② 配当所得の計算

　個人株主が自己株式を譲渡した場合でみなし配当が生じる場合、法人株主と同様に、原則として発行会社から支払調書（「配当等とみなす金額に関する支払調書（支払通知書）」）が交付されますので、

178　第5章／自己株式の法務・税務

株主が自らみなし配当金額を計算することは基本的にありません。なお、みなし配当金額の計算方法も **Q45** で述べた計算式と同様になります（所法25①五）。

また、みなし配当は配当所得として確定申告する必要があります。総合所得として課税され、配当控除の適用を受けることとなります。

③ 譲渡所得の計算

個人株主が自己株式を譲渡した場合、自己株式の譲渡対価からみなし配当金額を控除した金額が株式の譲渡収入となります（措法37の10③五）。取得費は、設立以来保有している株式であれば発行会社の資本金等の金額をもとに算出することができますが、増資により追加取得した場合や組織再編等があった場合の計算は複雑になりますので、設立からの資本の動きを調査した上で慎重に計算する必要があります。

そのようにして求めた譲渡収入と取得費との差額が譲渡損益となり、譲渡益が算出された場合は譲渡所得（申告分離課税）として申告する必要があります。なお、自己株式の譲渡以外に一般株式（非上場株式）の譲渡がある場合は損益通算することができます（措法37の10①）。

8 相続等により取得した株式について自己株式の買取りがあった場合における譲渡人の税務特例（基本）

Q47

相続等により取得した非上場株式を発行会社に買い取ってもらった場合、税務上の特例があるようですが、具体的に教えてください。

Point

- ●①みなし配当課税（不適用）の特例と、②相続税額の取得費加算の特例の、２つの所得税特例がある。
- ●いずれの特例も、相続開始から一定期間内（おおよそ３年10か月以内）における譲渡が対象となる。

Answer

① みなし配当課税（不適用）の特例

(1) 概　要

Q46 で述べたとおり、個人が非上場株式を発行会社に譲渡した場合は利益の払戻部分についてみなし配当課税されます。みなし配当は総合課税となるため、買取金額が多額になると超過累進課税により高い税率で課税されることとなります。

しかし、非上場株式を相続又は遺贈（以下「相続等」という）により取得した場合、換金性のない非上場株式についても相続税の対象となり納税資金に困るという事態が多々生じ得ます。そこで、平

180　第5章／自己株式の法務・税務

成16年度税制改正において、相続により取得した非上場株式の発行会社への売却を容易にし、相続税の納税資金を確保しやすくするために、相続開始から一定期間内における自己株式の売却についてはみなし配当課税を行わず、譲渡所得課税とする特例が創設されました。

(2) 特例の内容

本特例の要件をまとめると、以下のとおりとなります（措法9の7①、措令5の2②～⑤、措規5の5）。

① 対 象 者

相続等により非上場株式（譲渡しようとする自己株式）を取得している個人で、その相続申告において納付すべき相続税があるもの。

② 譲渡期間

相続の開始があった日の翌日からその相続税の申告書の提出期限の翌日以後3年を経過する日までの間に相続により取得した非上場株式をその発行会社に譲渡すること。

③ 手続要件

本特例の適用を受けようとする個人は、次頁の「相続財産に係る非上場株式をその発行会社に譲渡した場合のみなし配当課税の特例に関する届出書」に必要事項を記載した上で、譲渡の時までに発行会社に提出する必要があります。

この届出書の提出を受けた発行会社は、自己株式を取得した年分の支払調書合計表を提出する際に（自己株式取得の翌年1月31日までに）、所轄税務署に提出することとなります。なお、本書面は各人別に管理した上で5年間の保存義務があります。

スケジュールを簡単に図示すると、図表5－8のとおりです。

相続財産に係る非上場株式をその発行会社に譲渡した
場合のみなし配当課税の特例に関する届出書（譲渡人用）

				〒
（発行会社受付日付）（税務署受付印）	譲渡人	住 所 又 は 居 所		電話　　－　　－
令和　年　月　日		（ フ リ ガ ナ ）		
		氏　　　　　名		
税務署長殿		個 人 番 号		

　租税特別措置法第9条の7第1項の規定の適用を受けたいので、租税特別措置法施行令第5条の2第2項の規定により、次のとおり届け出ます。

被相続人	氏　　　　　名		死亡年月日	令和　年　月　日
	死 亡 時 の 住 所又 は 居 所			
納付すべき相続税額又 は そ の 見 積 額		円	（注）納付すべき相続税額又はその見積額が「0円」の場合にはこの特例の適用はありません。	
課 税 価 格 算 入 株 式 数				
上 記 の う ち 譲 渡 をし よ う と す る 株 式 数				
その他参考となるべき事項				

相続財産に係る非上場株式をその発行会社に譲渡した
場合のみなし配当課税の特例に関する届出書（発行会社用）

			※整理番号	
（税務署受付印）	発行会社	所　在　地	〒	電話　　－　　－
令和　年　月　日		（ フ リ ガ ナ ）		
		名　　　称		
税務署長殿		法 人 番 号		

　上記譲渡人から株式を譲り受けたので、租税特別措置法施行令第5条の2第3項の規定により、次のとおり届け出ます。

譲 り 受 け た 株 式 数	
1 株 当 た り の 譲 受 対 価	
譲 受 年 月 日	令和　　年　　月　　日

　（注）上記譲渡人に納付すべき相続税額又はその見積額が「0円」の場合には、当該特例の適用はありませんので、みなし配当課税を行うことになります。この場合、届出書の提出は不要です。

※税務署処理欄	法人課税部門	整理簿	確認	資産回付	資産課税部門		通 信 日 付 印	確認	番号
							年　月　日		

03.06 改正

■図表５－８　みなし配当課税の特例の適用スケジュール

(3) 発行会社における税務処理

　相続により取得した非上場株式を発行会社に譲渡してみなし配当特例の適用を受けた場合、譲渡人である個人に対してみなし配当課税はされません。しかし、自己株式を取得した発行会社においては、法人税法において何ら特別な規定がありませんので、Q44 で述べたとおり、自己株式の対価を資本の払戻部分と利益の払戻部分とに分けて処理することに変わりはありません。

　また、個人でのみなし配当課税がされないことから源泉徴収する必要もない、ということに注意が必要です。

② 相続税の取得費加算特例

(1) 概　　要

相続等により財産を取得した個人が、その財産を譲渡した場合は、譲渡所得として所得税の申告をする必要があります。その申告において一定の条件を満たす場合は、二重課税排除の趣旨から、所得税の計算上、支払った相続税相当額を取得費に加算できる特例があります（相続税の取得費加算特例）。

相続等により非上場株式を取得した個人が発行会社に対して株式を譲渡した場合でも、譲渡益が算出された場合は譲渡所得として申告する必要があります（**Q46** 参照）。本特例は相続により取得した非上場株式を発行会社に譲渡する場合に限った特例ではありませんので、この場合においても本特例を適用することができます。

なお、相続等により取得した財産を譲渡した場合の取得費は、被相続人等の取得費を引き継ぎます。

(2) 特例の内容

本特例の要件をまとめると、以下のとおりとなります（措法39、措令25の16）。

① 対 象 者

相続等により財産を取得している個人で、その相続申告において納付すべき相続税があるもの。

② 譲渡期間

相続の開始があった日の翌日からその相続税の申告書の提出期限の翌日以後3年を経過する日までの間に相続により取得した財産を譲渡すること。

③ 取得費に加算される金額

譲渡した資産ごとに、以下の算式に従って算出した金額を取得費に加算することができます。

184　第5章／自己株式の法務・税務

$$
資産を譲渡した個人の \atop 確定相続税額 \quad × \quad \frac{譲渡資産の相続税評価額（課税価格計算の基礎に算入された金額）}{資産を譲渡した個人の相続税の課税価格（債務控除前）}
$$

なお、以下のようなケースでは注意が必要です。

【ケース1】

譲渡収入100、取得費110、取得費加算算出額20

➡譲渡損失（▲10）となりますので、取得費加算額はゼロとなります。

【ケース2】

譲渡収入100、取得費90、取得費加算算出額20

➡取得費加算額は譲渡益額（10）が限度となります。譲渡損失とはなりません。

④ 手続要件

　本特例の適用を受けようとする個人は、所得税の確定申告の際に、以下の手続きが必要となります（株式の場合）。

　㈲ 所得税確定申告書の第3表及び譲渡所得金額の計算明細書の特例適用条文欄に「措法39条」と記載します。

　㈪ 「相続財産の取得費に加算される相続税額の計算明細書」を記載し提出の際に添付します。この計算明細書には相続税申告書のどの金額を記載すればよいかが具体的に書かれています。また、記載金額のもととなる相続税申告書も添付書類として提出します。

　なお、本特例は①の特例と併せて適用することができます。

9 相続等により取得した株式について自己株式の買取りがあった場合における譲渡人の税務特例(応用)

Q48

相続等により取得した非上場株式に加えて相続前から同一銘柄の株式を保有しています。これらを相続後に発行会社へ譲渡した場合でも **Q47** の税務特例は適用できますか。

・・・・・・・・・・・・・・・・・・・・・・・・・・・・・・・・

Point

●相続前から相続人が同一銘柄の株式を保有している場合は、2つのパターンが考えられる。

　① もともと固有に取得（設立や増資の際に取得）していた場合

　② 生前に贈与を受け保有していた場合

●いずれの場合においても、相続後に保有株式を発行会社へ売却した場合は、みなし配当課税（不適用）の特例、相続税額の取得費加算の特例ともに適用がある。

・・・・・・・・・・・・・・・・・・・・・・・・・・・・・・・・

Answer

1 同一銘柄の株式を相続開始前から相続人が保有している場合

(1) 概　　要

　非上場株式を相続した個人が、納税資金捻出のためその非上場株式を発行会社へ売却するということは多々あります。しかしながら、もし相続した株式とは別に相続前からその個人が保有していた非上

186　第5章／自己株式の法務・税務

場株式がある場合は、どのように考えるのでしょうか。

　例えば、もともと50株保有している個人が相続により50株を取得し、その後（相続の申告期限から3年以内に）、保有株式計100株のうち50株を発行会社へ売却した場合はどうなるのでしょうか。
・売却した50株が相続により取得したものと考える場合
　➡売却した株式のすべてについて特例の適用を受けることが可能
・売却した50株がもともと所有していたものと考える場合
　➡売却した株式のすべてについて特例の適用を受けることが不可能
　特例を適用できるか否かによって、税負担が大幅に異なることになります。

(2)　結　　論

　今回のようなケースにおいては、相続税額の取得費加算の特例に関しては、その株式の譲渡は相続等により取得した株式から優先的に譲渡したものとして同特例の適用がある旨が定められています（措通39－12）。

　一方、みなし配当課税（不適用）の特例に関しては、条文上明確な規定が存在しません。

(3)　みなし配当課税（不適用）の特例

　明確な規定は存在しませんが、相続税額の取得費加算の特例と同様、相続等により取得した株式から優先的に譲渡したものとして同特例の適用があることが東京国税局の文書回答事例に記載があります。

　本文書回答事例によりますと、以下の理由から本特例についても上述のように取り扱うものと考えることとされています（文書回答事例「相続財産に係る株式をその発行した非上場会社に譲渡した場合のみなし配当課税の特例の適用関係について（相続開始前に同一銘柄の株式を有している場合）」より一部抜粋）。

①　本特例及び取得費加算の特例がいずれも相続税納付のための相

続財産の譲渡に係る課税の負担軽減を目的とするものであること
② 本特例の適用がある場合には取得費加算の特例も同時に適用があることを併せ考えれば、取得費加算の特例の適用における措置法通達の取扱いと異なる取扱いをすることは適当でないと考えられること

② 相続開始前に贈与を受けて相続人が保有している場合

(1) 概　要

非上場株式を相続により取得した個人が相続後に発行会社に対しその株式を譲渡した場合において、その株式の中に相続した株式とは別に、生前に贈与を受けた同一銘柄の株式を保有している場合は、①と同様に考えます。すなわち、みなし配当課税（不適用）の特例、取得費加算の特例のいずれにおいても相続した株式から優先的に譲渡したものと考えて、本特例の適用があることとなります。

しかし、Q47 で述べたとおり、いずれの特例においても「相続又は遺贈（相続等）により財産を取得した個人」が要件となっています。相続で取得した財産（株式）がなく、相続時精算課税制度による贈与又は相続開始前7年以内（令和5年度税制改正に基づき、令和6年1月1日以降の贈与につき段階的に3年から7年へ延長）の贈与により取得した財産（株式）のみである場合も本特例の適用はあるのでしょうか。

(2) みなし配当課税（不適用）の特例

租税特別措置法9条の7によると、相続等による財産の取得には「相続税法又は租税特別措置法70条の7の3（非上場株式等の贈与者が死亡した場合の相続税の課税の特例）他の規定により相続又は遺贈による財産の取得とみなされるものを含む」とあります。ここでいう「相続税法」で規定する相続等による財産の取得とみなされる主なものは、以下のとおりとなります。

188　第5章／自己株式の法務・税務

① 相続時精算課税制度の適用を受けた贈与による財産（株式）の取得（相法 21 の 16）

② 相続開始前 7 年以内の贈与による取得（相法 19）

相続の開始があった日の翌日からその相続税の申告書の提出期限の翌日以後 3 年を経過する日までの間に相続により取得した財産を譲渡すること。

したがって、上述の生前贈与により取得した株式を相続後に発行会社に対して譲渡した場合において、相続等により取得した財産（株式）がないケースにおいても本特例を適用することができます。

(3) 相続税額の取得費加算の特例

租税特別措置法 39 条においても、相続等による財産の取得には「相続税法又は租税特別措置法 70 条の 7 の 3（非上場株式等の贈与者が死亡した場合の相続税の課税の特例）他の規定により相続又は遺贈による財産の取得とみなされるものを含む」とあります。

したがって、(2)と同様の考え方をすることから、本特例を適用することができます。

10 自己株式を取得した場合における資本金等の減少による影響

Q49

　自己株式を取得した場合、税務上は資本金等の額が減少することになるとのことですが、その際の税務への影響について教えてください。

Point

●主として、法人住民税の均等割額を算定する際に影響が生じる。

●寄附金の損金算入限度額計算においては税制改正があったため影響がなくなった。

Answer

① 法人住民税の均等割額

(1) 概　　要

　法人住民税の均等割額の税率区分について、平成27年度税制改正前は「資本金等の金額」で判定していました。すなわち、法人税の別表五㈠の「資本金等の額の計算に関する明細書」の合計額によっていたため、自己株式の取得等があった場合のマイナス分も加味されていました。そのため、資本金等の金額がマイナスとなり大企業でも均等割の税率区分が低くなるというケースが多々生じていたため、課税の公平性を保つべく見直しが図られました。

190　第5章／自己株式の法務・税務

平成 27 年度税制改正により、税率区分の基準が「資本金等の金額」を基礎としつつ、「資本金及び資本準備金の合計額」も判定要素に加えるということになりました。

⑵ 計算方法

法人税法に定める「資本金等の額」が「資本金及び資本準備金の合計額」に満たない場合は、「資本金及び資本準備金の合計額」が法人住民税均等割の税率表における基準となります（地法 52 ④）。簡単に表すと以下のとおり、両者を比較して大きい金額の方を基準とします。

・「資本金等の額」 ＞ 「資本金＋資本準備金の合計額」の場合

　➡「資本金等の額」が基準

・「資本金等の額」 ＜ 「資本金＋資本準備金の合計額」の場合

　➡「資本金＋資本準備金の合計額」が基準

（注）1　過去に無償減資等を行っていない場合に限る。
　　　2　いずれも期末日の金額で判定する。

＜別表調整＞

別表五㈠　記載例
Ⅱ.資本金等の額の計算に関する明細書

区分	期首現在資本金等の額	当期の増減		差引翌期首現在資本金等の額
		減	増	
資本金	2,000			2,000
資本準備金	500			500
自己株式		300		▲300
利益積立金額			100	100
差引合計額	2,500			2,300

資本金＋資本準備金　2,500

上記の例においては「資本金＋資本準備金の合計額」の方が大きいため、2,500 を基準として法人住民税の均等割額の税率区分を判定することとなります。

Q49／自己株式を取得した場合における資本金等の減少による影響　191

② 寄附金の損金算入限度額

　寄附金の損金算入限度額を算出する際、以前は「資本金等の額」を基礎にして計算を行っていたため、自己株式の取得・保有による資本金等の額の変動より影響がありました。

　しかし、令和4年4月1日以後に開始する事業年度より「資本金等の額」が「資本金の額及び資本準備金の額の合計額もしくは出資金の額」に改められたため（法法37）、自己株式の取得・保有による寄附金の損金算入限度額計算への影響はなくなりました。

11 自己株式の取得があった 場合における消費税への影響

Q50

自己株式を取得した場合、又は、発行法人に譲渡した場合、消費税について考える必要はありますか。

Point

●自己株式を譲渡又は取得した場合は、取得法人（発行法人）、譲渡法人（株主）のいずれにおいても消費税対象外取引となる。

Answer

① 譲渡法人（株主）の取扱い

有価証券を譲渡した場合、通常であれば対価の5％相当が非課税売上げとなります。ただし、発行会社への株式譲渡は資産の譲渡等に該当せず消費税課税対象外の取引となります（消基通5-2-9）。

消費税法上の「資産の譲渡」とは、資産につきその同一性を保持しつつ他人に移転させることをいいます（消基通5-2-1）。会社が自己株式を取得すると、株主の権利である議決権、利益配当請求権及び残余財産分配請求権等は消滅し、資産の同一性を保持しつつ他人に移転させたとはいえないため、自己株式の取得は資産の譲渡には該当しないこととされています。

② 取得法人（発行法人）の取扱い

　法人が自己株式を取得する場合においても、①と同様消費税の課税対象外取引となります。

(注)　いずれの場合においても、証券市場での買入れによる自己株式の取得は除かれる（通常の有価証券の取扱いと同様に非課税取引となる）。

12 自己株式を消却する場合 の手続き

Q51

保有している自己株式の消却を考えていますが、どのような手続きが必要でしょうか。

Point

●発行会社が保有する自己株式を消却する場合は、取締役会の決議が必要となる。

Answer

　非公開会社の場合、その発行会社が保有している自己株式はそのまま保有され続けているケースが多いと思われます。しかし、保有している自己株式を消却する（消滅させる）、あるいは、処分する（譲渡する）というケースもみられます（処分の手続き及び処理については**Q52**を参照）。

1 手 続 き

　発行会社は保有する自己株式を消却することができます。消却するに当たっては、取締役会決議により消却する自己株式の数を決める必要があります（会社法178）。

　消却に伴い、発行済株式総数が変わるため登記が必要となり、また、株主名簿を変更することとなります。

2 会計処理

　自己株式を消却した場合、会計上は消却する自己株式の帳簿価額をその他資本剰余金から減額します（会社計規24③、自己株式等会計基準11）。

　なお、この処理により期末におけるその他資本剰余金勘定の残高がマイナスとなった場合には、その他資本剰余金勘定の残高をゼロにした上で残額をその他利益剰余金として処理します（自己株式等会計基準12）。

　（借）その他資本剰余金　×××　（貸）自　己　株　式　×××
　　　　（その他利益剰余金）

3 税務処理

　自己株式を消却した場合、発行会社で課税関係は生じませんので税務仕訳は不要です。したがって、以下のとおり、税務申告時に会計処理を別表五㈠に記載するだけで足ります。

＜前　提＞

・消却自己株式の帳簿価額　300円

＜会計仕訳＞

　（借）その他資本剰余金　　　　300　（貸）自　己　株　式　　　300

＜税務仕訳＞

　なし

＜別表調整＞

別表五㈠　記載例
Ⅰ.利益積立金額の計算に関する明細書

区分	期首現在 利益積立金額	当期の増減 減	当期の増減 増	差引翌期首現在 利益積立金額	
利益準備金					
資本金等	▲100			▲100	※

Ⅱ.資本金等の額の計算に関する明細書

区分	期首現在 資本金等の額	当期の増減 減	当期の増減 増	差引翌期首現在 資本金等の額	
資本金					
その他資本剰余金	500	300		200	
自己株式	▲300		300	0	
利益積立金額	100			100	※

※自己株式取得時の残高がそのまま残る。

Q51 ／自己株式を消却する場合の手続き　197

13 自己株式を処分する場合の手続き

Q52

　保有している自己株式を利用して新たな株主に割り当てることはできますか。また、その場合の手続き等について教えてください。

Point

●発行会社が保有する自己株式を既存又は新たな株主に割り当てる（処分する）ことは可能。

●発行会社が保有する自己株式を処分する場合は、新株発行と同様の手続きがとられる。

Answer

　自己株式の活用方法の１つに、保有する自己株式を既存の又は新たな株主に譲渡することによって資金調達を図るという手法が挙げられます。株式の割当てによる資金調達という観点において、発行会社が保有している株式を再利用することと新株を発行することに差異はありません。そこで、保有する自己株式を割り当てる（処分する）場合においては、新株の発行と同様の株式募集手続きを行うこととなります。

　以下、非公開会社が保有している自己株式を処分する場合について述べていきます。

198　第５章／自己株式の法務・税務

① 手続き

発行会社が保有する自己株式を処分するに当たっては、原則として株主総会の特別決議により、処分する自己株式の数、払込金額等の募集事項を決定する必要があります（会社法199①・②）。なお、一定の要件はありますが、募集事項の決定を取締役会に委任することにより、資金調達をより迅速に行うこともできます（会社法200①）。

また、新株発行と異なり発行済株式総数及び資本金は変動しないため登記の必要はありません。

② 会計処理

自己株式を処分した場合、会計上は処分する自己株式の帳簿価額と払込金額との差額をその他資本剰余金として処理します（自己株式等会計基準9、10）。

```
（借）現  預  金  ×××  （貸）自  己  株  式  ×××
     その他資本剰余金  ×××
     （差    額）
```

なお、この処理により期末におけるその他資本剰余金勘定の残高がマイナスとなった場合には、消却の処理と同様、その他資本剰余金勘定の残高をゼロにした上で残額をその他利益剰余金として処理します（自己株式等会計基準11）。

③ 税務処理

自己株式の処分は資本取引に該当するため、払込金額相当額の資本金等の額を増加させます。

```
（借）現  預  金  ×××   （貸）資本金等の額   ×××
```

なお、会計処理と税務処理が異なるため、別表調整が必要となります。具体的には以下のとおりです。

＜前　提＞

・処分自己株式の帳簿価額　　300円
・払込金額　　　　　　　　　250円

＜会計仕訳＞

　（借）現　　預　　金　250　　（貸）自　己　株　式　300
　　　　その他資本剰余金　 50

＜税務仕訳＞

　（借）現　　預　　金　250　　（貸）資 本 金 等 の 額　250

＜別表調整＞

別表五㈠　記載例

Ⅰ.利益積立金額の計算に関する明細書

区分	期首現在利益積立金額	当期の増減		差引翌期首現在利益積立金額
		減	増	
利益準備金				
資本金等	▲100			▲100 ※2

Ⅱ.資本金等の額の計算に関する明細書

区分	期首現在資本金等の額	当期の増減		差引翌期首現在資本金等の額
		減	増	
資本金				
その他資本剰余金	500	50		450 ※1
自己株式	▲300		300	0 ※1
利益積立金額	100			100 ※2

資本金等の額
増加額
250

※1　会計処理を反映することにより、結果として税務上の資本金等の額が250増加することとなる。
※2　自己株式取得時の残高がそのまま残る。

第6章

合併の法務・税務

1 事業承継に活かす合併

Q53

合併の意義と事業承継での活用方法を教えてください。

Point

● 合併とは、2つ以上の会社が法定の手続きによって、合併により消滅する会社の権利義務の全部を、合併により設立する会社又は合併後存続する会社に承継させることをいう。

● この合併の態様には、「新設合併」と「吸収合併」の2種類の方法がある。

Answer

① 合併とは

　合併とは、2つ以上の会社が法定の手続きによって、合併により消滅する会社の権利義務の全部を、合併により設立する会社又は合併後存続する会社に承継させることをいい、「複数の会社が経営統合によって1つの会社になる」組織再編行為の1つです。合併では、法人格が残る「存続会社」と、解散登記をして存続会社に吸収されることになる「消滅会社」に立場が分かれます。

　組織再編行為の場合、要件を満たせば「適格」組織再編成として税制上の優遇措置を受けることができます。

202　第6章／合併の法務・税務

② 合併の種類（新設合併と吸収合併）

(1) 新設合併

　新設合併とは、2以上の会社がする合併であって、合併により消滅する会社の権利義務の全部を合併により設立する会社に承継させるものをいいます。

(2) 吸収合併

　吸収合併とは、会社が他の会社とする合併であって、合併により消滅する会社の権利義務の全部を合併後存続する会社に承継させるものをいいます。

　上記のうち実務上よく行われるのは吸収合併です。なぜならば新設合併は、営業の許認可が新設会社には承継されません。また、新株発行や財産移転の登記・登録などの手続きが必要となるために事務作業量・コストが過大になります。

③ 合併を行うメリットとデメリット

(1) 合併を行うメリット

① シナジー効果を期待できる

　2つ以上の会社が1つになることで、それぞれの会社が合併までに開拓してきた販路や取引先を活用でき、それによって売上増加や販管費減少などのシナジー効果を期待できます。また、経理・人事・法務などの管理部門（バックオフィス）を1つにまとめられるので、人材の有効活用といったシナジー効果も生まれてきます。

　お互いの会社の保有している技術を活用すること、仕入れをまとめることで単価を引き下げることなども、シナジー効果の一例になります。特に業種が同じ会社同士の合併の際には、補完できる内容も多くなる傾向があり、シナジー効果も得やすくなります。

Q53／事業承継に活かす合併　203

ただし、上記シナジーによるメリットを享受するには、合併前に慎重に企業調査を行い、合併時の管理も手を抜かずに行う必要があります。

② 組織を簡略化することが可能

合併により会社ごとに独立していた指揮体制・人事制度・管理システムなどを統一すれば、組織運営を簡略化することができます。組織運営を簡略化させることで、スピード感のある意思決定と効率的な業務執行を図ることが可能です。

また、指揮体制が統一され、従業員が1つの会社に集合すれば、事業意識のベクトルを統一できます。経営陣からの意思の疎通も円滑に行うことが可能となり、結果、会社の統制力をより強化することにつながります。

③ 被合併法人の未処理欠損金の引継ぎ

適格合併が行われた場合には、被合併法人の合併の日前10年以内に開始した事業年度に発生した未処理欠損金額は、原則として、合併法人の合併事業年度前の各事業年度に生じた欠損金額とみなして、合併事業年度以降の各事業年度において繰越欠損金額の控除をすることが認められています。

ただし、この制度の活用を制限なく認めた場合、制度の趣旨に反した度を越えた節税のために利用される可能性があるため、企業グループ内の合併については、共同で事業を行うための合併に比較して税制適格要件が緩くなっていることを鑑みて、一定の場合には被合併法人の未処理欠損金額の合併法人への引継ぎが制限されているので注意が必要です。

(2) **合併を行うデメリット**

① 税金負担が重い場合がある（適格合併と非適格合併）

合併をする際、一定の税制適格要件を満たすことで税制上のメリットである適格合併を行うことができます。

その合併が適格合併に該当する場合には、合併に係る移転資産負債については、被合併法人から合併法人へ帳簿価額により引継ぎされたものとして、移転資産負債に係る含み損益は繰り延べられることとなります。また、被合併法人の株主は合併法人の株式を受けることになりますが、合併法人の株式の価額は旧株式の帳簿価額を引き継ぐこととなり、旧株式に係る譲渡損益は繰り延べられます。

ただし、その合併が非適格合併に該当する場合には、適格合併と異なり、それぞれの立場ごとに課税関係が発生してしまいます。

② 複雑な手続き

組織再編を行うためには、仕方がないことですが、合併をするに当たり税務や会計に関する手続き、その他複雑な書類の作成を行う必要があります。また、書類作成だけでなく登記や株主総会の開催など各種実務を行うことで労力がかかります。

③ 企業規模の変化による税負担の増加

資本金の額が1億円以下の普通法人などは、中小企業向けのさまざまな優遇措置が受けられます。しかし、合併によって資本金の額が増加してしまうと、中小企業向けの各種優遇措置が受けられなくなることがあります。

④ 合併により副次的に株価が低下したことで、事業承継に活用されるケース

シナジー効果などを主目的とした合併を行ったことで、副次的に自社株評価の引下げにつながることがあります。

自社株評価が引き下がる「副次的」効果が発現する理由としては「会社規模の拡大」、「利益又は純資産額の減少」、「業種区分の変更」、「通常の評価会社への変更」などが挙げられます。

(1) 会社規模の拡大

類似業種比準方式による評価額と純資産価額方式による評価額を

比較すると、一般的には類似業種比準方式による評価額の方が低くなる傾向にあります。

　合併することにより会社の規模が拡大（例えば、小会社から中会社、中会社から大会社）すると、算定される株価のうちに類似業種比準方式による評価額の割合が高くなるため、結果として株式の評価額が下がることがあります。

⑵　利益又は純資産額の減少

　合併により消滅する会社の中に収益性の低い会社や税務上の評価での債務超過の会社などがあれば、存続会社の利益又は純資産額の減少につながることとなり、結果として類似業種比準方式による評価額及び純資産価額方式による評価額が下がることがあります。

⑶　業種区分の変更

　類似業種比準方式により評価額が下がる業種の会社と合併し、かつ、存続会社の売上構成比率が変化することで業種区分に変更が生ずることとなれば、結果として自社株評価減少につながることがあります。

⑷　通常の評価会社への変更

　合併前は土地保有特定会社、株式保有特定会社に該当していた会社が、合併により総資産額が増加し、もしくは土地や株式の保有割合が下がり、一般の評価会社へ変わることが副次的にあります。そのケースですと、類似業種比準方式による評価額の割合が高くなるため、結果として自社株評価減少につながることになります。

　ただし、上記はあくまでも副次的効果として発現するものであり、株式の評価額を下げることのみを主目的として、合併を行うことにつき経済合理性がない場合には、租税回避として行為計算が否認される可能性があるので注意が必要です。

2 吸収合併の手続き

Q54

吸収合併の流れを教えてください。

Point

● 合併手続きは合併契約の締結から始まる。効力発生日以後
6か月間の事後開示に至るまで複雑で期間がかかる手続
き。

● 合併手続きには、多数の利害関係者が関与していることか
ら、各手続きの瑕疵は合併無効の原因となるため、合併手
続きの実行に当たっては各法に従った手続きが必要。

● 吸収合併の場合には、一定の要件を満たすことで一定の手
続きを省略できる「簡易合併」や「略式合併」制度がある。

Answer

① 吸収合併契約の締結

(1) 取締役会の決議

会社が吸収合併をするに当たっては、当事会社は吸収合併契約を
締結しなければなりません（会社法748）。吸収合併契約の締結は、
重要な業務執行に当たるのが通常ですので、取締役会設置会社にお
いては取締役会決議が必要となります（会社法2七、362②）。また、
取締役会設置会社以外の会社においては取締役の過半数による決定

（会社法348②）が必要となります。

　各当事会社においては、取締役会決議を経て、代表取締役が合併契約を締結することとなります。

　ただし、指名委員会等設置会社の場合、簡易合併及び略式合併により株主総会決議を要しない場合に限っては、取締役会決議により、合併契約の内容の決定を執行役に委任することができます（会社法416④十九かっこ書）。

(2) 吸収合併契約に定める事項

　当事会社は、吸収合併を行う場合、必ず合併契約を締結する必要があり（会社法748後段）、契約に定めるべき事項が以下のとおり法定されています（会社法749①各号）。

① 　当事会社の商号及び住所

② 　消滅会社の株主に対して交付する合併対価の内容

③ 　消滅会社の株主に対する②の割当てに関する事項

④ 　消滅会社の新株予約権者に対して交付する新株予約権等の内容

⑤ 　消滅会社の新株予約権者に対する④の割当てに関する事項

⑥ 　吸収合併の効力が生ずる日

　なお、上記の法定事項以外を合併契約に定めることも可能であり、効力発生日までの善管注意義務や従業員の引継ぎに関する事項などを盛り込むこともあります。

2　吸収合併契約の事前開示

　合併は当事会社の株主及び債権者に重大な影響を与えることから、株主及び債権者の判断に資するため、事前に所定書類を開示することが必要とされています。

(1) 消滅会社の事前開示書類

　吸収合併の場合、消滅会社は吸収合併契約備置開始日（株主総会の日の2週間前の日等）から、合併の効力発生日までの間、吸収合

併契約の内容その他法務省令で定める事項を記載した書面又は電磁的記録を本店に備え置かなければなりません（会社法782①一・②一、会社規182）。

(2) 存続会社の事前開示書類

　吸収合併の場合、存続会社は吸収合併契約備置開始日から、合併の効力発生日後6か月を経過するまでの間、吸収合併契約の内容その他法務省令で定める事項を記載した書面又は電磁的記録を本店に備え置かなければなりません（会社法794、会社規191）。

③ 合併契約の株主総会の承認決議

　吸収合併においては、消滅会社及び存続会社は効力発生日の前日までに、株主総会で吸収合併契約の承認を得る必要があります（会社法783①、795①）。なお、株主総会の決議は、原則として特別決議が要求されています（会社法309②十二）。

④ 株主の株式買取請求

　吸収合併契約が承認された場合、反対株主は合併を妨げることはできません。ただし、反対株主は会社に対して公正な価格で、自己の有する株式の買取りを請求することができます（会社法785①、797①）。新株予約権についても、同様の取扱いが用意されています。

⑤ 債権者保護手続き

　会社債権者は、債務者である合併当事会社が財政状態の良くない会社と合併すると、合算されることから財政状態が悪化し、不利益を受けるおそれがあります。そこで、合併当事会社は、
① 合併をする旨
② 存続会社又は消滅会社の商号及び住所
③ 消滅会社及び存続会社の計算書類に関する事項

④ 債権者が一定の期間内に異議を述べることができる旨

を官報で公告し、かつ、知れている債権者には、各別に催告をしな
ければなりません（会社法 789 ①一・②、799 ①一・②）。

また、公告方法は官報のほか、定款に定める方法によることがで
きます（会社法 939）。

⑥ 承継した権利義務等の開示

吸収合併の場合、存続会社は承継した消滅会社の権利義務その他
の吸収合併に関する事項として法務省令で定める事項を記載した書
面又は電磁的記録を、効力発生後遅滞なく作成するとともに、効力
発生日から 6 か月間、本店に備え置かなければなりません（会社法
801 ①・③一、会社規 200）。

⑦ 合併登記

会社が吸収合併した場合には、その効力が生じた日から 2 週間以
内に、本店所在地において、合併に関する登記をしなければなりま
せん（会社法 921）。

3 新設合併の手続き

Q55

新設合併の流れを教えてください。

Point

● 合併手続きは合併契約の締結から始まる。効力発生日以後
6か月間の事後開示に至るまで複雑で期間がかかる手続
き。

● 合併手続きには、多数の利害関係者が関与していることか
ら、各手続きの瑕疵は合併無効の原因となるため、合併手
続きの実行に当たっては各法に従った手続きが必要。

● 新設合併の場合には、「簡易吸収合併」や「略式吸収合併」
のような簡略的な制度はない。

Answer

1 新設合併契約の締結

(1) 取締役会の決議

会社が合併をするに当たっては、当事会社は新設合併契約を締結
しなければなりません（会社法748）。新設合併契約の締結は、重
要な業務執行に当たるのが通常ですので、取締役会設置会社におい
ては取締役会決議が必要となります（会社法2七、362④）。また、
取締役会設置会社以外の会社においては、取締役の過半数による決

定（会社法 348 ②）が必要となります。

　各当事会社においては、取締役会決議を経て、代表取締役が合併契約を締結することとなります。

　ただし、指名委員会等設置会社の場合、簡易合併及び略式合併により株主総会決議を要しない場合に限っては、取締役会決議により、合併契約の内容の決定を執行役に委任することができます（会社法 416 ④十九かっこ書）。

(2) 新設合併契約に定める事項

　当事会社は、新設合併を行う場合、必ず合併契約を締結する必要があり（会社法 748 後段）、契約に定めるべき事項が以下のとおり法定されています（会社法 753 ①各号）。

① 消滅会社の商号及び住所
② 設立会社の目的、商号、本店所在地及び発行可能株式総数
③ 設立会社の定款で定める内容
④ 設立会社の設立時取締役の氏名
⑤ 設立会社の機関設計に関する内容
⑥ 消滅会社の株主に対して交付する設立会社の株式に関する内容
⑦ 消滅会社の株主に対する⑥の割当てに関する事項
⑧ 設立会社が消滅会社に対して交付する社債等に関する内容
⑨ 消滅会社に対する⑧の割当てに関する事項
⑩ 消滅会社の新株予約権者に対して交付する設立会社の新株予約権等の内容
⑪ 消滅会社の新株予約権者に対する⑩の割当てに関する事項

　なお、上記の法定事項以外を合併契約に定めることも可能であり、善管注意義務や従業員の引継ぎに関する事項などを盛り込むこともあります。

② 新設合併契約の事前開示

合併は当事会社の株主及び債権者に重大な影響を与えることから、株主及び債権者の判断に資するため、事前に所定書類を開示することが必要とされています。

(1) 消滅会社の事前開示書類

新設合併の場合、消滅会社は新設合併契約備置開始日（株主総会の日の2週間前の日等）から、設立会社の成立までの間、新設合併契約の内容その他法務省令で定める事項を記載した書面又は電磁的記録を本店に備え置かなければなりません（会社法803①一・②一、会社規204）。

(2) 設立会社の事前開示書類

既存株主及び債権者は設立時点で存在しないため、事前開示については特に必要とされていません。

③ 合併契約の株主総会の承認決議

新設合併においては、株主総会で新設合併契約の承認を得る必要があります（会社法804①）。なお、株主総会の決議は、原則として特別決議が要求されています（会社法309②十二）。

④ 株主の株式買取請求

新設合併契約が承認された場合、反対株主は合併を妨げることはできません。ただし、反対株主は会社に対して公正な価格で、自己の有する株式の買取りを請求することができます（会社法806①）。

⑤ 債権者保護手続き

会社債権者は、債務者である消滅会社が財政状態の良くない会社と合併すると、合算されることから財政状態が悪化し、不利益を受

けるおそれがあります。そこで、消滅会社は、

① 合併をする旨
② 他の消滅会社、設立会社の商号及び住所
③ 消滅会社の計算書類に関する事項
④ 債権者が一定の期間内に異議を述べることができる旨

を官報で公告し、かつ、知れている債権者には、各別に催告をしなければなりません（会社法810①一・②）。

　また、公告方法は官報のほか、定款に定める方法によることができます（会社法939）。

6 承継した権利義務等の開示

　新設合併の場合、設立会社は新設合併により承継した消滅会社の権利義務その他の新設合併に関する事項として法務省令で定める事項を記載した書面又は電磁的記録を、効力発生後遅滞なく作成するとともに、効力発生日から6か月間、本店に備え置かなければなりません（会社法815①・③一、会社規211）。

7 合併登記

　新設合併により設立する会社が株式会社であるときは、株主総会の決議の日等から2週間以内に、本店所在地において、合併に関する登記をしなければなりません（会社法922）。

4　合併の課税関係

Q56

　各立場からの合併を行った際の課税関係を解説してください。

Point

●法人が合併により資産及び負債の移転をしたときは、原則として被合併法人が時価により資産及び負債を合併法人に譲渡したものとして取り扱われる。

●その合併が適格合併に該当する場合には、特例として資産及び負債の移転に係る譲渡損益が繰り延べられることとなる。

Answer

① 被合併法人の課税

(1) 非適格合併の場合

　非適格合併を行った場合には、被合併法人は、合併法人にその有する資産及び負債の移転をし、対価として合併対価資産の交付を受けますので、移転をした資産及び負債の時価による譲渡をしたものとして、被合併法人の各事業年度の所得の金額を計算します。原則として、移転した資産及び負債の時価と合併対価資産の時価は等価の関係にあると考えられますが、仮に合併対価資産の時価が個別資産及び負債の時価純資産価額を超える部分の金額がある場合には、

その超える部分の金額は資産調整勘定に係る譲渡利益として処理されることとなります（法法62の8①）。

　なお、グループ法人間で非適格合併が行われた場合において、被合併法人である内国法人から移転した資産が譲渡損益調整資産に該当するときには、被合併法人においては、その譲渡損益調整資産に係る譲渡利益額又は譲渡損失額を計上しないこととなります（法法61の11①）。

(2) 適格合併の場合

　被合併法人が適格合併により合併法人に資産及び負債の移転を行った場合には、その被合併法人の適格合併に係る最後事業年度終了の時の帳簿価額により引継ぎをしたものとして、移転資産及び負債の譲渡損益の計上が繰り延べられることとされています（法法62の2①、法令123の3①）。

　この場合の「帳簿価額」とは、文理上も、また、適格合併の場合は移転時に移転資産及び負債の譲渡損益の計上を行わないとする、法令の趣旨からみても、会計上貸借対照表に計上されている帳簿価額をいうものではなく、税務上の帳簿価額をいうものと解されることとなります。

　例えば、被合併法人から移転を受ける減価償却資産に減価償却超過額といった税務上の否認金がある場合には、合併法人がその否認金相当額だけ財務諸表の帳簿価額を修正して引き継いでいないときでも、税務上は、その減価償却資産は減価償却超過額だけ増額した金額で引き継がれることになります。

　したがって、適格合併により合併法人が被合併法人から資産又は負債を引き継いだ後において、被合併法人の合併前の事業年度分の調査により税務上の否認金が発生し、合併時の資産又は負債の税務上の帳簿価額が誤っていることが判明した場合には、その帳簿価額を修正した金額を引き継ぐことになります（法基通12の2－1－1）。

② 合併法人の課税

(1) 非適格合併の場合

合併により移転した資産及び負債を、合併の時の時価により取得することになります（法法62①）。

合併対価資産の時価が取得した個別資産及び負債の時価純資産価額を超える場合には、その超える部分の金額を資産調整勘定として計上する必要があります（法法62の8①）。

(2) 適格合併の場合

被合併法人が適格合併により合併法人に資産及び負債の移転を行った場合には、その被合併法人の適格合併に係る最後事業年度終了の時の帳簿価額により引継ぎをしたものとされます（法令123の3①）。

③ 被合併法人の株主の課税

● みなし配当及び株式の譲渡損益

非適格合併の場合には、被合併法人の利益積立金額、資本金等の額は合併法人に引き継がれず、被合併法人の株主に交付されることと考えられることから、合併対価が株式又は出資に対応する金額を超える部分については、みなし配当として認識する必要があります（法法24①一）。

合併対価として合併法人の株式以外の金銭等の支払いを受けた場合には株式譲渡損益が生じます。対して、適格合併の場合には、被合併法人の利益積立金額は合併法人に引き継がれることとなり、被合併法人の株主に交付されないため、被合併法人の株主においてみなし配当を計上する必要はありません。

また、被合併法人の法人株主は、被合併法人株式の帳簿価額を交付された合併法人株式の取得価額に付け替えることになります（法令119①五）。

5 適格合併の要件

Q57

適格合併の要件や各種定義について教えてください。

・・・

Point

●適格合併の要件は「グループ内の適格合併」、「共同事業を行うための適格合併」の２つに大別される。

●さらに「グループ内の適格合併」の中でも"完全支配関係内の適格合併"と"支配関係内の適格合併"に分類される。

・・・

Answer

① 税制適格要件

合併における税制適格要件は、図表６－１のとおりです。

パターンによって、満たす必要のある要件に違いがあります。

② 完全支配関係内の適格合併の要件

(1) 完全支配関係の定義

完全支配関係とは、①一の者が法人の発行済株式等の全部を直接もしくは間接に保有する一定の関係（以下「当事者間の完全支配関係」という）又は②一の者との間にその一定の関係がある法人相互の関係（以下「法人相互の完全支配関係」という）をいいます（法法２十二の七の六）。

218　第６章／合併の法務・税務

■図表6-1　税制適格要件

パターン	企業グループ内		共同事業
	完全支配関係（100％）	支配関係（50％超）	
金銭等不交付要件	○	○	○
従業者継続従事要件		○	○
事業継続要件		○	○
事業関連性要件			○
事業規模又は経営参画要件			○
株式継続保有要件			○

　一定の関係とは、一の者（その者が個人である場合には、その者及びその者と一定の特殊の関係のある個人）が法人の発行済株式等の全部を保有する場合におけるその一の者とその法人との間の関係をいいます（法令4の2②）。

■図表6-2　完全支配関係①

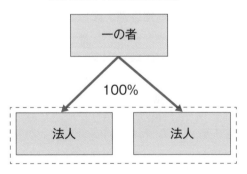

　また、その一の者及びこれとの間に直接完全支配関係がある一もしくは二以上の法人又はその一の者との間に直接完全支配関係がある一もしくは二以上の法人が他の法人の発行済株式等の全部を保有するときは、その一の者は当該他の法人の発行済株式等の全部を保

有するものとみなされます（法令４の２②）。

■図表６－３　完全支配関係②

一の法人が他の法人の発行済株式の全部を保有

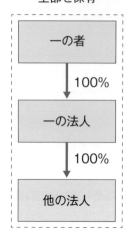

直接保有と間接保有の場合

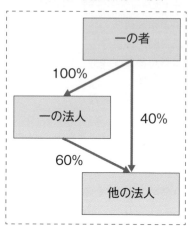

なお、完全支配関係の有無は、発行済株式に基づいて判定をします。ただし、発行済株式等からは、自己株式、従業員持株会保有株式（民法上の組合契約に限る）及びストックオプション行使による保有株式の合計が５％未満である場合のその株式等を除きます。

(2) 適格合併の要件

合併法人と被合併法人との間に次の①又は②のいずれかの関係がある場合の合併で、被合併法人の株主等に合併法人株式又は合併親法人株式（合併法人の完全親法人の株式）のいずれか一方の株式又は出資以外の資産が交付されないときには、当該合併は適格合併に該当します（法法２十二の八イ、法令４の３②）。

① 合併法人と被合併法人との間にいずれか一方の法人による完全支配関係がある場合における当該完全支配関係(法令４の３②一)。ただし、次の②の関係に該当するものは除かれます（法令４の３

②一かっこ書)。

② 合併前に被合併法人と合併法人との間に同一の者による完全支配関係（法人相互の完全支配関係）があり、かつ、合併後に当該同一の者と合併法人との間に当該同一の者による完全支配関係が継続することが見込まれている場合における被合併法人と合併法人との間の関係（法令4の3②二）。

③ 支配関係内の適格合併の要件

(1) 支配関係の定義

支配関係とは、一の者が法人の発行済株式等の50％超を直接又は間接に保有する関係と認められる一定の関係又は一の者との間に当事者間の支配の関係がある法人相互の関係をいいます（法法2十二の七の五）。

(2) 適格合併の要件

支配関係内の適格合併の要件は、以下のとおりです。

① 金銭等不交付要件

金銭等不交付要件とは、原則として合併対価として、合併法人株式又は合併親法人株式のいずれか一方の株式又は出資以外の資産が交付されないことをいいます（法法2十二の八）。

② 従業者継続従事要件

被合併法人の当該合併の直前の従業者のうち、その総数の概ね100分の80以上に相当する数の者が合併後に合併法人の業務に従事することが見込まれていることをいいます（法法2十二の八ロ(1)）。

③ 事業継続要件

被合併法人の合併前に行う主要な事業が合併後に合併法人において引き続き行われることが見込まれていることをいいます（法法2十二の八ロ(2)）。

④ 共同事業を行うための適格合併

支配関係のない法人との間で合併を行った場合の適格合併の要件は、以下のとおりです。

(1) 金銭等不交付要件

金銭等不交付要件とは、原則として合併対価として、合併法人株式又は合併親法人株式のいずれか一方の株式又は出資以外の資産が交付されないことをいいます（法法２十二の八）。

(2) 従業者継続従事要件

被合併法人の当該合併の直前の従業者のうち、その総数の概ね100分の80以上に相当する数の者が合併後に合併法人の業務に従事することが見込まれていることをいいます（法令４の３④三）。

(3) 事業継続要件

被合併法人の合併前に行う主要な事業が合併後に合併法人において引き続き行われることが見込まれていることをいいます（法令４の３④四）。

(4) 事業関連性要件

事業関連性要件については、以下のとおりです（法令４の３④一）。

① 吸収合併の場合

被合併法人の主要な事業である被合併事業と合併法人の合併事業とが相互に関連していることをいいます。

② 新設合併の場合

被合併法人の被合併事業と他の被合併法人の被合併事業とが相互に関連していることをいいます。

(5) 事業規模要件又は経営参画要件

以下の要件のうち、いずれかを満たす必要があります（法令４の３④二）。

① 合併に係る被合併法人の被合併事業と当該合併に係る合併法人

の合併事業（被合併事業と関連する事業に限る）のそれぞれの売上金額、被合併事業と合併事業のそれぞれの従業者の数、被合併法人と合併法人（当該合併が新設合併である場合は、被合併法人と他の被合併法人）のそれぞれの資本金の額もしくは出資金の額もしくはこれらに準ずるものの規模の割合が概ね5倍を超えないこと

②　合併前の被合併法人の特定役員（社長、副社長、代表取締役、代表執行役、専務取締役もしくは常務取締役又はこれらに準ずる者で法人の経営に従事している者をいう）のいずれかと合併法人の特定役員のいずれかが合併後に合併に係る合併法人の特定役員となることが見込まれていること

(6) 株式継続保有要件

合併により交付される合併法人又は合併親法人のうちいずれか一の法人の株式（議決権のないものを除く）であって支配株主に交付されるものの全部が支配株主により継続して保有されることが見込まれていることをいいます（法令4の3④五）。

なお、支配株主とは合併の直前に被合併法人と他の者との間に他の者による支配関係がある場合における他の者及び他の者による支配関係があるもの（合併に係る合併法人を除く）をいいます。

6 適格合併の会計・税務処理

Q58
適格合併の会計と税務処理について教えてください。

Point
- 合併法人、被合併法人及び株主のそれぞれの立場によって処理を検討する必要がある。
- 図表6-4の前提を検討する。

■図表6-4 合併前後の状況

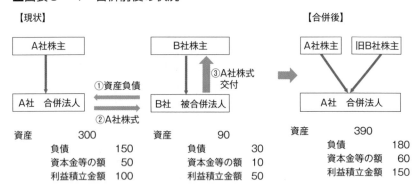

Answer

① 合併法人（A社）の仕訳

(1) 会計仕訳

会計仕訳は、次のとおりとなります。なお、簿価純資産額の範囲

で、資本金にするか資本剰余金にするかは任意（適用指針247、会
社計規35②）であることから、資本金を0、それ以外をその他資
本剰余金としています。

＜会計仕訳＞

（借）資　　　　産	90	（貸）負　　　　債	30
		資　本　金	0
		資本剰余金	60

　なお、純資産の引継ぎについては、会社計算規則35条と36条に
定められており、どちらでも適用できます。35条を適用した場合は、
被合併会社の純資産を資本金・資本準備金・その他資本剰余金の中
で分け、対して36条を適用した場合は、被合併会社の純資産の構
成内容のまま引き継ぐこととなります。100％子会社同士の無対価
合併の場合は、上記にかかわらず会社計算規則36条2項の定めに
より、資本金・資本剰余金をその他資本剰余金へ、利益剰余金をそ
の他利益剰余金へ引き継ぐこととなります。

◆会社計算規則

　　（吸収型再編対価の全部又は一部が吸収合併存続会社の株式又は持
　　分である場合における吸収合併存続会社の株主資本等の変動額）
第35条　吸収型再編対価の全部又は一部が吸収合併存続会社の株式
　　又は持分である場合には、吸収合併存続会社において変動する株主
　　資本等の総額（次項において「株主資本等変動額」という。）は、
　　次の各号に掲げる場合の区分に応じ、当該各号に定める方法に従い
　　定まる額とする。
　一　当該吸収合併が支配取得に該当する場合（吸収合併消滅会社に
　　　よる支配取得に該当する場合を除く。）　吸収型再編対価時価又は
　　　吸収型再編対象財産の時価を基礎として算定する方法
　二　吸収合併存続会社と吸収合併消滅会社が共通支配下関係にある
　　　場合　吸収型再編対象財産の吸収合併の直前の帳簿価額を基礎と
　　　して算定する方法（前号に定める方法によるべき部分にあっては、
　　　当該方法）

三　前二号に掲げる場合以外の場合　前号に定める方法

2　前項の場合には、吸収合併存続会社の資本金及び資本剰余金の増加額は、株主資本等変動額の範囲内で、吸収合併存続会社が吸収合併契約の定めに従いそれぞれ定めた額とし、利益剰余金の額は変動しないものとする。ただし、株主資本等変動額が零未満の場合には、当該株主資本等変動額のうち、対価自己株式の処分により生ずる差損の額をその他資本剰余金（当該吸収合併存続会社が持分会社の場合にあっては、資本剰余金。次条において同じ。）の減少額とし、その余の額をその他利益剰余金（当該吸収合併存続会社が持分会社の場合にあっては、利益剰余金。次条において同じ。）の減少額とし、資本金、資本準備金及び利益準備金の額は変動しないものとする。

（株主資本等を引き継ぐ場合における吸収合併存続会社の株主資本等の変動額）

第36条　前条の規定にかかわらず、吸収型再編対価の全部が吸収合併存続会社の株式又は持分である場合であって、吸収合併消滅会社における吸収合併の直前の株主資本等を引き継ぐものとして計算することが適切であるときには、吸収合併の直前の吸収合併消滅会社の資本金、資本剰余金及び利益剰余金の額をそれぞれ当該吸収合併存続会社の資本金、資本剰余金及び利益剰余金の変動額とすることができる。ただし、対価自己株式又は先行取得分株式等がある場合にあっては、当該対価自己株式又は当該先行取得分株式等の帳簿価額を吸収合併の直前の吸収合併消滅会社のその他資本剰余金の額から減じて得た額を吸収合併存続会社のその他資本剰余金の変動額とする。

2　吸収型再編対価が存しない場合であって、吸収合併消滅会社における吸収合併の直前の株主資本等を引き継ぐものとして計算することが適切であるときには、吸収合併の直前の吸収合併消滅会社の資本金及び資本剰余金の合計額を当該吸収合併存続会社のその他資本剰余金の変動額とし、吸収合併の直前の利益剰余金の額を当該吸収合併存続会社のその他利益剰余金の変動額とすることができる。ただし、先行取得分株式等がある場合にあっては、当該先行取得分株式等の帳簿価額を吸収合併の直前の吸収合併消滅会社の資本金及び資本剰余金の合計額から減じて得た額を吸収合併存続会社のその他資本剰余金の変動額とする。

(2) 税務仕訳

税務仕訳は、次のとおりとなります。

＜税務仕訳＞

（借）資　　　産	90	（貸）負　　　債	30
		資本金等の額	10
		利益積立金額	50

　被合併法人の資産・負債を合併直前の税務上の帳簿価額で引き継ぐこととなります（法法62の2④、法令123の3)。

　また、被合併法人の資本金等の額を引き継ぎます（法令8①五)。なお、増加する資本金は、合併契約書に記載された増加資本金額となります。

(3) 別表調整

　会計仕訳と税務仕訳を調整する別表調整として、下記のとおりになります。

＜別表調整＞

| （借）資本金等の額 | 50 | （貸）利益積立金額 | 50 |

別表五㈠　記載例

Ⅰ．利益積立金額の計算に関する明細書

区分	期首現在利益積立金額	当期の増減		差引翌期首現在利益積立金額
		減	増	
資本金等の額（合併）			50	50

Ⅱ．資本金等の額の計算に関する明細書

区分	期首現在資本金等の額	当期の増減		差引翌期首現在資本金等の額
		減	増	
資本金	50			50
資本剰余金			60	60
利益積立金（合併）			▲50	▲50
差引合計額	50	0	10	60

② 被合併法人（B社）の仕訳

(1) 会計仕訳

被合併法人の会計仕訳は、次のとおりとなります。

＜会計仕訳＞

（借）負　　　　　債	30	（貸）資　　　　　産	90
資本金等の額	10		
利益積立金額	50		

(2) 税務仕訳

被合併法人の税務仕訳は、次のとおりとなります。

＜税務仕訳＞

① 資産・負債の引継ぎ

（借）負　　　　　債	30	（貸）資　　　　　産	90
Ａ 社 株 式	10		
利 益 積 立 金	50		

② 合併法人株式等の交付

| （借）資本金等の額 | 10 | （貸）Ａ 社 株 式 | 10 |

適格合併を行った場合には、法人税法上、被合併法人の資産及び負債を合併法人に対して簿価で引継ぎをしたものとして計算することとなります（法法62の2①）。そのため、被合併法人では合併に伴う譲渡損益は発生せず、合併法人では被合併法人の資産及び負債を簿価で引き継がれることとなります（法令123の3③）。

なお、別表調整はありません。

③ 株主の仕訳

| （借）Ａ 社 株 式 | 10 | （貸）Ｂ 社 株 式 | 10 |

合併法人株式又は、合併親会社株式のいずれか一方の株式以外の資産が交付されていない場合には、被合併法人の株主による投資は継続しているものと認められるため、株式譲渡損益は認識されません（法法61の2②、法令119①五、措法37の10③一、所令112①）。そして、適格合併に該当する場合には、被合併法人から合併法人に利益積立金が引き継がれることから、分配をするわけでもないため、被合併法人の株主はみなし配当を認識しないこととなります（法法24①一、所法25①一）。

7　無対価合併の判定

Q59

　X社を合併法人、Y社を被合併法人とする吸収合併（以下「本件吸収合併」という）を予定しています。

　本件吸収合併においては、被合併法人（Y社）の株主（A氏、A氏父及びA氏母）に対して株式その他の資産を交付しない、いわゆる無対価合併の手法により行うこととします（図表6－5）。

　なお、本件吸収合併後、A氏はX社株式のすべてを継続して保有する見込みです。

　この場合において、本件吸収合併は適格合併に該当しますか。

Point

● 無対価合併が適格合併に該当する資本関係は限定されている。

● 「株主等」には、特殊の関係のある個人を含めないで判定するため、株主が個人の場合には注意が必要。

Answer

　本件吸収合併は、適格合併に該当しないこととなります。

■図表6−5 合併前後の状況
【合併前】

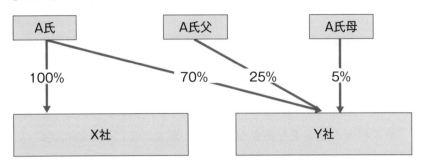

【吸収合併後】

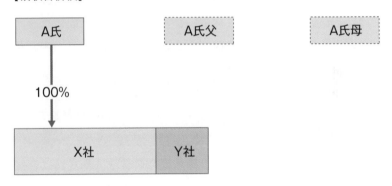

1 完全支配関係

　本件吸収合併における合併法人であるX社は、その発行済株式のすべてがA氏に保有されていることから、A氏との間に当事者間の完全支配関係があることとなります（**Q57**参照）。

　また、被合併法人であるY社は、その発行済株式をA氏だけでなく、その親族等に該当するA氏父及びA氏母にも保有されているところ、完全支配関係に該当するかどうかの判定上、一の者の親族等が保有する株式を一の者（A氏）が保有しているものとして

判定を行いますから、Y 社についても A 氏との間に当事者間の完全支配関係があることとなります。

　したがって、X 社と Y 社の関係は、いずれも A 氏との間に当事者間の完全支配関係があることから、法人相互の完全支配関係に該当することとなります。

② 法人相互の完全支配関係がある場合の適格要件

　法人相互の完全支配関係がある法人間の合併に係る適格要件は、以下のとおりとされています。

①　合併前に当該合併に係る被合併法人と合併法人との間に同一の者による完全支配関係（法人相互の完全支配関係）があり、かつ、合併後に当該同一の者と当該合併に係る合併法人との間に当該同一の者による完全支配関係が継続することが見込まれていること（法令 4 の 3 ②二）。

> **(注)**　本件吸収合併では、A 氏は合併後も X 社株式のすべてを継続して保有する見込みであるため、A 氏による完全支配関係が継続することが見込まれている。

②　当該合併における被合併法人の株主等に合併法人株式又は合併親法人株式のいずれか一方の株式又は出資以外の資産が交付されないこと（法法 2 十二の八）。

> **(注)**　本件吸収合併は、無対価合併の手法により行われるので、合併法人株式又は合併親法人株式のみならず、これら以外の資産も交付されない。

③ 無対価合併の場合の適格合併の要件

　無対価合併の手法による場合には、上記②①及び 2 ②の要件のほかに、合併前の同一の者による完全支配関係が次に掲げるいずれかの関係がある完全支配関係である場合に限り、適格合併に該当する

こととされています（法令4の3②二）。

①　合併法人が被合併法人の発行済株式等の全部を保有する関係

②　被合併法人及び合併法人の株主等（その被合併法人及び合併法人を除く）のすべてについて、その者が保有するその被合併法人の株式の数のその被合併法人の発行済株式等（その合併法人が保有するその被合併法人の株式を除く）の総数のうちに占める割合とその者が保有するその合併法人の株式の数のその合併法人の発行済株式等（その被合併法人が保有するその合併法人の株式を除く）の総数のうちに占める割合とが等しい場合におけるその被合併法人と合併法人の関係

　本件吸収合併は、無対価合併の手法によるものであり、合併法人X社は被合併法人Y社の株式を保有していないことから、①又は②の関係のうち②の関係（以下「②の関係」という）に該当するかどうか判定することとなります。

　上記①のとおり、完全支配関係に該当するかどうかの判定においては、一の者の保有する株式だけでなく、一の者の親族等が保有する株式を一の者が保有しているものとして判定を行うこととされているところです（法令4の2②）。

　したがって、②の関係に該当するかどうかの判定においても、株主等の親族等が保有する株式を株主等が保有しているものとして判定を行うのではないかとの疑問が生ずるところではあります。

　そこで、それぞれの規定に着目すれば、完全支配関係に該当するかどうかの判定における「一の者」は、「一の者（その者が個人である場合には、その者及びこれと法人税法施行令4条1項に規定する特殊の関係のある個人）が法人の発行済株式等の全部を保有する場合」（法令4の2②）と明示的に「一の者」と特殊の関係のある個人（親族等）の保有する株式を「一の者」が保有しているものとして、その判定を行うこととされているところです。

Q59／無対価合併の判定　233

一方、②の関係に該当するかどうかの判定における「株主等」は、株主又は合名会社、合資会社もしくは合同会社の社員、その他法人の出資者をいう（法法２十四）と規定されているに過ぎず、株主等と特殊の関係のある個人（親族等）の保有する株式を株主等が保有しているものとしてその判定を行うこととはされていません。

　本件吸収合併の場合、被合併法人Ｙ社は、Ａ氏に加え、その親族等に該当するＡ氏父及びＡ氏母の３者によって、発行済株式のすべてを保有されています。

　ただし、②の関係に該当するかどうかの判定においては、親族等に該当するＡ氏父及びＡ氏母により保有されている株式をＡ氏が保有しているものとして②の関係に該当するかどうかの判定を行うことはできませんから、被合併法人Ｙ社と合併法人Ｘ社との関係は、「被合併法人及び合併法人の株主等のすべてについて、その者が保有するその被合併法人の株式の数のその被合併法人の発行済株式等の総数のうちに占める割合とその者が保有するその合併法人の株式の数のその合併法人の発行済株式等の総数のうちに占める割合とが等しい場合におけるその被合併法人と合併法人の関係」には該当しないこととなります。

　したがって、本件吸収合併が適格合併に該当すると解することはできないこととなります。

（注） 本項の解説は、国税庁質疑応答事例「無対価合併に係る適格判定について（株主が個人である場合）」を引用している。

8 繰越欠損金の引継ぎ制限と使用制限

Q60

適格合併を行った際の繰越欠損金の引継ぎ制限及び使用制限について教えてください。

Point

●適格合併による繰越欠損金の引継ぎを利用した租税回避行為を防止するために、被合併法人等の繰越欠損金については、引継ぎ制限及び合併法人の繰越欠損金の使用制限が課されている。

Answer

非適格合併に該当した場合には、合併法人は被合併法人の繰越欠損金を引き継ぐことはできません。対して適格合併に該当した場合には、合併法人は被合併法人の繰越欠損金を引き継ぐことができます。そこで、繰越欠損金のある法人を買収し、被合併法人の繰越欠損金につき適格合併をすることで取り込み、不当に利用しようとするような租税回避行為を行うことが考えられます。これを防止するために、被合併法人等の繰越欠損金の引継ぎ制限及び合併法人等の繰越欠損金の使用制限が課されています。

① 被合併法人の繰越欠損金の引継ぎ

(1) 原則的な取扱い

適格合併が実施された場合においては、被合併法人の保有する繰越欠損金は、合併法人の繰越欠損金額とみなして引き継がれます（法法57②）。非適格合併を行った場合には、被合併法人が保有する繰越欠損金は合併法人に引き継ぐことはできません。

適格合併の際に引き継ぐことができる繰越欠損金は、被合併法人の適格合併の日前10年以内に開始した各事業年度について生じた繰越欠損金であり、青色申告書である確定申告書を提出していることを前提として、繰越欠損金の繰越控除（法法57①）及び繰越欠損金の繰戻還付（法法80①）の適用を受けていない部分に限定されます。

なお、引き継いだ欠損金の帰属事業年度につき、合併法人と被合併法人の決算日が異なる場合には、引き継いだ被合併法人の欠損金は、当該発生事業年度開始の日の属する合併法人の各事業年度において生じた欠損金とみなされます。

(2) 例外的な取扱い（引継ぎ制限）

ただし、合併などの組織再編成を利用した租税回避行為を防止するため、一定の場合に引き継げる繰越欠損金に制限を課しています（法法57③、法令112③・④）。

企業グループ内の適格合併であれば、支配関係（ **Q57** 参照）が次に掲げる日のうち最も遅い日から継続していれば、繰越欠損金を引き継ぐことが可能です。

- 適格合併の日の属する事業年度開始の日（新設合併の場合には、適格合併の日）の5年前の日
- 被合併法人の設立の日
- 合併法人の設立の日

　また、支配関係の継続期間が足りない場合は、みなし共同事業要件を満たすことで、繰越欠損金の引継ぎが可能となります。ここでいう「みなし共同事業要件」とは、以下の①〜④の要件又は①と⑤の要件を満たすことをいいます（法令112③・⑩）。

① 事業関連性要件

　被合併法人の主要な事業である被合併事業と合併法人の合併事業とが相互に関連するものであること。

② 事業規模要件

　被合併事業と合併事業のそれぞれの売上金額、従業者の数、資本金の額もしくは出資金の額又はこれらに準ずるものの規模の割合が概ね5倍を超えないこと。

③ 被合併法人事業規模継続要件

　被合併事業が被合併法人と合併法人との間に最後に支配関係があることとなった時から当該適格合併の直前の時まで継続して行われており、かつ、当該被合併法人支配関係発生時と当該適格合併の直前の時における当該被合併事業の規模の割合が概ね2倍を超えないこと。

④ 合併法人事業規模継続要件

　合併事業が合併法人と被合併法人との間に最後に支配関係があることとなった時から当該適格合併の直前の時まで継続して行われており、かつ、当該合併法人支配関係発生時と当該適格合併の直前の時における当該合併事業の規模の割合が概ね2倍を超えないこと。

⑤ 経営参画要件

　被合併法人の当該適格合併の前における特定役員である者のいず

れかの者と当該合併法人の当該適格合併の前における特定役員である者のいずれかの者とが当該適格合併の後に当該合併法人の特定役員となることが見込まれていること。

② 合併法人の繰越欠損金の使用制限

(1) 原則的な取扱い

上記①で記載のとおり、適格合併を行った場合には、被合併法人の繰越欠損金を合併法人は一定の場合を除き、引き継ぐことができます。

(2) 例外的な取扱い（使用制限）

被合併法人の繰越欠損金のみに制限を課し、合併法人の有している繰越欠損金になんら制限がない場合、合併法人と被合併法人を逆にする（逆さ合併）ことによる租税回避行為を行うことができてしまいます。これを防止するため、一定の場合に合併法人が有している繰越欠損金の使用に制限を課しています（法法57 ④、法令112 ⑨・⑩）。

繰越欠損金の使用が制限される場合は、上記①(2)と同様に判断されます。

9 特定資産譲渡等損失額の 損金不算入

Q61

特定資産譲渡等損失額の損金不算入について教えてください。

・・・・・・・・・・・・・・・・・・・・・・・・・・・・・・・・・・・・・・

Point
●適格合併による資産の帳簿価額の移転を利用した租税回避行為を防止するために、含み損を有する資産の譲渡等損計上に制限を加えている。

・・・・・・・・・・・・・・・・・・・・・・・・・・・・・・・・・・・・・・

Answer

1 概 要

適格合併を含む適格組織再編成は、資産を帳簿価額で移転することになるため、含み損を持っている資産を帳簿価額で移転し、受入側の法人にて売却することで、損失を実現することができてしまいます。そこで、含み損を有する一定の資産を「特定資産」と呼び、譲渡等における損失計上に制限を加えています。

具体的には、適格合併が行われた場合、合併法人と被合併法人との間に一定の日（ **Q57** 参照）から継続して支配関係があると認められない場合において、みなし共同事業要件（ **Q60** 参照）を満たさないときは、合併法人の適用期間内において生じた特定資産譲渡等損失額は、損金の額に算入されません。

Q61 ／特定資産譲渡等損失額の損金不算入　239

② 特定資産の意義

　特定資産は、特定引継資産と特定保有資産に区分されます。

　特定引継資産とは被合併法人等より移転を受けた資産で、支配関係発生日前から被合併法人で有していたものを指します。

　特定保有資産とは、合併法人等で支配関係発生日前の属する事業年度開始の日前から有していた資産をいいます（法法62の7②）。

　しかし、次の資産については、特定資産から除外されています（法令123の8③）。

① 棚卸資産（土地、土地の上に存する権利を除く）

② 短期売買商品、売買目的有価証券

③ 適格合併の日（又は、適格合併の日の属する事業年度開始の日）における帳簿価額又は取得価額が1,000万円に満たない資産

④ 支配関係発生日の属する事業年度開始の日以後に有することになった資産及び同日における価額（時価）が法人税法上の帳簿価額以上である資産

⑤ 非適格合併により移転を受けた資産で譲渡損益調整資産以外のもの

③ 特定資産譲渡等損失の金額

　特定引継資産の譲渡等損失の金額は、その資産の譲渡、評価換え、貸倒れ、除却その他これらに類する事由による損失の額の合計額から特定引継資産の譲渡又は評価換えによる利益の額の合計額を控除した金額とされます（法法62の7②）。

　つまり、特定引継資産から生じた損失のすべての金額について損金算入制限を課されません。同一事業年度中の特定引継資産から生じた利益と比較して相殺した後の金額について損金算入制限を課すこととされており、これは特定保有資産についても同様の取扱いと

240　第6章／合併の法務・税務

なっています。

　理由としては、もともと引き継いだ資産の含み益と含み損の相殺をしているだけであり、同一事業年度中であるならば、特に規制をする必要がないと考えられているからです。

　特定資産譲渡等損失額は譲渡以外にも評価換え、貸倒れ、除却その他これらに類する事由が含まれています。ただし、適正に減価償却を行っている減価償却資産の除却などには、損金算入の規制をかける必要はなく、計算から除外しようという取扱いがされています（法令123の8④）。

④　適用期間

　特定資産譲渡等損失の損金不算入規定の適用期間は適格合併の日の属する事業年度開始の日から、次のうち最も早い日までの期間として規定されています（法法62の7①）。

①　適格合併の日の属する事業年度開始の日以後3年を経過する日

②　支配関係が生じた日以後5年を経過する日

③　通算制度の開始に伴う資産の時価評価損益（法法64の11①）の適用を受ける場合には、通算開始直前事業年度終了の日

④　通算制度への加入に伴う資産の時価評価損益（法法64の12①）の適用を受ける場合には、通算加入直前事業年度終了の日

⑤　非適格株式交換、非適格株式移転に係る株式交換完全子法人等の有する資産の時価評価損益（法法62の9①）の適用を受ける場合には、非適格株式交換、非適格株式移転の日の属する事業年度終了の日

　なお、特定引継資産は、合併の日時点で被合併法人から合併法人に対して移転されることになるため、実際の適用期間は合併の日以後となります。

Q61／特定資産譲渡等損失額の損金不算入　241

10 適格合併により移転した資産の減価償却

Q62

適格合併により被合併法人から合併法人へ資産が移転しました。この移転した資産について、合併法人において行う減価償却について教えてください。

Point

●取得価額は、被合併法人の取得価額に、合併法人が支出した事業供用費を加算する。

●合併時に中古資産を取得したものとして、合併法人において中古資産の耐用年数を適用することができる。

●被合併法人の取得日により合併法人における償却方法を判定する。

●合併事業年度の償却限度額は、一事業年度の償却限度額を月数按分して計算する。

Answer

1 取得価額

適格合併により被合併法人から移転した資産の合併法人における取得価額は、被合併法人の取得価額に、合併法人が事業の用に供するために直接要した費用の額を加算した金額です（法令54①五）。

一方で、適格合併の場合は資産負債を被合併法人の帳簿価額によ

242 第6章／合併の法務・税務

り合併法人が引き継ぐことから、被合併法人の「既償却累計額」も合併法人が引き継ぐこととなります（法法62の2）。

2 耐用年数

適格合併により被合併法人から移転を受けた減価償却資産については、税務上は帳簿価額による引継ぎとして取り扱われますが、中古資産の耐用年数（見積り又は簡便法による耐用年数）の規定における「取得」には、適格合併による被合併法人からの引継ぎを含むとされているため、中古資産の耐用年数の規定を適用することができます（耐年省令3①）。その場合に、合併法人の採用する減価償却方法が定額法又は生産高比例法であるときの償却費の計算の基礎となる取得価額は、上記1の取得価額から被合併法人がした償却の額で損金の額に算入された金額を控除した金額となります（耐年省令3③）。

また、被合併法人が取得した時点ですでに中古資産であって被合併法人が中古資産の耐用年数を適用していた場合には、合併法人においてその中古資産の耐用年数を適用することもできます（耐年省令3②）。

よって、合併法人が適格合併により移転を受けた減価償却資産の耐用年数については、法定耐用年数、合併時に算定した中古資産の耐用年数、被合併法人が使用していた中古資産の耐用年数のいずれかを選択することができます（国税庁質疑応答事例「適格合併により移転を受けた減価償却資産に係る耐用年数」、耐年通達旧1－5－13）。

3 取得日及び減価償却方法

適格合併による資産の移転は、税法上、引継ぎとされていることから、被合併法人における資産の取得日が合併法人に承継され、適

Q62／適格合併により移転した資産の減価償却　243

用すべき減価償却方法を判定します。

　償却方法についてはすでに合併法人が選定している方法によりますが、移転を受けた減価償却資産が、合併法人において償却方法を選定していない種類や事業所に所属するものである場合には、新たに資産の種類・事業所ごとに減価償却方法を選定することができます。その場合には「減価償却資産の償却方法の届出書」を合併の日の属する事業年度の申告書の提出期限までに提出することが必要です（法令51②一・五）。なお、償却方法の選定をしないときは法定償却方法になります（法法31①、法令53）。

④　償却限度額

　合併法人が合併により移転した資産を事業年度の中途において事業の用に供した場合のその事業年度の償却限度額は、減価償却資産を購入し、事業の用に供した場合と同様です。旧定額法、旧定率法、定額法、定率法の場合には、当該事業年度の償却限度額に相当する金額を当該事業年度の月数で除し、これに合併法人が事業の用に供した日から当該事業年度終了の日までの期間の月数を乗じて計算した金額とします。月数は、1か月に満たない端数は切り上げます（法令59①一）。

11 合併により移転する不動産の登録免許税と不動産取得税

Q63

　合併に伴い不動産が合併法人へ移転しました。この場合の不動産の移転に係る登録免許税と不動産取得税について教えてください。

・・・・・・・・・・・・・・・・・・・・・・・・・・・・・・・・

Point

●合併により移転した不動産に係る所有権の移転登記については、登録免許税は 0.4%。

●合併により移転した不動産に係る不動産取得税は非課税。

・・・・・・・・・・・・・・・・・・・・・・・・・・・・・・・・

Answer

① 登録免許税

　合併により合併法人へ移転した不動産の所有権の移転登記に係る登録免許税は、「相続又は法人の合併による移転の登記」の区分に該当し、税率は 0.4% です（登免法 9、別表第一）。

② 不動産取得税

　合併により合併法人が取得した不動産については、形式的な所有権の移転等として不動産取得税は非課税です（地法 73 の 7 二）。

Q63 ／合併により移転する不動産の登録免許税と不動産取得税　245

12 合併による消費税への影響

Q64

　合併による資産の移転に対して、消費税は課税されますか。また、合併法人の消費税の納税義務及び簡易課税制度の適用の判定において、基準期間における課税売上高はどのように計算しますか。

・・・・・・・・・・・・・・・・・・・・・・・・・・・・・・・・・・・・・

Point

●合併法人から被合併法人への資産の移転は、資産の譲渡等に該当しないため消費税は課税対象外。

●基準期間における課税売上高が 1,000 万円以下のときの納税義務の免除の判定については、合併の場合の特別な規定がある。

●簡易課税制度を適用する際の基準期間における課税売上高5,000 万円以下の判定については合併の場合の特別な規定はなく、合併法人の基準期間における課税売上高のみで判定する。

・・・・・・・・・・・・・・・・・・・・・・・・・・・・・・・・・・・・・

Answer

1 合併による資産の移転に係る消費税

　合併による資産や負債の移転は法律上生じる包括承継であることから、合併法人から被合併法人への資産の移転については、消費税

246　第6章／合併の法務・税務

法上の「資産の譲渡等」には該当せず、消費税の課税対象にはなりません（消法2①八、消令2①四）。

② 合併があった場合の納税義務の免除の判定

基準期間における課税売上高が1,000万円以下である課税期間については消費税の納税義務が免除されます。合併があった場合の合併法人については、次の金額が1,000万円を超える場合は、納税義務は免除されません（消法9、11、消基通1－5－6）。なお、新設合併で合併法人の基準期間における課税売上高がないときは、被合併法人の各金額で判定します。

(1) 合併のあった日の属する事業年度

合併法人の基準期間における課税売上高又は各被合併法人の当該基準期間に対応する期間における課税売上高のうちいずれか。

(注1) 被合併法人が二以上ある場合は、いずれかの被合併法人に係る当該金額。

(注2) 合併法人の基準期間における課税売上高が1,000万円以下であっても被合併法人の当該基準期間に対応する期間における課税売上高が1,000万円を超える場合には、当該合併法人の当該合併があった日から当該合併があった日の属する事業年度終了の日までの間における課税資産の譲渡等及び特定課税仕入れについて納税義務が免除されない。

(2) 合併があった日の属する事業年度の翌事業年度及び翌々事業年度

合併法人の基準期間における課税売上高と各被合併法人の当該基準期間に対応する期間における課税売上高との合計額。

(注) 被合併法人が二以上ある場合は、各被合併法人に係る当該金額の合計額。

■図表6-6　合併法人の消費税納税義務の判定

次の金額が1,000万円を超えるときは納税義務は免除されない。

合併事業年度	翌事業年度及び翌々事業年度
合併法人の課税売上高又は各被合併法人の課税売上高のいずれか	合併法人の課税売上高と各被合併法人の課税売上高との合計額

③　合併により設立された法人における基準期間がない課税期間の納税義務の判定

　合併により設立された法人の基準期間がない課税期間については、上記②の判定の結果によっても納税義務が免除される場合であっても、別途、消費税法12条の2第1項「新設法人の納税義務の免除の特例」、12条の3第1項「特定新規設立法人の納税義務の免除の特例」又は12条の4第1項もしくは2項「高額特定資産を取得した場合等の納税義務の免除の特例」の規定によっても納税義務の有無を判定する必要があります（消基通1-5-17）。

④　合併があった場合の簡易課税制度の適用の判定

　簡易課税制度は「消費税簡易課税制度選択届出書」の提出を要件として、基準期間における課税売上高が5,000万円以下の課税期間について適用されます。

(1)　簡易課税制度の適用判定の基準期間における課税売上高

　合併があった場合の簡易課税制度の適用の判定における「基準期間における課税売上高」については、吸収合併及び新設合併ともに特別な規定が設けられておらず、合併法人の基準期間における課税売上高のみによって判定します（消法37、消基通13-1-2）。

(2)　被合併法人において提出していた届出書の効力

　被合併法人が提出した簡易課税制度選択届出書の効力は、被合併法人の事業を承継した合併法人には及びません。したがって、合併

法人が簡易課税制度の規定の適用を受けようとするときは、新たに簡易課税制度選択届出書を提出しなければなりません。

　新設合併があった場合又は免税事業者である合併法人が吸収合併により簡易課税の規定の適用を受けていた被合併法人の事業を承継した場合において、合併法人が合併のあった日の属する課税期間中に簡易課税制度選択届出書を提出したときは、その課税期間から簡易課税制度が適用されます。なお、新設合併の場合は翌課税期間からの適用とすることも選択できます（消法37、消令56、消基通13－1－3の3、13－1－5）。

13 合併による資本金等の額の変動に係る影響

Q65

合併により、合併法人の資本金等の額が変動する場合に、税金が増えることはありますか。

Point
●資本金等の額の増加により、地方税の均等割額と外形標準課税の資本割が増加することがある。

Answer

1 地方税均等割の増加

事務所又は事業所を有する法人は地方税の均等割額が課税され、均等割額は事業年度の末日における資本金等の額に従って税額が決定されます。なお、資本金等の額が、事業年度の末日における資本金の額及び資本準備金の額の合算額又は出資金の額に満たない場合には、資本金の額及び資本準備金の額の合算額又は出資金の額により均等割額が決定されます（地法24、52④、294、312⑥）。

よって、合併により合併法人の資本金等の額や資本金、資本準備金の額が増額した場合には、均等割の区分が変更し、均等割額が増えることがあります。支店がたくさんがある会社の場合は、地方税均等割額の増加の影響も大きくなります（**Q58** 参照）。

250 第6章／合併の法務・税務

② 事業税外形標準課税の資本割の増加

　合併法人において法人事業税の外形標準課税が適用されている場合には、資本金等の額が増加すると資本割が増加することになります。

14 合併後の受取配当金の 益金不算入・源泉所得税

Q66

　図表6－7の合併により合併法人は、被合併法人から
Ａ社株式とＢ社株式の移転を受けました。この合併から
3か月後に、合併法人はＡ社とＢ社から配当を受けました。この場合の合併法人における配当金の取扱いを教えてください。

＜前　提＞

・株主甲は被合併法人の株式を70％、合併法人の株式を
　100％保有しており、当合併は支配関係がある場合の
　適格合併に該当する。

・被合併法人はＡ社株式を1年以上の期間にわたり40％
　保有しており、Ｂ社株式は0.1％保有していた。

・Ａ社とＢ社からの配当は利益剰余金を原資とする。

・・・・・・・・・・・・・・・・・・・・・・・・・・・・・・・・・・

Point

●適格合併により発行済株式の3分の1超の株式が移転された株式については、関連法人株式等の判定において、被合併法人における保有期間を合併法人の保有期間とみなす。

●合併法人が受けるＡ社株式の配当金については、合併法人はＡ社株式を配当の基準日において3分の1超有しているので、所得税は不課税となり、Ａ社において源泉徴収は不要となる。

252 第6章／合併の法務・税務

●B社株式の配当金の所得税額控除については、被合併法人におけるB社株式の元本所有期間を合併法人における元本所有期間とみなして元本所有期間を計算する。

■図表6－7　合併後の配当

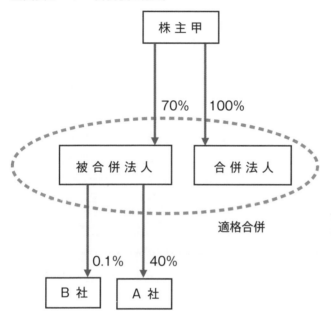

Answer

① 受取配当金の益金不算入

(1) 益金不算入額

各事業年度において内国法人から受ける配当等の金額のうち次に掲げる金額の合計額は、益金の額に算入しません（法法23）。
① 完全子法人株式等につき受ける配当等の額×100%
② 関連法人株式等につき受ける配当等の額－当該関連法人株式等に係る負債利子の額を控除した金額

③ その他の株式等（①、②、④以外）につき受ける配当等の額×50%

④ 非支配目的株式等につき受ける配当等の額×20%

(2) 完全子法人株式等

完全子法人株式等とは、配当等の額の計算期間を通じてその配当等の額の支払いを受ける内国法人とその配当等の額を支払う他の内国法人との間に完全支配関係（**Q57** 参照）がある場合の当該他の内国法人の株式等をいいます（法法23⑤、法令22の2）。

(3) 関連法人株式等

① 定　義

関連法人株式等とは、内国法人（その内国法人との間に完全支配関係がある他の法人を含む）が、配当等の額の計算期間を通じて他の内国法人の発行済株式等の3分の1を超える株式等を有している場合の当該他の内国法人の株式等をいいます（完全子法人株式等に該当する場合を除く）（法法23④）。「配当等の額の計算期間」は原則として、前回配当基準日の翌日から今回の配当等の基準日までの期間をいいますが、関連法人株式等の判定においては、前回配当基準日の翌日が6か月以上前の場合には今回配当の基準日の6か月前の日の翌日から今回の配当等の基準日までの期間をいいます（法令22①）。

② 適格合併による移転があったとき

関連法人株式等の判定においては、適格合併により合併法人が被合併法人から他の内国法人の発行済株式等の3分の1超の株式等の移転を受けた場合には、被合併法人のその株式等の保有期間は、合併法人の保有期間とみなします（法令22③）。

(4) その他の株式等

完全子法人株式等、関連法人株式等及び非支配目的株式等のいずれにも該当しない株式等をいいます（法令23①）。

(5) 非支配目的株式等

非支配目的株式等とは、他の内国法人の発行済株式等の5%以下の株式等を、配当等の基準日において有する場合の株式等をいいます（法法23⑥、法令22の3）。

(6) 設例の場合

① A社株式の配当

適格合併により合併法人へA社株式の発行済株式等の3分の1超が移転しているので、関連法人株式等の判定について、上記(3)②により、被合併法人のA社株式の保有期間は合併法人の保有期間とみなされます。合併法人はA社株式を3か月しか保有していませんが、被合併法人がA社株式を1年以上の期間にわたり保有していることから、A社株式は合併法人の関連法人株式等に該当します。よって合併法人がA社から受ける配当金は、関連法人株式等に係る部分の負債利子を控除した金額が益金不算入になります。

② B社株式の配当

合併法人が合併で受け入れたB社株式の保有割合は0.1%ですので、B社株式は合併法人の非支配目的株式等に該当します。よって、合併法人が受けた配当の額の20%相当額が益金不算入になります。

② 所得税の不課税（源泉徴収不要）

(1) 所得税の不課税

令和5年10月1日以後に内国法人（一般社団法人等を除く）が支払いを受ける配当等で次に掲げるものについては、所得税が課されません。したがって、配当の支払法人における所得税の源泉徴収義務もありません（所法177、所令301②）。

① 完全子法人株式等[注1][注2]に係る配当等

② その配当等の額に係る基準日等（配当等の額の計算期間の末日等）において、その内国法人が他の内国法人（一般社団法人等を

除く）の発行済株式等の総数等の３分の１超を直接に保有する場合における当該他の内国法人の株式等[注2]（完全子法人株式等を除く）に係る配当等

（注１） 上記①の完全子法人株式等をいう。

（注２） その内国法人が自己の名義をもって有するものに限る。

(2) 設例の場合

① A社株式の配当

合併法人は配当の基準日においてA社株式の３分の１超を直接保有しているので、A社の配当は上記(1)②の配当に該当します。よって、A社からの配当について所得税は不課税になりますので、A社は配当の支払い時に所得税の源泉徴収は不要になります。

② B社株式の配当

B社の配当は、上記(1)①、②のいずれにも該当しないので、合併法人において所得税は課税され、B社は配当の支払いの際に所得税の源泉徴収が必要になります。

③ 所得税額控除

(1) 所得税額控除

① 制　　度

内国法人が受け取った配当等につき所得税額が源泉徴収された場合は、その所得税額のうち、受領した内国法人の当該配当に係る株式等の元本所有期間に対応する部分の金額を、その内国法人の法人税額から控除することができます（法法68、法令140の2①）。

② 適格合併による元本の移転

適格合併により合併法人が配当等の元本の移転を受けたときは、被合併法人のその元本を所有していた期間を、合併法人の元本を所有していた期間とみなして所得税額控除の計算をします（法令140の2④）。

256　第6章／合併の法務・税務

(2) 設例の場合

① A社株式

A社株式の配当については、上記②(2)①のとおり所得税は不課税ですので、所得税額控除の規定は関係がありません。

② B社株式

B社株式の配当については、上記②(2)②のとおり所得税が源泉徴収されていますので、合併法人において所得税額控除を行います。所得税額控除の額は、上記(1)②のとおり被合併法人の元本所有期間を合併法人の元本所有期間とみなして月数を計算します。

■図表6-8　設例の場合の受取配当金・源泉徴収・所得税額控除

	区分	受取配当等の益金不算入額	所得税の課税（源泉徴収）		所得税額控除
A社株式	完全子法人株式等100%	100%	不課税		
	関連法人株式等1／3超100%未満	100%負債利子控除（継続保有）(注)	直接保有（基準日判定）	不課税	
			間接保有	課税	元本所有期間で按分(注)
	その他の株式等（1／3超・非継続）	50%	直接保有（基準日判定）	不課税	
	その他の株式等（5%超1／3以下）	50%	1／3以下	課税	元本所有期間で按分(注)
B社株式	非支配目的株式等5%以下	20%	課税		元本所有期間で按分(注)

（注）　適格合併の場合は、被合併法人の元本所有期間を合併法人の元本所有期間とみなす特例あり。

15 合併に係る税務上の届出書・申告書の添付書類

Q67

合併に際し、提出が必要な届出書と、法人税確定申告書に添付する書類を教えてください。

・・・

Point

●設立届出書や異動届出書等を提出する。

●青色申告承認や消費税の簡易課税制度の届出の効力は合併法人へ引き継がない。

●合併があった事業年度の法人税確定申告書に一定の書類の添付をする。

・・・

Answer

合併があった場合に、提出が必要になる主な届出書は次のとおりです。

1 合併法人の届出書

(1) 新設合併の場合

① 設立届出書（税務署）……設立日から2か月以内（法法148）

② 設立届出書（都道府県税事務所、市町村役場）……それぞれに定める期間内

③ 青色申告の承認申請書（税務署）……設立日から3か月以内又はその事業年度終了日のいずれか早い日（法法122）

258　第6章／合併の法務・税務

④ 源泉所得税の納期の特例を受ける場合は、「源泉所得税の納期の特例の承認に関する申請書」（税務署）……原則として、提出した日の翌月に支払う給与等から適用（所法216、217）

⑤ 給与支払事務所等の開設・移転・廃止届出書（税務署）……1か月以内（所法230）

⑥ 必要に応じて次の届出書（税務署）

・消費税課税事業者届出書「相続・合併・分割等があったことにより課税事業者となる場合の付表」を添付……速やかに（消法57①）

・消費税の新設法人に該当する旨の届出書……速やかに（消法57②）

・消費税の特定新規設立法人に該当する旨の届出書……速やかに（消法57②）

・消費税課税事業者選択届出書（消法9④）

・消費税簡易課税制度選択届出書（消法37）

・消費税課税期間特例選択届出書（消法19④）

(2) 吸収合併の場合

① 異動届出書（税務署）……速やかに

② 異動届出書（都道府県税事務所、市町村役場）……それぞれに定める期間内

③ 給与支払事務所等の開設・移転・廃止届出書（税務署）……1か月以内

④ 必要に応じて次の届出書（税務署）

・消費税異動届出書……速やかに

・消費税課税事業者選択届出書

・消費税簡易課税制度選択届出書

・消費税課税期間特例選択届出書

② 被合併法人の届出書

合併法人が、被合併法人名を記載して提出をします。

① 異動届出書（税務署）……速やかに

② 異動届出書（都道府県税事務所）……それぞれに定める期間内

③ 異動届出書（市町村役場）……それぞれに定める期間内

④ 消費税「合併による法人の消滅届出書」（税務署）……速やかに（消法 57 ①五）

⑤ 給与支払事務所等の開設・移転・廃止届出書（税務署）……1か月以内

③ 法人税確定申告書の添付書類

合併法人は合併のあった事業年度の確定申告書に、被合併法人は、最終事業年度の確定申告書に次の書類を添付します。

① 組織再編成に係る主要な事項の明細書

② 合併契約書

③ 出資関係図

第7章
会社分割の法務・税務

1 事業承継に活用する会社分割

Q68

事業承継に活用する会社分割とはどのようなものですか。

Point

● 株式会社又は合同会社がその事業に関して有する権利義務の全部又は一部を分割後他の会社に承継させることを「吸収分割」という（会社法2二十九）。

● 一又は二以上の株式会社又は合同会社がその事業に関して有する権利義務の全部又は一部を分割により設立する会社に承継させることを「新設分割」という（会社法2三十）。

Answer

① 会社分割の活用理由

会社分割は会社法に規定されている組織再編手法であり、会社が有する事業に係る権利義務を他の会社に包括的に承継させる行為となります。

上場会社だけでなく、未上場会社でも既存事業を他の会社に承継させるために会社分割の手法を利用するケースが増えています。

その理由としては、会社が複数の事業を営んでいる場合において、

事業ごとに会社を設立することで、その事業の採算性や損益状況が会社ごとに把握できることから、その事業の経営状況が分かりやすくなるといったメリットがあります。

そのため、不採算となっている事業を同業者や投資ファンドなどへ売却することを検討する場合においても、その事業を別会社とすることにより、その事業の損益状況や事業価値の算定が比較的容易となります。また、会社分割と同様の経済効果をもたらすと考えられる事業譲渡の場合に比較しても、その事業に関して有する権利義務の移転をスムーズに行うことができます。

また、今後の成長性が期待できる事業部門を別会社にすることにより、その事業部門の採算を個別管理しやすくなるだけでなく、その事業部門に関する経営判断の意思決定をスピーディに行うことができるようになるため、投資判断を迅速に行うことにより競争力を高めることも可能となります。

このように会社の営む事業の一部を他の会社に承継させるために会社分割が利用されるケースが増えていますが、会社分割には他の会社に分割させる吸収分割と会社分割により設立される新設会社に分割させる新設分割とがあります。特に、許認可や登録等を必要とする事業を分割する場合には、金銭出資により会社分割の受け皿となる子会社を設立し、あらかじめその子会社に許認可や登録等をさせた上で吸収分割を行うことにより、会社分割後すぐに子会社が事業活動を開始できるようにする活用方法もあります。

② 分割型分割と分社型分割

会社分割により、その事業に関して有する権利義務の全部又は一部を分割後他の会社に承継させる吸収分割と、分割により設立する会社に承継させる新設分割に分かれることは上述のとおりです。

また、会社分割における分割承継法人から交付される分割対価資

産が誰に交付されるのかによって分割型分割と分社型分割に区分されます。

　分割型分割とは、①分割により分割法人が交付を受ける分割対価資産（分割により分割承継法人によって交付される当該分割承継法人の株式その他の資産）のすべてが当該分割の日において当該分割法人の株主等に交付される場合又は分割により分割対価資産のすべてが分割法人の株主等に直接に交付される場合のこれらの分割（法法２十二の九イ、図表７－１）、②分割対価資産がない分割（無対価分割）で、その分割の直前において、分割承継法人が分割法人の発行済株式等の全部を保有している場合又は分割法人が分割承継法人の株式を保有していない場合の当該無対価分割（法法２十二の九ロ、図表７－２）をいいます。

■図表７－１　分割型分割（例）

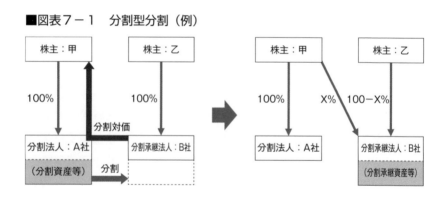

■図表7-2　無対価の分割型分割（例）

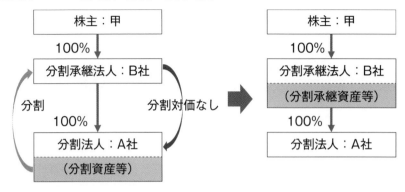

　分社型分割とは、分割により分割法人が交付を受ける分割対価資産が当該分割の日において当該分割法人の株主等に交付されない場合の当該分割（法法2十二の十イ、図表7-3）、無対価分割でその分割の直前において分割法人が分割承継法人の株式を保有している場合（分割承継法人が分割法人の発行済株式等の全部を保有している場合を除く）の当該無対価分割（法法2十二の十ロ、図表7-4）をいいます。

■図表7-3　分社型分割（例）

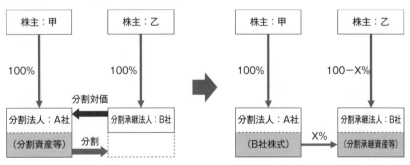

■図表7－4　無対価の分社型分割（例）

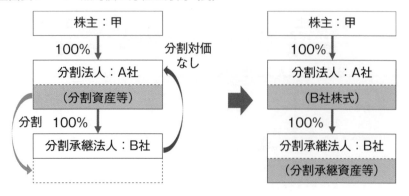

　なお、新設分割の場合には、分割により分割承継法人が設立されることから新設の分割型分割の場合（図表7－5）、親会社が主導して子会社の事業の一部を新設の分割型分割によりその子会社の兄弟会社として設立する場合（図表7－6）に多く利用され、新設の分社型分割は分割法人が子会社を設立する場合（図表7－7）に多く利用されています。

■図表7－5　新設の分割型分割（例）

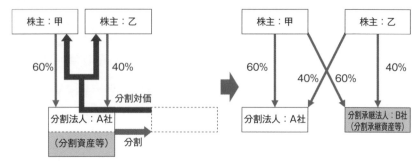

■図表7-6　新設の分割型分割（兄弟会社例）

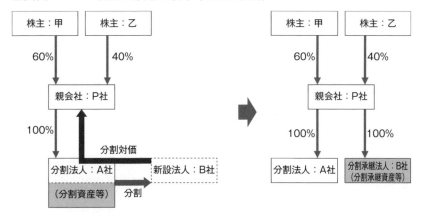

■図表7-7　新設の分社型分割（例）

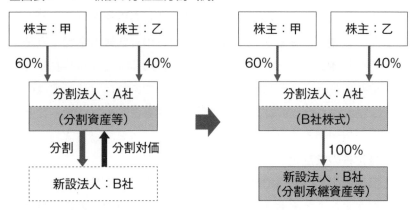

③ 事業承継に活用する分割

(1) 後継者の経営者の育成

　事業承継に関して後継者候補はいるが経営手腕等に疑問があり、すぐに事業承継を進められないケースもあると思われます。

　そのような場合には、会社分割を利用して子会社を設立し、その

子会社の経営者として後継者候補を指名し、その子会社の経営を通じて後継者としての経営能力の向上に努めてもらうことが考えられます。

その結果として、当初は子会社の経営だけを行いますが、将来的に経営能力が向上したと判断された時には、親会社の経営も任せることにより事業承継を進めることも考えられます。

(2)　複数の後継者がいる場合

事業承継に関して複数の後継者がおり、それぞれが経営に対する意欲があるような場合、それぞれの後継者の適性に応じた事業部門を会社分割することにより、それぞれの後継者に最適と考えられる会社の経営者として処遇することができます。

このように会社分割を利用することで、無用な後継者同士の軋轢などを生じさせることなく事業承継することが可能となります。

また、複数の後継者がいる場合に、会社の経営権の掌握に直結するその会社の株式をどのように承継させるかは難しい問題ですが、それぞれの後継者ごとに経営する会社が別であれば、それぞれの後継者が経営する会社の株式をそれぞれの後継者に承継させることで経営の安定が図ることができます。

(3)　経営権の安定化

未上場の会社であっても、会社の経営に必ずしも賛同しない株主等が存在することもあることから、会社の事業運営に係る意思決定の停滞等を未然に防ぐ観点からも会社を持株会社化し、事業会社を子会社化することが考えられます。

事業会社のままでは、会社の経営体制に非協力的な株主が資本参加することにより経営の意思決定に時間を要することが危惧されますが、既存の事業を会社分割により子会社化し、その子会社の株式を持株会社として保有していれば、持株会社の株主構成による影響をダイレクトに子会社に及ばないようにすることができます。

2 会社分割の手続き

Q69

会社分割の手続きについて教えてください。

・・・

Point
●会社分割の主な手続きは、会社法に規定されている。

・・・

Answer

　会社分割においては、**Q68** で述べたように「吸収分割」と「新設分割」を行うことができる。以下、主な手続きを説明する。

① 分割契約の締結、分割計画の作成

　株式会社又は合同会社は、吸収分割をすることができます。この場合においては、当該会社がその事業に関して有する権利義務の全部又は一部を当該会社から承継する吸収分割承継会社との間で、吸収分割契約を締結しなければならないとされています（会社法757）。

　一又は二以上の株式会社又は合同会社は、新設分割をすることができます。この場合においては、新設分割計画を作成しなければならないとされています（会社法762）。

　この分割契約では、分割会社及び分割承継会社の商号及び住所、分割会社から分割承継会社へ承継する資産、負債、雇用契約その他の権利義務等の法定記載事項を記載する必要があります（会社法

Q69／会社分割の手続き　269

758 ①)。

新設分割計画では、新設分割承継会社における法定記載事項を記載する必要があります（会社法763 ①）

②　事前開示書類の備置き

分割会社及び分割承継会社は、分割契約、新設分割計画で定めた事項を、書面もしくは電磁的記録で備え置く必要があります（会社法782 ①、794 ①、803 ①）。

これらは、株主総会承認決議の2週間前、債権者や株主等への通知又は公告等の日から会社分割の効力発生日後6か月を経過するまでの間、備え置く必要があります。

③　株主総会における承認決議

分割会社及び分割承継会社は、原則として、会社分割の効力発生の日の前日までに株主総会で分割契約・新設分割計画の承認を受ける必要があります（会社法783 ①、795 ①）。

ただし、略式手続（会社法784 ①、796 ①）、簡易手続（会社法796 ②）という例外もあります。

④　労働者に対する通知

会社法に基づく会社分割では、分割会社と分割承継会社の締結した分割契約の定めに従って、分割会社の権利義務が分割承継会社に包括的に承継されます。

そのため、会社分割時における労働者保護のため「会社分割に伴う労働協約の承継等の法律」に基づき、労働者及び労働組合への通知をしなければなりません。

5 債権者保護手続き

分割会社及び分割承継会社の債権者は、会社分割に対して異議を述べることができます（会社法789①、799①、810①）。

これらの債権者へは公告及び知れている債権者へは個別に催告しなければなりません（会社法789②、799②、810②）。

債権者から異議を述べられた会社は、債務の弁済もしくは担保の提供をする必要があります（会社法789⑤、799⑤、810⑤）。

6 反対株主の株式買取請求

会社分割における株主総会における承認決議に先立って反対する旨を会社に通知し、かつ、株主総会でも反対した株主等は、自己が所有する株式を公正な価格で買い取ることを請求することができます（会社法785①・②、797①・②、806①・②）。

7 許認可や届出等の手続き

会社分割により分割会社から分割承継会社に事業が承継されることから、それらの事業に係る許認可や届出等の手続きが必要となります。

8 会社分割に関する書面等の備置き

分割会社は会社分割の効力発生日後遅滞なく、分割承継会社と共同して、承継させた権利義務その他の事項等を記載した書面又は電磁的記録を作成し、株主及び債権者からの閲覧や謄本交付の請求に対応できるようにする必要があります（会社法791、811）。

また、分割承継会社、新設分割会社は、会社分割の効力発生日後遅滞なく、分割会社から承継した権利義務その他事項等を記載した書面又は電磁的記録を作成し、株主又は債権者からの閲覧や謄本交

付の請求に対応できるようにしておく必要があります（会社法801、815）。

9 登　記

吸収分割をした場合には、その効力発生日から 2 週間以内に変更登記をする必要があります（会社法921）。

また、新設分割では、会社分割の効力発生日から 2 週間以内に分割会社の変更登記、新設分割会社の設立登記をする必要があります（会社法924）。

3 会社分割の適格要件

Q70

会社分割の適格要件について教えてください。

Point
●分割が適格分割に該当するかは、分割法人と分割承継法人との関係が完全支配関係、支配関係又はそれ以外の関係のいずれかに応じて定められた要件を満たす必要がある。

Answer

　適格分割とは、次のいずれかに該当する分割で分割対価資産として分割承継法人株式又は分割承継親法人株式のいずれか一の法人の株式以外の資産が交付されないもの（株式が交付される分割型分割にあっては、当該株式が分割法人の株主等の有する当該分割法人の株式の数（出資にあっては金額）の割合に応じて交付されるものに限る）をいいます（法法２十二の十一）。

① その分割に係る分割法人と分割承継法人との間にいずれか一方の法人による完全支配関係があり、当該分割後も完全支配関係が継続することが見込まれる場合の当該分割（法法２十二の十一イ、法令４の３⑥）

② その分割に係る分割法人と分割承継法人との間にいずれか一方の法人による支配関係があり、当該分割後も支配関係が継続することが見込まれる場合の当該分割のうち、次に掲げる要件のすべ

Q70／会社分割の適格要件　273

てに該当するもの（法法2十二の十一ロ）

(イ)　主要な資産負債引継要件

　　当該分割により分割事業（分割法人の分割前に行う事業のうち、当該分割により分割承継法人において行われることとなるもの）に係る主要な資産及び負債が当該分割承継法人に移転していること

(ロ)　従業者引継要件

　　当該分割の直前の分割事業に係る従業者のうち、その総数の概ね100分の80以上に相当する数の者が当該分割後に当該分割承継法人の業務に従事することが見込まれていること

(ハ)　事業継続要件

　　当該分割に係る分割事業が当該分割後に当該分割承継法人において引き続き行われることが見込まれていること

③　その分割に係る分割法人と分割承継法人（当該分割が法人を設立する分割である場合にあっては、当該分割法人と他の分割法人）とが共同で事業を行うための分割として、次に掲げる要件のすべてに該当するもの（法法2十二の十一ハ、法令4の3⑧）

(イ)　事業関連性要件

　　分割に係る分割法人の分割事業と当該分割に係る分割承継法人の分割承継事業とが相互に関連するものであること

(ロ)　事業規模等要件

　　分割に係る分割法人の分割事業と当該分割に係る分割承継法人の分割承継事業のそれぞれの売上金額、当該分割事業と分割承継事業のそれぞれの従業者の数若しくはこれらに準ずるものの規模の割合が概ね5倍を超えないこと又は当該分割前の当該分割法人の役員等のいずれかと当該分割承継法人の特定役員のいずれかとが当該分割後に当該分割承継法人の特定役員となることが見込まれていること

(ハ) 主要な資産負債引継要件

分割により当該分割に係る分割法人の分割事業に係る主要な資産及び負債が当該分割に係る分割承継法人に移転していること

(ニ) 従業者引継要件

分割に係る分割法人の当該分割の直前の分割事業に係る従業者のうち、その総数の概ね100分の80以上に相当する数の者が当該分割後に当該分割に係る分割承継法人の業務に従事することが見込まれていること

(ホ) 事業継続要件

分割に係る分割法人の分割事業が当該分割後に当該分割承継法人において引き続き行われることが見込まれていること

(ヘ) 株式継続保有要件

ⓐ 分割型分割の場合

当該分割型分割により交付される当該分割型分割に係る分割承継法人又は分割承継親法人のうちいずれか一の法人の株式（議決権のないものを除く）であって支配株主（当該分割型分割の直前に当該分割型分割に係る分割法人と他の者との間に当該他の者による支配関係がある場合における当該他の者及び当該他の者による支配関係があるもの）に交付されるものの全部が支配株主により継続して保有されることが見込まれていること

ⓑ 分社型分割の場合

当該分社型分割により交付される当該分社型分割に係る分割承継法人又は分割承継親法人のうちいずれか一の法人の株式の全部が当該分割法人により継続して保有されることが見込まれていること

④ その分割（一の法人のみが分割法人となる分割型分割に限る）に係る分割法人の当該分割前に行う事業を当該分割により新たに

設立する分割承継法人において独立して行うための分割として、次に掲げる要件のすべてに該当するもの（法法2十二の十一ニ、法令4の3⑨）

(イ)　非支配要件

　　分割の直前に当該分割に係る分割法人と他の者との間に当該他の者による支配関係がなく、かつ、当該分割後に当該分割に係る分割承継法人と他の者との間に当該他の者による支配関係があることとなることが見込まれていないこと

(ロ)　経営参画要件

　　分割前の当該分割に係る分割法人の役員等（当該分割法人の重要な使用人（当該分割法人の分割事業に係る業務に従事している者に限る）を含む）のいずれかが当該分割後に当該分割に係る分割承継法人の特定役員となることが見込まれていること

(ハ)　主要な資産負債引継要件

　　分割により当該分割に係る分割法人の分割事業に係る主要な資産及び負債が当該分割に係る分割承継法人に移転していること

(ニ)　従業者引継要件

　　分割に係る分割法人の当該分割の直前の分割事業に係る従業者のうち、その総数の概ね100の80以上に相当する数の者が当該分割後に当該分割に係る分割承継法人の業務に従事することが見込まれていること

(ホ)　事業継続要件

　　分割に係る分割法人の分割事業が当該分割後に当該分割に係る分割承継法人において引き続き行われることが見込まれていること

　この独立して事業を行うための分割は、いわゆる「スピンオフ」と呼ばれています。

4 分割型分割の課税関係

Q71.

分割型分割の課税関係について教えてください。

Point

●非適格分割型分割の場合、移転した事業に係る資産及び負債は時価譲渡となり、分割法人においてその譲渡損益が課税対象となる。また、分割法人の株主においてみなし配当及び分割法人株式の譲渡損益が計上されることになる。

●適格分割型分割の場合、移転した事業に係る資産及び負債は簿価引継ぎとなり、分割法人において譲渡損益は発生せず、分割承継法人は移転を受けた資産及び負債を分割法人の帳簿価額で引継ぎにより取得したことになる。また、分割法人の株主においては分割法人株式と分割承継法人株式の帳簿価額の付替処理が必要となる。

Answer

① 分割法人の課税

(1) 非適格分割

　分割法人が、分割により分割承継法人に移転した資産及び負債（移転資産等）は、分割時の時価で譲渡したものとして、移転資産等の譲渡損益を計上することになります（法法62①）。

なお、分割法人と分割承継法人との間に完全支配関係がある場合には、グループ法人税制が適用されることから、移転資産等のうち譲渡損益調整資産に該当する譲渡損益は繰延処理されることになります（法法61の11①）。

(2)　適格の場合

　分割法人が、適格分割型分割により分割承継法人に資産及び負債を移転した場合は、移転資産等はその分割の直前の帳簿価額により引継ぎをしたものとし、譲渡損益は計上されないことになります（法法62の2②）。また、移転した簿価純資産価額割合に応じて分割法人の資本金等の額が減少することになり（法令8①十五）、移転した簿価純資産価額から減少する資本金等の額を減算した金額が利益積立金額の減少額となります（法令9①九）。

② 分割承継法人の課税

(1)　非適格の場合

　分割承継法人が、分割により移転を受けた資産及び負債（移転資産等）については時価により取得することになります（法令32①三他）。また、分割により移転を受けた移転資産等の時価純資産価額の全額が、資本金等の額の増加となり（法令8①六）、利益積立金額は増減しません。

(2)　適格の場合

　分割承継法人が、適格分割型分割により移転を受けた資産及び負債は、分割法人のその分割の直前の帳簿価額を引き継ぐことになります（法法62の2④、法令123の3③）。

　また、分割により移転を受けた移転資産等の簿価純資産価額のうち分割法人の移転簿価純資産価額割合に応じて資本金等の額が増加し（法令8①六）、利益積立金額も増加することになります（法令9三）。

③ 分割法人の株主の課税

(1) みなし配当

① 非適格の場合

分割型分割により分割法人の株主が交付を受ける分割対価資産の価額の合計額が、分割法人の資本金等の額のうち、保有していた分割法人の株式に対応する部分の金額を超える場合には、その超える部分の金額は、剰余金の配当等とみなされ（みなし配当）、株主に配当課税が生じることになります（法法24①二、所法25①二）。

② 適格の場合

適格分割の場合には、株主に対する利益の分配はないものとされ、みなし配当は生じません（法法24①二、所法25①二）。

(2) 分割法人株式のみなし譲渡損益

① 金銭等の交付を受けた場合

分割型分割により分割法人の株主が交付を受ける分割対価資産に金銭など株式以外の資産が含まれている場合には、株主が保有していた分割法人の株式のうち、分割により分割承継法人に移転した資産及び負債に対応する部分（分割純資産対応帳簿価額）の譲渡を行ったものとみなして、譲渡損益が生じ課税されることになります（法法61の2①・④、措法37の10③二）。

② 金銭等不交付の場合

分割型分割により分割法人の株主が交付を受ける分割対価資産が分割承継法人等の株式のみの場合は、譲渡した分割法人株式の譲渡原価（分割純資産対応帳簿価額）を分割承継法人株式の取得額（分割純資産対応帳簿価額）とみなすことから、分割法人株式に係る譲渡損益は生じないことになります（法法61の2④、措法37の10③二）。

したがって、非適格の分割型分割であっても、分割対価資産として金銭等不交付であれば、分割法人の株主に分割法人株式に係る譲渡損益は零となります。

Q71／分割型分割の課税関係　279

5 分社型分割の課税関係

Q72

分社型分割の課税関係について教えてください。

Point

- 非適格分社型分割の場合、移転した事業に係る資産及び負債は時価譲渡となり、分割法人においてその譲渡損益が課税対象となる。
- 適格分社型分割の場合、移転した事業に係る資産及び負債は簿価譲渡となり、分割法人において譲渡損益は計上されず、分割承継法人は移転を受けた資産及び負債を分割法人の帳簿価額で取得したことになる。
- 分割法人の株主は分割対価資産の交付を受けていないことから課税関係は生じない。

Answer

分社型分割に係る分割法人及び分割承継法人の課税関係について説明します。

① 分割法人の課税

⑴ 非適格の場合

分割法人が、分割により分割承継法人に資産及び負債を移転した場合には、分割時の時価で譲渡をしたものとして、移転資産等の譲

渡損益を計上することになります（法法62①）。

　なお、分割法人と分割承継法人との間に完全支配関係がある場合には、グループ法人税制が適用されることから、移転資産等のうち譲渡損益調整資産に該当する譲渡損益は繰延処理されることになります（法法61の11①）。

(2)　適格の場合

　分割法人が、適格分社型分割により分割承継法人に資産及び負債を移転した場合は、移転資産等はその分割の直前の帳簿価額により譲渡したものとし、その移転資産等に係る譲渡損益は計上されないことになります（法法62の3）。

　また、適格分社型分割により交付を受けた分割承継法人株式の取得価額は、その適格分社型分割により移転した移転資産等の簿価純資産価額に相当する金額となります（法令119①七）。

② 　分割承継法人の課税

(1)　非適格の場合

　分割承継法人が、分割により移転を受けた資産及び負債については、時価により取得することになります（法令32①三他）。また、移転を受けた移転資産等の時価純資産価額の全額が、資本金等の額の増加となり（法令8①六）、利益積立金額は増減しません。

(2)　適格の場合

　分割承継法人が、適格分社型分割により移転を受けた資産及び負債は、分割法人のその分割の直前の帳簿価額により取得をしたものとなります（法法62の3②、法令123の4）。

　また、分割により移転を受けた移転資産等の簿価純資産価額に相当する金額が資本金等の額の増加となり（法令8①七）、利益積立金額は増減しません。

Q72／分社型分割の課税関係　281

③ 分割法人の株主の課税

分社型分割においては、分割対価資産を受けるのは分割法人であることから、分割法人の株主は分割対価資産を取得しないため、分割法人の株主には課税関係は生じません。

6 適格分割型分割の税務処理

Q73

適格分割型分割の場合の税務処理を教えてください。

Point

● 適格分割型分割の場合、移転した事業に係る資産及び負債は簿価引継ぎとなるため、分割法人における譲渡損益は計上されない。また、分割法人の株主においては、分割法人株式と分割承継法人株式の帳簿価額の付替処理が必要となる。

● 適格分割型分割の場合、移転した事業に係る資産及び負債は簿価引継ぎとなるため、分割承継法人は移転を受けた資産及び負債を分割法人の帳簿価額で引き継いだことになる。また、分割法人の純資産価額の移転割合に応じた利益積立金額が移転するため、分割承継法人の純資産価額の増加額は利益積立金額と資本金等の額の合計増加額に一致することになる。

Answer

　分割法人 A 社から分割承継法人 B 社へ適格分割型分割が行われた場合の課税関係について説明します（図表 7 − 8）。

Q73／適格分割型分割の税務処理　283

■図表7-8 適格分割型分割の税務処理（例）

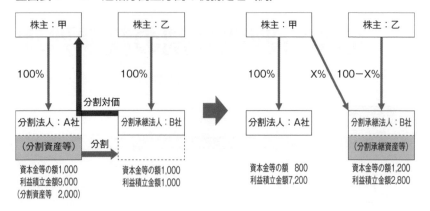

1 分割法人（A社）の仕訳

＜会計仕訳＞

(借) B 社 株 式 (注1)　2,000　　(貸) 分 割 資 産 (注1)　2,000
(借) その他利益剰余金 (注2)　2,000　　(貸) B 社 株 式　2,000

（注1） 会社分割により移転する資産及び負債の簿価純資産額は2,000とする。

（注2） その他利益剰余金2,000を減少させたものとする。

＜税務仕訳＞

(借) B 社 株 式 (注3)　　200　　(貸) 分 割 資 産　2,000
　　　利益積立金額 (注4)　1,800
(借) 資本金等の額　　200　　(貸) B 社 株 式　　200

（注3） 分割承継法人株式の取得価額（法法62の2③、法令123の3②）
　　　＝減少する資本金等の額（法令8①十五）と一致
　　　＝㋑分割直前の分割法人の資本金等の額
　　　　　× ㋩移転資産及び負債の簿価純資産価額 / ㋺分割法人の前事業年度末の簿価純資産価額
　　　＝㋑1,000 × ㋩2,000 ／ ㋺10,000 ＝ 200

（注4） 減少する利益積立金額の計算＝㋩ 2,000 − 200 ＝ 1,800（法令 9 ①十）

＜税務修正＞

（借）資本金等の額 [注5]　　200　　（貸）利益積立金額 [注5]　　200

（注5） 会計処理ではその他利益剰余金 2,000 を減算しているが、税務処理では利益積立金額の減少は 1,800 なので、税務修正で利益積立金額 200 を増加させ、資本金等の額 200 を減算させる。

＜別表調整＞

別表五㈠　記載例

Ⅰ．利益積立金額の計算に関する明細書

区分	期首現在利益積立金額	当期の増減		差引翌期首現在利益積立金額
		減	増	
資本金等の額（分割）			200 [注6]	200
その他利益剰余金	9,000	2,000 [注6]		7,000
差引合計額	9,000	2,000	200	7,200

（注6） 会計処理で減少させたその他利益剰余金 2,000 と税務修正で増加させた 200 との合計▲1,800 が税務処理で減少する利益積立金額 1,800 に一致する。

Ⅱ．資本金等の額の計算に関する明細書

区分	期首現在資本金等の額	当期の増減		差引翌期首現在資本金等の額
		減	増	
資本金	1,000			1,000
利益積立金額（分割）			▲200 [注7]	▲200
差引合計額	1,000		▲200	800

（注7） 資本金等の額は会計処理では変動せず 1,000 のままであるが、税務修正で減少させた 200 との差引合計 800 が税務処理の資本金等の額 800 に一致する。

② 分割承継法人（B社）の仕訳

<会計仕訳>

（借）分割承継資産^(注1)　2,000　（貸）資　本　金^(注1)　1,000
　　　　　　　　　　　　　　　　　　その他資本剰余金^(注1)　1,000

（注1） 分割承継資産 2,000、資本金を 1,000、その他資本剰余金を 1,000
　　　　増加したものとする。

<税務仕訳>

（借）分割承継資産　　2,000　（貸）資　本　金　　1,000
　　　　　　　　　　　　　　　　　資本金等の額^(注2)　▲800
　　　　　　　　　　　　　　　　　利益積立金額　　1,800

（注2） 分割型分割により増加する資本金以外の資本金等の額
　　　　＝㋑分割法人における分割型分割により減少する資本金等の額
　　　　　－㋺増加する資本金額（新設の場合は設立時の資本金額）
　　　　＝㋑ 200 － ㋺ 1,000 ＝▲ 800（法令 8 ①六）

<税務修正>

（借）資本金等の額^(注3)　1,800　（貸）利益積立金額^(注3)　1,800

（注3） 税務処理では資本金以外の資本金等の額が 800 減少することに
　　　　なるが、会計処理ではその他資本剰余金を 1,000 増加させているこ
　　　　とから、差引合計 1,800 を税務修正で資本金等の額から減算し、利
　　　　益積立金額 1,800 を増加させる（法令 9 ①三）。

<別表調整>

別表五㈠　記載例
Ⅰ．利益積立金額の計算に関する明細書

区分	期首現在利益積立金額	当期の増減		差引翌期首現在利益積立金額
		減	増	
資本金等の額（分割）			1,800 (注4)	1,800
利益剰余金	1,000			1,000
差引合計額	1,000		1,800	2,800

（注4） 会計処理では利益積立金額は増加 0 であるが、税務処理では
　　　　1,800 の増加となるため税務修正で 1,800 加算している。

Ⅱ．資本金等の額の計算に関する明細書

区分	期首現在資本金等の額	当期の増減		差引翌期首現在資本金等の額
		減	増	
資本金	1,000		1,000	2,000
その他資本剰余金			1,000	1,000
利益積立金額（分割）			▲1,800（注5）	▲1,800
差引合計額	1,000	0	200	1,200

（注5）　会計処理で資本金1,000とその他資本剰余金1,000を増加しているため税務修正で1,800減少させ差引増加額200となり税務処理の資本金等の額に一致する。

③　株主の仕訳

（借）B 社 株 式　　　　200　　　（貸）A 社 株 式　　　　200

株主甲の A 社株式の取得価額は 1,000 とする。

分割純資産対応帳簿価額

$$= ㋑分割法人株式の簿価 \times \frac{㋩分割移転純資産}{㋺分割法人の前期末の簿価純資産}$$

（法法 61 の 2 ④、法令 119 の 3 ⑪、119 ① 六、所令 113 ① ・ ③）

㋑ 1,000 × ㋩ 2,000/ ㋺ 10,000 = 200

（注）　分割型分割で金銭等不交付であるので、分割法人の株主である甲においては一部譲渡あったとみなされる A 社株式 200 と交付を受けた B 社株式 200 の付替処理を行う。

7 適格分社型分割の税務処理

Q74

適格分社型分割の場合の税務処理を教えてください。

Point

● 適格分社型分割の場合、分割法人においては、移転した事業に係る資産及び負債は簿価譲渡となるため、譲渡損益は計上されない。また、分割法人の株主には課税関係は生じない。

● 適格分社型分割の場合、分割承継法人においては、移転を受けた資産及び負債を分割法人の帳簿価額で取得したことになる。また、移転により増加した簿価純資産価額に相当する金額が資本金等の額の増加額になる。

Answer

　分割法人A社から分割承継法人B社へ適格分社型分割が行われた場合の課税関係について説明します（図表7-9）。

① 分割法人（A社）の仕訳

＜会計仕訳＞

　（借）Ｂ社株式^(注1)　　1,500　　（貸）分割資産^(注1)　　1,500

　(注1) 会社分割により移転する資産及び負債の会計上の簿価純資産額は1,500とする。ただし、税務上の簿価純資産価額は2,000（土地の減損否認500）とする。

288　第7章／会社分割の法務・税務

■図表7-9　適格分社型分割の税務処理（例）

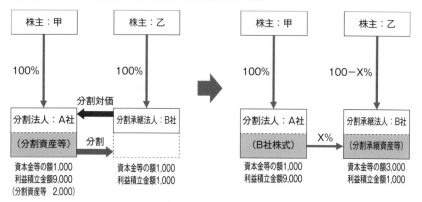

<税務仕訳>

　　（借）Ｂ 社 株 式 (注2)　　2,000　　（貸）分 割 資 産 (注2)　　2,000

　（注2）　適格分社型分割のため取得した分割承継法人であるＢ社株式の取得価額は会社分割により移転した簿価純資産価額2,000となる（法令119①七）。

<税務修正>

　　（借）Ｂ 社 株 式 (注3)　　500　　（貸）土地（減損否認）(注3)　　500

　（注3）　適格分社型分割により移転した資産に土地（減損否認）500が含まれており、その税務否認分の税務修正をする。

＜別表調整＞

別表五㈠　記載例

Ⅰ．利益積立金額の計算に関する明細書

区分	期首現在 利益積立金額	当期の増減		差引翌期首現在 利益積立金額
		減	増	
土地（減損否認）	500		▲500 (注4)	0
B社株式			500 (注4)	500
その他利益剰余金	8,500			8,500
差 引 合 計 額	9,000		0	9,000

（注4）　適格分社型分割により移転した資産に土地の減損否認500が含まれており、分割対価資産としてB社株式の交付を受けているため、その振替の税務修正を行う。なお、分割法人の利益積立金額には増減が生じない。

Ⅱ．資本金等の額の計算に関する明細書

区分	期首現在 資本金等の額	当期の増減		差引翌期首現在 資本金等の額
		減	増	
資本金	1,000			1,000
差 引 合 計 額	1,000			1,000

（注5）　資本金等の額は増減しない。

② 分割承継法人（B社）の仕訳

＜会計仕訳＞

（借）分割承継資産(注1)　1,500　（貸）資　本　金(注1)　1,000
その他資本剰余金(注1)　500

（注1）　適格分社型分割により移転を受けた分割承継資産を会計上の帳簿価額1,500で受け入れ、資本金を1,000、その他資本剰余金を500増加したものとする。

＜税務仕訳＞

（借）分割承継資産	2,000	（貸）資　　本　　金	1,000
		その他資本剰余金	500
		資本金等の額^(注2)	500

（注2） 適格分社型分割により移転を受けた分割承継資産は分割法人の税務上の帳簿価額で取得したものとされ（法令123の4）、増加した簿価純資産価額に相当する金額は資本金等の額の増加額となる（法令8①七）。

＜税務修正＞

（借）土地（減損否認）^(注3)	500	（貸）資本金等の額^(注3)	500

（注3） 適格分社型分割により受け入れた分割承継資産の会計上の帳簿価額1,500に税務修正で土地（減損否認）500を加算し合計2,000となり税務上の帳簿価額に一致する。また、会計処理では資本金1,000とその他資本剰余金500を増加させているが、税務修正で資本金等の額500を加算することで税務処理の資本金等の額の増加額2,000に一致する。

＜別表調整＞

別表五㈠　記載例

Ⅰ．利益積立金額の計算に関する明細書

区分	期首現在利益積立金額	当期の増減		差引翌期首現在利益積立金額
		減	増	
土地（減損否認）			500	500
資本金等の額（分割）			▲500 (注4)	▲500
その他利益剰余金	1,000			1,000
差引合計額	1,000		0	1,000

（注4） 適格分社型分割では利益積立金額は増加しないので税務修正▲500を調整する。

Ⅱ．資本金等の額の計算に関する明細書

区分	期首現在資本金等の額	当期の増減		差引翌期首現在資本金等の額
		減	増	
資本金	1,000		1,000	2,000
その他資本剰余金			500	500
利益積立金額（分割）			500 (注5)	500
差引合計額	1,000	0	2,000	3,000

（注5）　会計処理で資本金 1,000 とその他資本剰余金 500 を増加しているため、税務修正で 500 を加算調整することで合計増加額 2,000 となり、税務処理の資本金等の額の増加額 2,000 に一致する。

③　分割法人の株主の税務処理

　分社型分割においては、分割対価資産として B 社株式の交付を受けるのは分割法人である A 社であり、A 社の株主は分割対価資産を取得しないため、分割法人の株主には課税関係は生じません。

8 会社分割の繰越欠損金

Q75

支配関係のある法人間での適格分割を行った場合の繰越欠損金の使用制限等について教えてください。

・・・

Point

● 会社分割では分割法人から分割承継法人へ繰越欠損金を引き継ぐことはできない。適格分割であってもみなし共同事業要件を満たさない場合には分割承継法人の繰越欠損金の損金算入の使用制限がある。

● 適格分割により分割法人から引継ぎを受けた特定引継資産の含み損に係る損失について、一定の損金算入制限措置がある。

● 適格分割により分割承継法人が保有していた特定保有資産の含み損に係る損失について、一定の損金算入制限措置がある。

・・・

Answer

1 分割承継法人の繰越欠損金の使用制限

(1) 制度の趣旨

支配関係のあるグループ内の法人同士の組織再編成は、第三者間で行う共同事業要件を満たす組織再編成に比べて、税制適格要件が

緩和されています。そのため、繰越欠損金のある会社を買収し、その後にグループ内で組織再編成をすることによりその繰越欠損金を利用するという租税回避行為を防止するために、その適格分割がみなし共同事業要件を満たさない場合には分割承継法人の繰越欠損金の損金算入の使用制限があります。

ただし、支配関係のある法人同士の間で適格分割が行われた場合であっても、その分割承継法人の分割事業年度開始の日の5年前の日（分割承継法人の設立の日又は分割法人の設立の日のいずれか遅い日）から継続して分割法人と分割承継法人との間に支配関係がある場合は除かれています（法法57④）。

(2) みなし共同事業要件

みなし共同事業要件とは、次の①、②、及び③のすべての要件を満たすか、①及び④の要件を満たす必要があります（法令112③・⑩）。

① 事業関連性要件

　・分割により移転する分割事業と分割承継法人が分割前に行ういずれかの事業（分割承継事業）が相互に関連すること。

② 規模要件

　・分割事業と分割承継事業（分割事業に関連するものに限る）のそれぞれの売上金額、従業者の数もしくはこれに準ずる規模の割合が概ね5倍を超えないこと。

③ 規模継続要件

　(イ) 分割法人の分割事業が分割法人と分割承継法人との間に最後に支配関係があることとなった時から適格分割の直前の時まで継続して行われており、かつ、最後に支配関係があることとなった時と適格分割の直前の時における分割事業の規模の割合が概ね2倍を超えないこと。

　(ロ) 分割承継法人の分割承継事業が分割法人と分割承継法人との

294　第7章／会社分割の法務・税務

間に最後に支配関係があることとなった時から適格分割の直前の時まで継続して行われており、かつ、最後に支配関係があることとなった時と適格分割の直前の時における分割承継事業の規模の割合が概ね2倍を超えないこと。

なお、規模継続要件における「規模の指標」は、上記②の規模要件で使用する「規模の指標」と同じものとなります。

④ 特定役員引継要件

・分割前の分割法人の役員等のいずれかと分割承継法人の特定役員のいずれかが、分割後に分割承継法人の特定役員となることが見込まれていること。

　　(注1)　役員等とは、法人の取締役、執行役、会計参与、監査役、理事、監事及び清算人等、会社法上の役員のほか、その法人の経営に従事している者をいう（法法2十五、法令7）。

　　(注2)　特定役員とは、社長、副社長、代表取締役、代表執行役、専務取締役もしくは常務取締役又はこれらに準ずる者で法人の経営の中枢に参画している者をいう（法令4の3④二、法基通1－4－7）。

(3)　損金算入の使用が制限される繰越欠損金の額

① 分割承継法人のないものとされる繰越欠損金（法法57④）

　分割承継法人の繰越欠損金のうちないものとされ、損金算入の使用制限を受ける金額は、(イ)分割承継法人の支配関係事業年度前の事業年度に係る繰越欠損金、(ロ)分割承継法人の支配関係事業年度以後の事業年度に係る繰越欠損金のうち特定資産譲渡等損失相当額からなる部分の金額となります。

② 特例計算（法令113）

　上記①が原則ですが、以下の特例計算があります。

(イ)　時価純資産超過額がある場合

　分割承継法人の支配関係事業年度の前事業年度終了の時に時価純資産価額が簿価純資産価額を超える時価純資産超過額がある場

合には、ⓐ支配関係事業年度前の繰越欠損金のうち時価純資産超過額を超える部分の金額が繰越欠損金の損金算入の使用制限を受け、ⓑ支配関係事業年度以後の繰越欠損金は使用制限を受けません。

なお、支配関係事業年度前の繰越欠損金≦時価純資産超過額の場合には、損金算入の使用制限を受ける繰越欠損金はありません。

㈹　簿価純資産超過額がある場合

分割承継法人の支配関係事業年度の前事業年度終了の時に時価純資産価額が簿価純資産価額に満たない場合には、ⓐ支配関係事業年度前の繰越欠損金の全額が損金算入の使用制限を受け、ⓑ支配関係事業年度以後の事業年度に係る繰越欠損金のうち特定資産譲渡等損失相当額からなる部分の金額が損金算入の制限を受けます。

この特例計算の適用を受ける場合には、確定申告書等に特例の計算に関する明細書を添付し、時価純資産価額の算定の基礎となる事項を記載した書類等を保存する必要があります。

■図表7－10　適格分割における分割承継法人の繰越欠損金の損金算入の使用制限

以下のすべてを満たす場合には分割承継法人の繰越欠損金の損金算入の使用制限がある。

① 適格分割で共同事業要件を満たさない

↓

② 支配関係発生日が適格分割の日の属する事業年度開始の日より5年前の日 （分割承継法人又は分割法人の設立日が遅い場合はいずれか遅い日）

↓

③ みなし共同事業要件を満たさない

↓

④ 時価純資産超過額が支配関係事業年度前の繰越欠損金を超えない

↓

使用制限あり

② 分割承継法人における特定資産に係る譲渡等損失額の損金不算入

(1) 制度の趣旨

　支配関係のあるグループ内の法人同士の組織再編成は、第三者間で行う共同事業要件を満たす組織再編成に比べて、税制適格要件が緩和されています。そのため、含み損のある会社を買収し、その後に組織再編成によりその含み損をグループ内の他の会社に移転することで他の会社の利益とその含み損とを相殺することで租税回避行為を行うことが可能となります。この租税回避行為を防止するために、その適格分割がみなし共同事業要件を満たさない場合には分割承継法人における特定引継資産・特定保有資産に係る譲渡等損失額について損金算入が制限されます（法法62の7）。

　ただし、上記①と同様に、その分割承継法人の分割事業年度開始の日の5年前の日（分割承継法人の設立の日又は分割法人の設立の日のいずれか遅い日）から継続して分割法人と分割承継法人との間に支配関係がある場合は除かれています（法法62の7③）。

(2) みなし共同事業要件

　上記①(2)のみなし共同事業要件と同様。

(3) 適用期間

　分割承継法人における特定資産に係る譲渡等損失額の損金不算入の規定が適用される期間は、(イ)分割の日の属する事業年度開始の日以後3年を経過する日、(ロ)支配関係発生日後5年を経過する日、のいずれか早い日までの期間に生じたものが対象となります（法法62の7①）。

(4) 損金不算入となる金額

① 原則計算

　この規定により損金不算入の対象となる金額は、(イ)分割法人から

移転を受けた特定引継資産の譲渡、評価換え、貸倒れ、除却その他これらに類する事由による損失の額の合計額から特定引継資産の譲渡又は評価換えによる利益の額を控除した金額（法法62の7②一）と、(ﾛ)分割承継法人の特定保有資産の譲渡等損失額の合計額から特定保有資産の譲渡等利益額を控除した金額（法法62の7②二）との合計額となります。

> **(注)** 特定引継資産に係る譲渡等損失額と特定保有資産に係る譲渡等損失額の損益通算はできない。

② 特例計算（法令123の9）

上記①が原則ですが、以下の特例計算があります。

(ｲ) 特定引継資産に時価純資産超過額がある場合

特定引継資産について、分割法人の支配関係事業年度の前事業年度終了の時に時価純資産価額が簿価純資産価額を超える時価純資産超過額がある場合には、特定引継資産に係る譲渡等損失額の損金不算入の適用はありません。

(ﾛ) 特定保有資産に時価純資産超過額がある場合

特定保有資産について、分割承継法人の支配関係事業年度の前事業年度終了の時に時価純資産価額が簿価純資産価額を超える時価純資産超過額がある場合には、特定保有資産に係る譲渡等損失額の損金不算入の適用はありません。

この特例計算の適用を受ける場合には、確定申告書等に特例の計算に関する明細書を添付し、時価純資産価額の算定の基礎となる事項を記載した書類等を保存する必要があります。

(5) **特定資産（特定引継資産、特定保有資産）**

特定資産（特定引継資産、特定保有資産）とは、支配関係発生前に保有している資産で、一定のものをいいます（法法62の7②）。

ただし、(ｲ)棚卸資産（土地等を除く）、(ﾛ)法人税法61条2項に規定する短期売買商品、(ﾊ)法人税法61条の3第1項1号に規定する

売買目的有価証券、㈡適格分割の日における帳簿価額又は取得価額が1,000万円に満たない資産、㈭支配関係発生日の属する事業年度開始の日における時価が帳簿価額以上である資産、㈬非適格合併により移転を受けた資産で法人税法61条の11第1項に規定する譲渡損益調整資産、は特定資産から除外されています（法令123の8②・⑨）。

■図表７－11　適格分割における特定資産譲渡等損失額の損金不算入

以下のすべてを満たす場合には分割承継法人の特定資産譲渡等損失額の損金算入がある。

①	適格分割で共同事業要件を満たさない

②	支配関係発生日が適格分割の日の属する事業年度開始の日より5年前の日 （分割承継法人又は分割法人の設立日が遅い場合はいずれか遅い日）

③	みなし共同事業要件を満たさない

④	特定引継資産の時価純資産超過額がない又は特定保有資産に時価純資産超過額がない

損金不算入あり

9 適格分割により移転した資産の減価償却

Q76

適格分割により分割法人から分割承継法人へ資産を移転しました。この移転した資産について、分割承継法人において行う減価償却について教えてください。

Point

● 取得価額は、分割法人の取得価額に、分割承継法人が支出した事業供用費を加算する。

● 分割時に中古資産を取得したものとして、分割承継法人において中古資産の耐用年数を使用することができる。

● 分割法人の取得日により分割承継法人における償却方法を判定する。

● 分割事業年度の償却限度額は、一事業年度の償却限度額を月数按分して計算する。

Answer

1 取得価額

適格分割により分割法人から移転した資産の分割承継法人における取得価額は、分割法人の取得価額に、分割承継法人が事業の用に供するために直接要した費用の額を加算した金額です（法令54①五）。

一方で、適格分割の場合は資産負債を分割法人の帳簿価額により分割承継法人が引継ぎ（分割型分割）又は取得した（分社型分割）ものとすることから、「既償却累計額」も分割承継法人に移転することとなります（法法62の2、62の3）。

② 耐用年数

分割承継法人が適格分割により移転を受けた資産については、適格分割型分割、適格分社型分割ともに分割承継法人において中古資産を取得したとして、見積り又は簡便法による耐用年数（以下「中古資産の耐用年数」という）により減価償却をすることができます（耐年省令3①）。その場合に、分割承継法人の採用する減価償却方法が定額法又は生産高比例法であるときの償却費の計算の基礎となる取得価額は、上記①の取得価額から分割法人がした償却の額で損金の額に算入された金額を控除した金額となります（耐年省令3③）。

また、分割法人が取得した時点ですでに中古資産であって当該分割法人が中古資産の耐用年数を適用していた場合には、分割承継法人においてその中古資産の耐用年数を適用することもできます（耐年省令3②）。

よって、分割承継法人が適格分割により移転を受けた減価償却資産の耐用年数については、法定耐用年数、分割時に算定した中古資産の耐用年数、分割法人が使用していた中古資産の耐用年数のいずれかを選択することができます（国税庁質疑応答事例「適格合併により移転を受けた減価償却資産に係る耐用年数」、耐年通達旧1－5－13)。

③ 取得日及び減価償却方法

適格分割型分割による資産の移転は、税法上、引継ぎとされてい

ることから、分割法人における資産の取得日が分割承継法人に承継され、適用すべき減価償却方法を判定します。一方、適格分社型分割による資産の移転は「譲渡・取得」とされているので、分割承継法人の取得日は分割の日になります。しかし、償却方法については、分割法人の取得日に分割承継法人が取得したものとみなして償却方法を定めることとされています（法令48の3）。よって、適格分割型分割又は適格分社型分割のどちらであっても、移転された資産の償却方法は、分割法人の取得日により判定をします。

　償却方法は、分割承継法人がすでに選定している方法によりますが、移転を受けた減価償却資産が、分割承継法人において償却方法を選定していない種類や事業所に所属するものである場合には、資産の種類ごと事業所ごとに新たに減価償却方法を選定することができます。その場合には「減価償却資産の償却方法の届出書」を分割の日の属する事業年度の申告書の提出期限までに提出することが必要です（法令51②一・五）。

④　償却限度額

　分割承継法人が分割により取得した資産を事業年度の中途において事業の用に供した場合のその事業年度の償却限度額は、減価償却資産を購入し、事業の用に供した場合と同じです。旧定額法、旧定率法、定額法、定率法の場合には、当該事業年度の償却限度額に相当する金額を当該事業年度の月数で除し、これに分割承継法人が事業の用に供した日から当該事業年度終了の日までの期間の月数を乗じて計算した金額とします。月数は、1か月に満たない端数は切り上げます（法令59①一）。

10 適格分割に係る期中減価償却費に関する届出書

Q77

適格分割により分割承継法人へ移転した資産について、期首から分割の日までの期間の減価償却費の取扱いを教えてください。

Point

●適格分割により移転した資産の期首から分割の日までの期間の減価償却費は、分割の日から2か月以内に届出書を税務署へ提出をすることで、分割法人において損金の額に算入することができる。

Answer

① 適格分割等による期中損金経理額等の損金算入に関する届出書

内国法人が事業年度終了の時において有する資産につき償却費として損金経理をした金額のうち、償却限度額に達するまでの金額は、損金の額に算入することができます（法法31①）。よって、事業年度の中途に分割により分割承継法人へ移動した資産については、分割法人において期末に有していないため期首から分割の日までの期間の減価償却費（以下「期中減価償却費」という）については、損金の額に算入することができません（合併の場合には、被合併法人

に、いわゆる「みなし事業年度」の制度があるが、分割の場合には分割法人にみなし事業年度の制度はない）。また、分割承継法人の側からしても、期首から分割の日までの期間は移転した資産を事業の用に供していないため、期中減価償却費を損金の額に算入することはできません。

しかし、適格分割の場合には、分割法人が「適格分割等による期中損金経理額等の損金算入に関する届出書」を分割の日から2か月以内に、分割法人の納税地を所轄する税務署長へ提出をすることで、分割法人において期中減価償却費を損金の額に算入することができます（法法31②・③）。

■図表7－12　適格分割により移転した資産の減価償却費

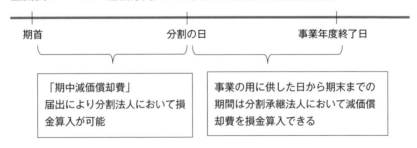

2　「期中損金経理額」の減価償却限度額の計算

費用に計上した期中減価償却費は、法人税法において「期中損金経理額」といいます。期中損金経理額のうち、損金の額に算入できる金額は、「事業年度開始日から適格分割の日の前日までを1事業年度とした場合に計算される償却限度額」に達するまでの金額です。よって、「事業年度が1年に満たない場合の償却率等」の取扱いに従って償却限度額を計算します（法法31②、耐年省令4②、5②、耐年通達5－1－1）。

具体的には償却率について、次のように調整を行います。

(1) **旧定額法、定額法又は定率法を選定している場合**

　当該減価償却資産の旧定額法、定額法又は定率法に係る償却率又は改定償却率に、事業年度開始日から適格分割日の前日までの月数を乗じてこれを 12 で除す。その数に小数点以下 3 位未満の端数があるときは、その端数は切り上げる。

(2) **旧定率法を選定している場合**

　当該減価償却資産の耐用年数に 12 を乗じてこれを事業年度開始日から適格分割の日の前日までの月数で除して得た年数。その年数に 1 年未満の端数があるときは、その端数は切り捨てる。

　(注)　(1)、(2)ともに月数は暦に従って計算し、1 か月に満たない端数を生じたときは、1 か月とする。

11 分割により移転する不動産の登録免許税と不動産取得税

Q78

　分割に伴い不動産が分割承継法人へ移転しました。この場合の不動産の移転に係る登録免許税と不動産取得税について教えてください。

Point

● 分割により移転した不動産の所有権移転登記に係る登録免許税は 2%である。

● 分割により移転した不動産に係る不動産取得税は、一定の要件を満たせば非課税になる。

Answer

1 登録免許税

　分割により分割承継法人へ移転した不動産の所有権の移転登記の登録免許税は、「その他の原因による移転の登記」の区分に該当し、税率は 2%です（登免法 9、別表第一）。

　なお、租税特別措置法 72 条による「売買による所有権の移転の登記」の場合の登録免許税を 1.5%とする軽減措置は、分割の場合は適用されません。

306　第7章／会社分割の法務・税務

② 分割の場合の不動産取得税の非課税措置

(1) 不動産取得税の非課税措置の要件

　分割承継法人が分割により取得した不動産については、原則として不動産取得税（標準税率4％、住宅及び土地については令和9年3月31日まで3％）が課税されますが、次の要件をすべて満たす場合は非課税になります（地法73の7二、地令37の14）。

① 分割対価資産として、分割承継法人の株式以外の資産が交付されないこと

② 株式が交付される分割型分割の場合は、交付される株式が分割法人の株主等の有する当該分割法人の株式の数の割合に応じて交付されるもの

③ 当該分割により分割事業に係る主要な資産及び負債が分割承継法人に移転していること

④ 当該分割に係る分割事業が分割承継法人において当該分割後に引き続き営まれることが見込まれていること

⑤ 当該分割の直前の分割事業に係る従業者のうち、その総数の概ね100分の80以上に相当する数の者が当該分割後に分割承継法人の業務に従事することが見込まれていること

　（注1）「従業者」として認められる者とは、法人税基本通達1－4－4に準じ、役員、使用人その他の者で、分割の直前において分割事業に現に従事していた者のことをいう。
　　　具体的には、以下のとおりである。
　　・出向社員……分割事業に現に従事する者であれば従業者に含まれる。
　　・業務委託契約による下請先の従業員……あくまでも下請会社の従業員に該当し、含まない。
　　・アルバイト……原則的には従業者に該当する。しかし、法人が従業者の数に含めないこととしている際には含まない。

・役員……含まれる。例えば、代表取締役1名しか分割事業に従事していない場合、その代表取締役が分割承継法人へ異動していれば要件⑤を満たす。なお、分割法人と分割承継法人の代表取締役を兼務した場合にも要件は満たされる。

(注2) 無対価分割（分割対価資産がない分割）の場合で「株式以外の資産」の交付がないときには、「株式」の交付の有無にかかわらず要件①を充足する（東京都主税局「会社分割に係る不動産取得税の非課税措置について」）。

(2) 適格分割との関係

適格分割であっても、不動産取得税の非課税の要件を満たさない場合があります。例えば100％同族グループ内の適格分割で、分割事業に従事する従業員を分割承継会社へ（従業員の合意の下）引き継がない場合は、不動産取得税の上記(1)⑤の要件を満たしていないため、不動産取得税の非課税措置の適用はありません。

逆に、適格分割の支配関係の継続要件（**Q70** 参照）が満たせず非適格分割に該当する場合でも、不動産取得税の非課税の要件には支配継続要件がないので、不動産取得税が非課税になることがあります。

(3) 不動産取得税非課税の手続き

不動産の所在するすべての都道府県税事務所に対し、不動産取得税非課税申告書に分割契約書（又は分割計画書）、履歴事項全部証明書、定款等の一定の書類を添付して提出します。

12　分割による消費税への影響

Q79

　会社分割による資産の移転に対して消費税は課税され
ますか。また、会社分割があった場合には消費税の納税
義務及び簡易課税制度の適用の判定の際の基準期間にお
ける課税売上高はどのように計算しますか。

Point

- ●分割法人から分割承継法人への資産の移転は資産の譲渡等
  に該当しないため、消費税は課税対象外。
- ●基準期間における課税売上高が1,000万円以下のときの
  納税義務の免除の判定については、新設分割と吸収分割で
  は取扱いが異なる。
- ●簡易課税制度の基準期間における課税売上高5,000万円
  の判定については、新設分割については合算等の特別な規
  定があり、吸収分割については特別な規定はない。

Answer

①　分割による資産の承継に係る消費税

　分割による資産や負債の移転は、法律上生じる包括承継であるこ
とから、分割法人から分割承継法人への資産の移転については、消
費税法上の「資産の譲渡等」には該当せず、消費税の課税対象には

Q79／分割による消費税への影響　309

なりません（消法2①八、消令2①四）。

② 分割があった場合の納税義務の免除の判定

基準期間における課税売上高が1,000万円以下である課税期間については、消費税の納税義務が免除されます。分割があった場合には、次のように納税義務の免除の判定を行います（消法9、12、消令23、消基通1－5－6の2）。

(1) 新設分割の場合

① 新設分割があった日の属する事業年度及び当該事業年度の翌事業年度

(イ) 分割承継法人の納税義務

分割承継法人の基準期間に対応する期間における各分割法人の課税売上高のうち、いずれかが1,000万円を超える場合は納税義務が免除されません。

(ロ) 分割法人の納税義務

分割法人の基準期間における課税売上高によって判定します。

② 新設分割（分割法人が一の場合に限る）があった日の属する事業年度の翌々事業年度以後

(イ) 分割承継法人の納税義務

分割承継法人が当該事業年度の基準期間の末日において特定要件^(注)に該当し、かつ、分割承継法人の基準期間における課税売上高と当該分割承継法人の基準期間に対応する期間における分割法人の課税売上高との合計額が1,000万円を超える場合は、納税義務が免除されません。

(ロ) 分割法人の納税義務

分割法人の当該事業年度の基準期間の末日において分割承継法人が特定要件に該当し、かつ、分割法人の基準期間における課税売上高と当該分割法人の基準期間に対応する期間における分割承

310 第7章／会社分割の法務・税務

継法人の課税売上高との合計額が 1,000 万円を超える場合は、納税義務が免除されません。

(注) 特定要件とは、分割承継法人の発行済株式（その分割承継法人が有する自己の株式を除く）の総数等の 50% を超える数の株式が分割法人及びその分割法人と特殊な関係にある者の所有に属する場合等をいう（消法 12 ③、消令 24）。

■図表 7 - 13　新設分割

次の金額が 1,000 万円を超えるときは納税義務は免除されない。

① 分割承継法人の消費税納税義務の判定

分割事業年度及び翌事業年度	翌々事業年度以後	
いずれかの分割法人の課税売上高	分割承継法人が特定要件に該当し、分割法人が一の場合(注1)	分割承継法人と分割法人の合計の課税売上高

② 分割法人の消費税納税義務の判定

分割事業年度及び翌事業年度	翌々事業年度以後	
分割法人の課税売上高	分割承継法人が特定要件に該当し、分割法人が一の場合(注2)	分割承継法人と分割法人の合計額

（注1）　該当しない場合は、分割承継法人の課税売上高
（注2）　該当しない場合は、分割法人の課税売上高

⑵　**吸収分割の場合**

① 吸収分割があった日の属する事業年度及び当該事業年度の翌事業年度

　⑷　分割承継法人

　　分割承継法人の基準期間における課税売上高又は当該分割承継法人の基準期間に対応する期間における各分割法人の課税売上高のうちいずれかが 1,000 万円を超える場合は、納税義務は免除されません。

　⑿　分割法人

分割法人の基準期間における課税売上高によって判定します。

② 吸収分割があった日の属する事業年度の翌々事業年度以後

　(イ)　分割承継法人

　　分割承継法人の基準期間における課税売上高

　(ロ)　分割法人

　　分割法人の基準期間における課税売上高

■図表７－14　吸収分割

次の金額が1,000万円を超えるときは納税義務は免除されない。

① 分割承継法人の消費税納税義務の判定

分割事業年度及び翌事業年度	翌々事業年度以後
分割法人の課税売上高と 分割承継法人の課税売上高のうちいずれか	分割承継法人の課税売上高

② 分割法人の消費税納税義務の判定

分割事業年度及び翌事業年度	翌々事業年度以後
分割法人の課税売上高	分割法人の課税売上高

③ 分割により設立された法人における基準期間がない課税期間の納税義務の判定

分割により設立された法人の基準期間がない課税期間については、上記②の判定の結果により納税義務が免除される場合であっても、消費税法12条の2第1項「新設法人の納税義務の免除の特例」、12条の3第1項「特定新規設立法人の納税義務の免除の特例」又は12条の4第1項もしくは2項「高額特定資産を取得した場合等の納税義務の免除の特例」の規定によっても納税義務の有無を判定する必要があります（消基通1－5－17）。

④　簡易課税制度

　簡易課税制度は、「消費税簡易課税制度選択届出書」の提出を要件として、その基準期間における課税売上高が5,000万円以下の課税期間について適用されます。

(1)　簡易課税の適用の判定

①　新設分割の場合

　新設分割の場合の、分割法人及び分割承継法人の簡易課税の有無を判定する際の基準期間における課税売上高については、上記②(1)の納税義務の判定の際の基準期間における課税売上げと同じ計算方法により行います（消法37①、消令55）。

■図表7−15　新設分割

　次の金額が5,000万円を超えるときは簡易課税制度は適用されない。

①　分割承継法人の簡易課税の判定

分割事業年度及び翌事業年度	翌々事業年度以後	
いずれかの分割法人の課税売上高	分割承継法人が特定要件に該当し、分割法人が一の場合^(注1)	分割承継法人と分割法人の合計課税売上高

②　分割法人の簡易課税の判定

分割事業年度及び翌事業年度	翌々事業年度以後	
分割法人の課税売上高	分割承継法人が特定要件に該当し、分割法人が一の場合^(注2)	分割承継法人と分割法人の合計課税売上高

　（注1）　該当しない場合は分割承継法人の課税売上高
　（注2）　該当しない場合は分割法人の課税売上高

②　吸収分割の場合

　吸収分割の場合は、新設分割の場合のような特別な規定はなく、分割法人及び分割承継法人はそれぞれ自己の基準期間における課税

売上高が 5,000 万円以下であるかどうかにより簡易課税制度の適用の有無を判定します（消基通 13 - 1 - 2）。

(2) 簡易課税制度選択届出書の効力

分割法人が提出した簡易課税制度選択届出書の効力は、分割により当該分割法人の事業を承継した分割承継法人には及びません。したがって、当該分割承継法人が簡易課税制度の適用を受けようとするときは、新たに簡易課税制度選択届出書を提出しなければなりません。

新設分割があった場合又は免税事業者である分割承継法人が吸収分割により簡易課税の規定の適用を受けていた分割法人の事業を承継した場合において、分割承継法人が分割のあった日の属する課税期間中に簡易課税制度選択届出書を提出したときは、その課税期間から簡易課税制度が適用されます。なお、新設分割の場合は翌課税期間から適用することも選択できます（消法 37、消令 56、消基通 13 - 1 - 3 の 4、13 - 1 - 5）。

13　会社分割による資本金等の額の変動に係る影響

Q80

　会社分割により、分割法人及び分割承継法人の資本金等の額が変動する場合に、税金が増えることはありますか。

Point

●資本金等の額の増加により、地方税の均等割額と外形標準課税の資本割が増加することがある。

Answer

① 地方税均等割の増加

　事務所又は事業所を有する法人は地方税の均等割額が課税されますが、均等割額は事業年度の末日における資本金等の額に従って税額が決定されます。なお、資本金等の額が、事業年度の末日における資本金の額及び資本準備金の額の合算額又は出資金の額に満たない場合には、資本金の額及び資本準備金の額の合算額又は出資金の額により均等割額が決定されます（地法24、52④、294、312⑥）。

　よって、会社分割により分割承継法人の資本金等の額や資本金、資本準備金の額が増額した場合には、均等割の区分が変更し、均等割額が増額することがあります。支店がたくさんがある会社の場合は、地方税均等割額の増加の影響も大きくなります。

特に、分社型分割の場合は、分割により移転した純資産価額が、分割承継法人の資本金等の額になりますから、移転する純資産価額が多い場合には、均等割額の増額の影響が大きくなります（**Q73**、**Q74** 参照）。

② 事業税外形標準課税の資本割の増加

分割承継法人において法人事業税の外形標準課税が適用されている場合には、資本金等の額が増加すると資本割が増加します。特に分社型分割の場合には、分割承継法人の資本金等の額が大きく増額し、外形標準課税の資本割に大きく影響することがあります。

14　分割後の受取配当金の益金不算入・源泉所得税

Q81

　図表７－16の分割により分割承継法人は、分割法人からＡ社株式とＢ社株式の移転を受けました。この分割から３か月後に、分割承継法人はＡ社とＢ社から配当を受けました。この場合の分割承継法人における配当金の取扱いを教えてください。

＜前　提＞

・株主甲は分割法人の株式を 70％、分割承継法人の株式を 100％保有しており、支配関係がある場合の適格分割に該当する。

・分割法人はＡ社株式を１年以上の期間にわたり 40％、Ｂ社株式を 0.1％保有していた。

・Ａ社とＢ社からの配当は利益剰余金を原資とする。

Point

●適格分割により発行済株式の３分の１超の株式が移転された場合のその株式については、関連法人株式等の判定において、分割法人における保有期間を、分割承継法人における保有期間とみなす。

●分割承継法人が受けるＡ社株式の配当金については、分割承継法人はＡ社株式を配当の基準日において３分の１超有しているので、所得税は不課税となり、Ａ社において源泉

徴収は不要となる。
- B社株式の配当金の所得税額控除については、分割法人におけるB社株式の元本所有期間を分割承継法人における元本所有期間とみなして元本所有期間を計算する。

■図表7－16　分割後の配当

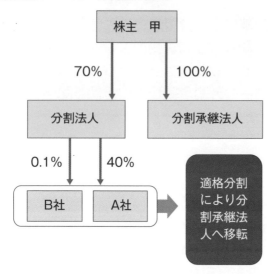

Answer

1　受取配当金の益金不算入

(1) 益金不算入額

　内国法人が各事業年度において受ける配当等の金額のうち一定の金額は、益金の額に算入しません（Q66参照）。

(2) 適格分割により移転を受けた株式の関連法人株式等の判定

　関連法人株式等（Q66参照）の判定においては、適格分割により分割承継法人が分割法人から他の内国法人の発行済株式等の3分

の１超の株式等の移転を受けた場合には、分割法人のその株式等の保有期間は、分割承継法人の保有期間とみなします（法令22③）。

⑶ **設例の場合**

① **A社株式の配当**

適格分割によりA社株式の発行済株式等の３分の１超が分割承継法人へ移転しているので、関連法人株式等の判定について、上記⑵により、分割法人のA社株式の保有期間は分割承継法人の保有期間とみなされます。分割承継法人はA社株式を３か月しか保有していませんが、分割法人がA社株式を１年以上の期間保有していることから、A社株式は分割承継法人の関連法人株式等に該当します。よって分割承継法人がA社から受ける配当金は、関連法人株式等に係る部分の負債利子を控除した金額が益金不算入になります。

② **B社株式の配当**

分割承継法人が分割で受け入れたB社株式の保有割合は0.1％ですので、B社株式は分割承継法人の非支配目的株式等に該当します。よって、分割承継法人が受けた配当の額の20％相当額が益金不算入になります（**Q66**参照）。

② 所得税の不課税（源泉徴収不要）

⑴ **所得税の不課税**

令和５年10月１日以後に、内国法人（一般社団法人等を除く）が支払いを受ける配当等で、完全子法人株式等に係るもの、又は、その配当等の額に係る基準日等において、支払法人 (注1) の発行済株式等の総数等の３分の１超を直接に保有する (注2) 場合には、その配当等には所得税が課されません（**Q66**参照）。

（注１） 一般社団法人等を除く。
（注２） その内国法人が自己の名義をもって有するものに限る。

⑵ 設例の場合

① A社株式の配当

　分割承継法人は配当の基準日においてA社株式の3分の1超を直接保有しているので、A社から受ける配当について所得税は不課税になります。したがって、A社は配当の支払時の所得税の源泉徴収は不要になります。

② B社株式の配当

　分割承継法人は、B社株式の3分の1超を有していないので、分割承継法人がB社から受ける配当については所得税が課税されます。B社は配当の支払いの際に所得税の源泉徴収をすることが必要です。

③ 所得税額控除

⑴ 所得税額控除

① 制　　度

　内国法人が受け取った配当等につき所得税額が源泉徴収された場合は、その所得税額のうち、受領した内国法人の当該配当に係る株式等の元本所有期間に対応する部分の金額を、その内国法人の法人税額から控除することができます（法法68、法令140の2①）。

② 適格分割による元本の移転

　適格分割により分割承継法人が、配当等の元本の移転を受けたときは、分割法人のその元本を所有していた期間を、分割承継法人の元本を所有していた期間とみなして所得税額控除の額を計算します（法令140の2④）。

⑵ 設例の場合

① A社株式

　A社株式の配当については、上記②⑵①のとおり所得税は不課税ですので、所得税額控除の規定は関係がありません。

② B社株式

B社株式の配当については上記[2](2)②のとおり所得税が源泉徴収されていますので、分割承継法人において所得税額控除を行います。所得税額控除の額は、上記(1)②のとおり分割法人の元本所有期間を分割承継法人の元本所有期間とみなして月数を計算します。

■図表7－17　設例の場合の受取配当金・源泉徴収・所得税額控除

区分		受取配当等の益金不算入額	所得税の課税（源泉徴収）		所得税額控除
A社株式	完全子法人株式等100%	100%	不課税		
	関連法人株式等1／3超100%未満	100%負債利子控除（継続保有）(注)	直接保有（基準日判定）	不課税	
			間接保有	課税	元本所有期間で按分(注)
	その他の株式等（1／3超・非継続）	50%	直接保有（基準日判定）	不課税	
	その他の株式等（5%超1／3以下）	50%	1／3以下	課税	元本所有期間で按分(注)
B社株式	非支配目的株式等5%以下	20%	課税		元本所有期間で按分(注)

（注）　適格分割の場合は、分割法人の元本所有期間を分割承継法人の元本所有期間とみなす特例あり。

15 分割に係る税務上の届出書・申告書の添付書類

Q82

　分割に際し、提出が必要な届出書と、法人税確定申告に添付する書類を教えてください。

・・・・・・・・・・・・・・・・・・・・・・・・・・・・・・・・・・・・・

Point

●適格分割により減価償却資産を移転した場合は、分割法人において減価償却費を損金算入するために分割の日から2か月以内に届出書の提出が必要。

●設立届出書や異動届出書等を提出する。

●青色申告承認や消費税の簡易課税制度の分割法人における届出の効力は分割承継法人へ引き継がない。

●分割があった事業年度の法人税確定申告書に一定の書類の添付をする。

・・・・・・・・・・・・・・・・・・・・・・・・・・・・・・・・・・・・・

Answer

　分割があった場合に、提出が必要になる主な届出は次のとおりです。

① 減価償却資産を移転した場合の分割法人の届出書

　事業年度の中途で適格分割により移転した減価償却資産については、期首から分割の日までの期間の減価償却費を分割法人の損金の額に算入するためには、「適格分割等による期中損金経理額等の損

322　第7章／会社分割の法務・税務

金算入に関する届出書」を分割の日から2か月以内に提出をする必要があります（**Q77**参照）。

② 分割承継法人の届出書

(1) 新設分割の場合

① 設立届出書（税務署）……設立日から2か月以内（法法148）

② 設立届出書（都道府県事務所、市町村役場）……それぞれに定める期間内

③ 青色申告の承認申請書（税務署）……設立日から3か月以内又はその事業年度終了日のいずれか早い日（法法122）

④ 源泉所得税の納期の特例を受ける場合は、「源泉所得税の納期の特例の承認に関する申請書」（税務署）……原則として、提出した日の翌月に支払う給与等から適用（所法216、217）

⑤ 給与支払事務所等の開設・移転・廃止届出書（税務署）……1か月以内（所法230）

⑥ 必要に応じて次の消費税に係る届出書（税務署）

・消費税課税事業者届出書「相続・合併・分割等があったことにより課税事業者となる場合の付表」を添付……速やかに（消法57①）

・消費税の新設法人に該当する旨の届出書……速やかに（消法57②）

・消費税の特定新規設立法人に該当する旨の届出書……速やかに（消法57②）

・消費税課税事業者選択届出書（消法9④）

・消費税簡易課税選択届出書（消法37）

・消費税課税期間特例選択届出書（消法19④）

(2) 吸収分割の場合

① 異動届出書（税務署）……速やかに

② 異動届出書（都道府県税事務所、市町村役場）……それぞれに定める期間内

③ 給与支払事務所等の開設・移転・廃止届出（税務署）……1か月以内

④ 消費税異動届出書（税務署）……速やかに

③ 分割法人の届出書

① 異動届出書（税務署）……速やかに

② 異動届出書（都道府県税事務所）……それぞれに定める期間内

③ 異動届出書（市町村役場）……それぞれに定める期間内

④ 給与支払事務所等の開設・移転・廃止届出書（税務署）……1か月以内

④ 法人税確定申告書の添付書類

分割法人、分割承継法人ともに、分割のあった事業年度の確定申告書に書類を添付します。

① 組織再編成に係る主要な事項の明細書

② 吸収分割契約書又は新設分割計画書

③ 出資関係図

⑤ その他の引継ぎ等の届出書

上記の提出書類以外にも、圧縮記帳に係る特別勘定の損金算入や、特別勘定、繰延資産等、一括償却資産、繰延資産消費税額の引継ぎ等については、それぞれ税務署への届出が必要です。

第8章
株式交換の法務・税務

1　事業承継に活かす株式交換

Q83

事業承継に有効な株式交換の活用方法を教えてください。

Point

●株式交換とは子会社となる会社の発行済株式のすべてを親会社となる会社に取得させることで、株式交換後は完全親子関係（100%支配関係）を構築できる会社法上の行為のことをいう。

Answer

① 株式交換の定義

株式交換とは、株式会社がその発行済株式のすべてを他の株式会社又は合同会社に取得させることをいいます（会社法2三十一）。

株式交換により発行済株式の全部を取得する会社（株式会社又は合同会社）を株式交換完全親会社、株式交換をする株式会社を株式交換完全子会社といいます（会社法767、768①一）。

② 株式交換の具体例

既存の株式会社S社の株主乙と株式会社P社の間で株式を交換することで、P社を完全親会社、S社を完全子会社とする完全親子

326　第8章／株式交換の法務・税務

関係を構築することができます。株式交換により完全親会社となるP社を株式交換完全親会社、完全子会社となるS社を株式交換完全子会社といいます。

なお、株式交換の結果、株式会社S社の株主乙は株式会社P社の株主となります。

■図表8−1　株式交換

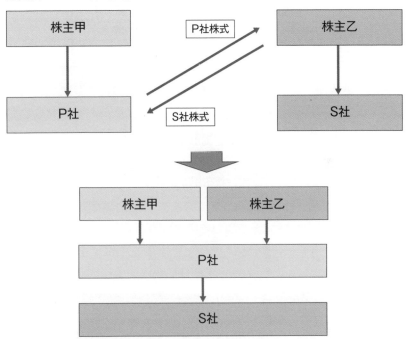

3　事業承継のための株式交換の事例

図表8−2のように、株主甲がA社、B社、C社の3社の株式を保有している場合、3社を後継者に承継するためには、それぞれの会社の株式を承継する必要があります。株式交換を活用することで、B社を株式交換完全親会社、A社とC社を株式交換完全子会社とすることができるため、株式交換完全親会社であるB社株式

を後継者に承継することで一度に3社の事業承継を完了させることができます。

■図表8-2　株式交換の例

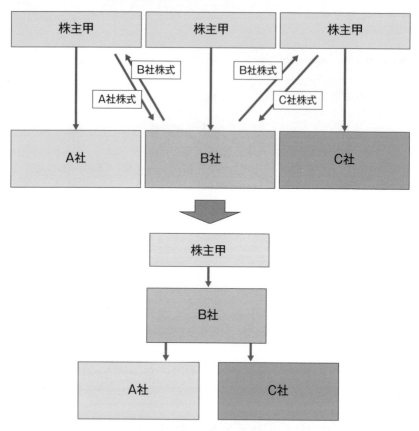

このように株式交換により複数ある会社の中から1社を株式交換完全親会社、残りの会社を株式交換完全子会社とすることで、後継者に承継する株式を1社にすることができますので、事業承継をスムーズに行うことが可能となります。

以下、本章では非上場会社によくみられる親族で100％又は50％超支配しているグループ内での株式交換を前提に解説していきます。

2　株式交換の手続きの流れ

Q84

　株式交換を実施するために必要な手続きを教えてください。

・・

Point
●会社法において株式交換のために必要な手続きが定められている。

・・

Answer

① 株式交換の手続きのフロー

　株式交換の手続きのフローは、図表8-3のとおりです。

② 株式交換契約の締結

　株式交換を行う場合、株式交換完全子会社と株式交換完全親会社との間で株式交換契約を締結しなければなりません。株式交換契約に記載すべき事項は、次のとおりです（会社法767、768）。

①　株式交換完全子会社及び株式交換完全親会社の商号及び住所

②　株式交換の対価の種類

　対価の種類が株式交換完全親会社の株式の場合には、当該株式の数（種類株式発行会社にあっては、株式の種類及び種類ごとの数）又はその数の算定方法

Q84／株式交換の手続きの流れ　329

■図表8-3　株式交換の手続きのフロー

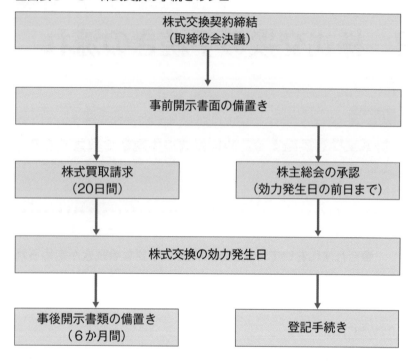

③　株式交換完全親会社の資本金及び準備金に関する事項
④　株式交換の効力発生日

　株式交換は重要な組織の変更に該当するため、株式交換契約の締結には取締役会の決議が必要となります（会社法362④）。

3　事前開示書面の備置き

　株式交換完全子会社及び株式交換完全親会社は、株式交換契約備置開始日から株式交換の効力発生日後6か月を経過する日までの間、次に掲げる事項を記載等した書面等をその本店に備え置かなければなりません（会社法782、794）。
① 　株式交換契約
② 　次の事項を記載等した書面等

㈠　交換対価の相当性に関する事項

㈡　交換対価について参考となるべき事項

㈢　株式交換に係る新株予約権の定めの正当性に関する事項

㈣　計算書類等に関する事項

㈤　株式交換について異議を述べることができる債権者があるときは、株式交換が効力を生ずる日以後における株式交換完全親会社の債務の履行の見込みに関する事項

㈥　株式交換契約備置開始日後株式交換が効力を生ずる日までの間に、㈠から㈤に掲げる事項に変更が生じたときは、変更後の当該事項

　また、株式交換完全子会社及び株式交換完全親会社の株主は、株式交換完全子会社に対して、営業時間内であれば、いつでも、次に掲げる請求をすることができます。ただし、ⓑ又はⓓの請求をする際は、会社が定めた費用を支払う必要があります。

ⓐ　事前開示事項を記載した書面の閲覧請求

ⓑ　事前開示事項を記載した書面の謄本又は抄本の交付の請求

ⓒ　電磁的記録に記録された事項を紙面等により表示したものの閲覧の請求

ⓓ　電磁的記録に記録された事項を電磁的方法であって株式交換完全子会社又は株式交換完全親会社の定めたものにより提供することの請求又はその事項を記載した書面の交付の請求

④　株主総会の承認

　株式交換完全子会社及び株式交換完全親会社は、効力発生日までに、株主総会の特別決議によって、その株式交換契約の承認を受けなければなりません。株主総会の特別決議では、当該株主総会において議決権を行使することができる株主の議決権の過半数を有する株主が出席して、その出席した当該株主の議決権の３分の２以上の

賛成が必要となります（会社法 783、309 ②）。

5 反対株主の株式買取請求

　株式交換に反対する株主は、株式交換完全子会社又は株式交換完全親会社に対し、自己の有する株式を公正な価格で買い取ることを請求することができます。株式買取請求ができる反対株主とは次に掲げる株主です。

① 　株式交換をするために株主総会の決議を要する場合

　(イ) 　当該株主総会に先立って株式交換に反対する旨を株式交換完全子会社又は株式交換完全親会社に対し通知し、かつ、株主総会において株式交換に反対した株主

　(ロ) 　株主総会において議決権を行使することができない株主

② 　①以外の場合

　すべての株主

　反対株主による株式買取請求は、効力発生日の 20 日前の日から効力発生日の前日までの間に、その株式買取請求に係る株式の数を明らかにしなければなりません。

　株式買取請求が行われた場合には、株式交換完全子会社及び株式交換完全親会社は「公正な価格」で株式を買い取ることになります。この株式価格の決定について、株主と株式交換完全子会社又は株式交換完全親会社との間の協議が調ったときは、株式交換完全子会社又は株式交換完全親会社は効力発生日から 60 日以内にその支払いをしなければなりません。株式価格の決定について、効力発生日から 30 日以内に協議が調わないときは、株主、株式交換完全子会社又は株式交換完全親会社は、その期間の満了の日後 30 日以内に、裁判所に対し、価格の決定の申立てをすることができます（会社法 785、786）。

⑥ 事後開示事項

株式交換完全子会社及び株式交換完全親会社は、効力発生日後遅滞なく、共同して、次に掲げるものを作成し、効力発生日から6か月間その本店に備え置かなければなりません（会社法791①・②、801③）。

① 株式交換により株式交換完全親会社が取得した株式交換完全子会社の株式の数

② 株式交換が効力を生じた日

③ 株式交換をやめることの請求、対株主の買取請求、新株予約権買取請求、社債権者の異議に関する事項

④ 株式交換完全親会社に移転した株式交換完全子会社の株式の数

⑤ その他株式交換に関する重要な事項

効力発生日に株式交換完全子会社の株主及び株式交換完全親会社の株主であった者は、株式交換完全子会社又は株式交換完全親会社の営業時間内であれば、次に掲げる請求をすることができます。ただし、㈡又は㈡の請求をする際は会社が定めた費用を支払う必要があります（会社法791③、801④）。

　㈤ 事後開示事項を記載した書面の閲覧請求

　㈢ 事後開示事項を記載した書面の謄本又は抄本の交付の請求

　㈥ 電磁的記録に記録された事項を紙面等により表示したものの閲覧の請求

　㈡ 電磁的記録に記録された事後開示事項を電磁的方法であって株式交換完全子会社又は株式交換完全親会社の定めたものにより提供することの請求又はその事項を記載した書面の交付の請求

７　登記手続き

　株式交換により株式交換完全親会社に登記手続きが必要となるのは、次に掲げるような場合です。

① 資本金の額

② 発行可能株式総数

③ 発行済株式数

　登記手続きが必要な場合には、効力発生日から２週間以内に、登記申請手続きを行う必要があります（会社法915）。

　なお、株式交換完全子会社については、株式交換により株主が変更されるだけですので、登記手続きは生じません

８　その他の手続き

　非上場会社によくみられる親族で100％又は50％超支配しているグループ内での株式交換においては該当するケースは少ないものの、次に掲げるような場合には、前述の手続き以外に別途手続きが必要となる場合があるため注意が必要です。

① 債権者保護手続き

　株式交換完全親会社が株式交換完全子会社の新株予約権付社債を承継する場合や、株式交換の対価として株式交換完全親会社株式以外の資産を交付する場合（会社法789①三、799①三）

② 新株予約権の買取請求手続き

　株式交換完全子会社の新株予約権者のうち、その内容に変化が生じるような場合（会社法787①三）

③ 株券・新株予約権証券の提供手続き

　株式交換完全子会社が株券や新株予約権証券を発行している場合（会社法219①七、293①六）

3 株式交換の課税関係

Q85

株式交換が行われた際の課税関係の留意点を教えてください。

Point
- 株式交換が非適格株式交換に該当する場合には、株式交換完全子法人の有する一定の資産について時価評価を行う必要がある。
- 株式交換が適格株式交換に該当する場合には、課税関係は生じない。

Answer

① 非適格株式交換の課税関係

(1) 株式交換完全子法人の取扱い（法法62の9）

① 株式交換完全子法人の有する資産の時価評価損益

法人が自己を株式交換完全子法人とする非適格株式交換を行った場合、その非適格株式交換の直前の時において有する時価評価資産について時価評価を行います。その時価評価資産に係る評価益又は評価損については、その非適格株式交換の日の属する事業年度の所得の金額の計算上、益金の額又は損金の額に算入されます。

② 時価評価資産（法法62の9、法令123の11）

時価評価が必要となる資産は、固定資産、土地等、有価証券、金銭債権、繰延資産です。ただし、次に掲げるものについては除かれています。

　㈑　非適格株式交換の日の属する事業年度開始の日前5年以内に開始した各事業年度（前5年内事業年度という）において圧縮記帳の規定の適用を受けた減価償却資産

　㈺　売買目的有価証券

　㈥　償還有価証券

　㈦　帳簿価額が1,000万円に満たない資産

　㈬　含み損益が資本金等の額の2分の1に相当する金額又は1,000万円のいずれか少ない金額未満のもの

　㈸　株式交換完全子法人との間に完全支配関係がある内国法人の株式又は出資で，含み損のもの

(2)　株式交換完全親法人の取扱い

　株式交換完全親法人は、株式交換完全子法人株式をその時の時価により取得します（法令119①二十七）。

(3)　株式交換完全子法人の株主の取扱い

　株式交換により株式交換完全子法人の株主が交付を受けた資産により課税関係が異なります。

① 　株式交換完全親法人の株式のみの交付を受けた場合

　株式交換により株式交換完全親法人の株式のみの交付を受けた場合には、株式交換完全子法人株式を帳簿価額により譲渡したものとして譲渡損益は生じません。また、交付を受けた株式交換完全親法人株式の取得価額は、株式交換完全子法人の株式交換直前の帳簿価額となるため、株式交換完全子法人の株主の譲渡損益は繰り延べられることになります（法法61の2⑨、法令119①九）。

② 　金銭その他の資産の交付を受けた場合

　株式交換により金銭その他の資産の交付を受けた場合には、株式

336　第8章／株式交換の法務・税務

交換完全子法人株式を時価で譲渡したものとして譲渡損益が計上されることになります（法法61の2①）。

② 適格株式交換の課税関係

適格株式交換とは、株式交換により株式交換完全子法人の株主に株式交換完全親法人等の株式以外が交付されない株式交換で、一定の要件を満たすものをいいます（法法2二十の十七）。

(1) 株式交換完全子法人の取扱い

株式交換が適格株式交換に該当する場合には、株式交換完全子法人が保有する資産について時価評価は行われません。

(2) 株式交換完全親法人の取扱い

適格株式交換により株式交換完全親法人が取得した株式交換完全子法人の株式の取得価額は、図表8－4に掲げる場合の区分に応じてそれぞれに定める金額になります（法令119①十）。

■図表8－4　株式交換完全子法人株式の取得価額

株式交換完全子法人の株主の数	50人未満	50人以上
完全子法人株式の取得価額	株主が有していた完全子法人株式の帳簿価額の合計額	株式交換完全子法人の純資産価額

(3) 株式交換完全子法人の株主の取扱い

株式交換により株式交換完全親法人の株式のみの交付を受けた場合には、株式交換完全子法人株式を帳簿価額により譲渡したものとして譲渡損益は生じません。交付を受けた株式交換完全親法人株式の取得価額は、株式交換完全子法人の株式交換直前の帳簿価額となるため、株式交換完全子法人の株主の譲渡損益は繰り延べられることになります（法法61の2⑨、法令119①九）。

Q85／株式交換の課税関係　337

4 適格株式交換の要件

Q86

適格株式交換となるための要件について具体的に教えてください。

・・

Point

●適格株式交換とは、株式交換により株式交換完全子法人の株主に株式交換完全親法人等の株式以外が交付されない株式交換で、一定の要件を満たすものが該当する。

・・

Answer

① 適格株式交換の概要

適格株式交換の要件とは、株式交換により株式交換完全子法人の株主に株式交換完全親法人等の株式以外が交付されない株式交換で、下記①から③のいずれかの適格要件を満たすものをいいます（法法２十二の十七）。

① 完全支配関係がある場合の適格要件

② 支配関係がある場合の適格要件

③ 共同事業を行う場合の適格要件

このうち非上場会社によくみられる親族で100％又は50％超支配しているグループ内での適格株式交換を行う場合に求められる①、②の適格要件について解説します。

338　第8章／株式交換の法務・税務

② 完全支配関係がある場合の適格要件

完全支配関係がある場合の適格要件は、次の2つです。

(1) 金銭等不交付要件

株式交換完全子法人の株主に株式交換完全親法人等の株式以外の資産が交付されないことをいいます（法法2十二の十七）。

ただし、剰余金の配当、反対株主に対する買取請求の対価、株主均等保有割合関係のある場合の無対価株式交換など一定の場合には、金銭等不交付要件を満たすものとされています。

(2) 完全支配関係継続要件

完全支配関係とは、一の者が法人の発行済株式（その法人が有する自己株式を除く）の全部を直接もしくは間接に保有する一定の関係又は一の者との間にその一定の関係がある法人相互の関係とされています（法法2十二の七の六）。株式交換においては、具体的には次に掲げるいずれかの関係があることをいいます（法法2十二の十七イ）。

① 当事者間の完全支配関係

株式交換前に株式交換完全子法人と株式交換完全親法人との間に株式交換完全親法人による完全支配関係があり、かつ、株式交換後に株式交換完全子法人と株式交換完全親法人との間に株式交換完全親法人による完全支配関係が継続することが見込まれている場合における株式交換完全子法人と株式交換完全親法人との間の関係をいいます（法令4の3⑱一）。

② 同一の者による完全支配関係

株式交換前に株式交換に係る株式交換完全子法人と株式交換完全親法人との間に同一の者による完全支配関係があり、かつ、次に掲げる要件を満たすことが見込まれている場合における株式交換完全子法人と株式交換完全親法人との間の関係をいいます（法令4の3

Q86／適格株式交換の要件　339

⑱二イ・ロ)。

(イ)　株式交換後に同一の者と株式交換完全親法人との間に同一の
　　者による完全支配関係が継続すること

(ロ)　株式交換後に同一の者と株式交換完全子法人との間に同一の
　　者による完全支配関係が継続すること

　同一の者が個人の場合には、個人及びその特殊関係者を含めて判
定を行います。

■図表8−5　特殊関係者

1	個人の親族
2	個人と事実上婚姻関係と同様の事情にある者
3	個人の使用人
4	1から3以外の者で、個人から受ける金銭等により生計を維持している者
5	1から4に掲げる者と生計を一にするこれらの者の親族

　なお、適格株式交換の後に適格合併が見込まれている場合には、
完全支配関係継続要件が一部緩和されています（法令4の3 ⑱二
ハ)。

③　支配関係がある場合の適格要件

　支配関係がある場合の適格要件は、次の4つです。

(1)　金銭等不交付要件

　上記②(1)と同様です。

(2)　支配関係継続要件

　支配関係とは、一の者が法人の発行済株式（その法人が有する自
己株式を除く）の総数の50％超を直接もしくは間接に保有する関
係又は一の者との間に当事者間の支配関係がある法人相互の関係と
されています（法法2十二の七の五）。株式交換においては、具体

340　第8章／株式交換の法務・税務

的には次に掲げるいずれかの関係があることをいいます（法法2
十二の十七ロ）。

① 当事者間の支配関係

　株式交換前に株式交換に係る株式交換完全子法人と株式交換完全親法人との間にいずれか一方の法人による支配関係があり、かつ、株式交換後に株式交換完全子法人と株式交換完全親法人との間に当該いずれか一方の法人による支配関係が継続することが見込まれている場合における当該株式交換等完全子法人と株式交換等完全親法人との間の関係をいいます（法令4の3⑲一）。

② 同一の者による支配関係

　株式交換前に株式交換に係る株式交換完全子法人と株式交換完全親法人との間に同一の者による支配関係があり、かつ、次に掲げる要件を満たすことが見込まれている場合における株式交換完全子法人と株式交換完全親法人との間の関係をいいます（法令4の3⑲ニイ・ロ）。

　㈦　株式交換後に同一の者と株式交換完全親法人との間に同一の者による支配関係が継続すること

　㈺　株式交換後に同一の者と株式交換等完全子法人との間に同一の者による支配関係が継続すること

　同一の者が個人の場合には、個人及びその特殊関係者を含めて判定を行います。また、適格株式交換の後に適格合併が見込まれている場合には、支配関係継続要件が一部緩和されています（法令4の3⑲ニイ・ロ）。

(3) 従業者継続従事要件

　株式交換完全子法人の株式交換の直前の従業者のうち、その総数の概ね80％以上の者が株式交換完全子法人の業務に引き続き従事することが見込まれていることが必要です（法法2十二の十七ロ(1)）。

この場合の従業者とは、従業員のみならず役員も含まれます。ま
た、出向により受け入れている者で株式交換完全子法人の事業に従
事している者については、従業者に含まれることになります（法基
通1－4－4）。

(4)　**事業継続要件**

　株式交換完全子法人の株式交換前に行う主要な事業が株式交換完
全子法人において引き続き行われることが見込まれていることが必
要です（法法2十二の十七ロ(2)）。

　株式交換完全子法人の株式交換前に行う事業が複数ある場合の
「主要な事業」の判定は、それぞれの事業に属する収入金額又は損
益の状況、従業者の数、固定資産の状況等を総合的に勘案して判定
することになります（法基通1－4－5）。

5 適格株式交換の会計・税務処理・別表調整

Q87

適格株式交換を行った際の会計・税務処理はどのようになりますか。

・・・・・・・・・・・・・・・・・・・・・・・・・・・・・・・・・・・・

Point

●株式交換完全子法人では、原則として、株主が異動する点を除いては、会計・税務処理・別表調整は行われない。

●株式交換完全親法人では、株式交換完全子法人株式の受入処理に伴い、会計・税務処理・別表調整が必要となる。

・・・・・・・・・・・・・・・・・・・・・・・・・・・・・・・・・・・・

Answer

① 適格株式交換の会計・税務処理・別表調整の具体例

```
<前 提>
・Ｓ社を株式交換完全子法人、Ｐ社を株式交換完全親法人とする適格
 株式交換
・Ｐ社の株主甲とＳ社の株主乙は親族
・Ｓ社の株式交換効力発生日の直前の簿価純資産価額は5,000
・増加する株主資本の額はすべて資本準備金
・株式交換直前の株式交換完全子法人株式の帳簿価額は1,000
```

② 会計処理

会計上、共通支配下の場合の株式交換完全子法人であるＳ社株

Q87／適格株式交換の会計・税務処理・別表調整　343

式の取得価額は、株式交換の効力発生日の直前の簿価純資産価額で処理します。

＜会計仕訳＞

　　（借）Ｓ社株式　　　　5,000　　　（貸）資本準備金　　　5,000

③　税務処理

　適格株式交換により株式交換完全親法人が取得した株式交換完全子法人の株式の取得価額は、株式交換完全子法人の直前の株主の人数が50人未満の場合には、株主が有していた株式交換完全子法人株式の帳簿価額の合計額となります。

＜税務仕訳＞

　　（借）Ｓ社株式　　　　1,000　　　（貸）資本金等の額　　　1,000

④　申告調整

　Ｓ社株式の会計上の取得価額は5,000ですが、税務上の取得価額は1,000ですので、税務上の取得価額1,000になるように利益積立金額を調整します。

　資本準備金の額が5,000増加しますが、税務上の資本金等の額の増加額は1,000ですので、資本金等の額と利益積立金額で±4,000の調整をすることで、資本金等の額が1,000増加、利益積立金額の増加は0となり、上記③の税務上の処理の金額と一致します。

＜別表調整＞

別表五㈠　記載例

Ⅰ．利益積立金額の計算に関する明細書

区分	期首現在利益積立金額	当期の増減		差引翌期首現在利益積立金額
		減	増	
S社株式			▲4,000	▲4,000
資本金等の額			4,000	4,000
利益積立金額の増減			0	0

Ⅱ．資本金等の額の計算に関する明細書

区分	期首現在資本金等の額	当期の増減		差引翌期首現在資本金等の額
		減	増	
資本準備金			5,000	5,000
利益積立金額			▲4,000	▲4,000
資本金等の額の増減			1,000	1,000

6 株式交換による消費税への影響

Q88

株式交換により、株式交換完全子法人の株主が、株式交換完全子法人の株式を、株式交換完全親法人へ取得させることについて、消費税は課税されますか。

Point

●株式交換完全子法人の株主が、株式交換完全親法人へ株式交換完全子法人の株式を移転することは消費税法上、有価証券の譲渡に該当する。

Answer

株式交換完全子法人の株主が、株式交換により株式交換完全子法人の株式を株式交換完全親法人に取得させることは、消費税法では有価証券の譲渡に該当し、非課税取引に該当します（消法4、6、別表第二）。

よって、株式交換完全子法人の株主の課税売上割合の計算において、株式交換完全親法人へ取得させた株式交換完全子法人の株式の価額の5％を非課税売上高として分母に含めます（消令48⑤）。

7 株式交換による資本金等 の額の変動に係る影響

Q89

株式交換により、株式交換完全親法人の資本金等の額 が変動する場合に、税金が増えることはありますか。

- -

Point
●資本金等の額の増加により、地方税の均等割額と外形標準 課税の資本割が増加することがある。

- -

Answer

1 地方税均等割の増加

事務所又は事業所を有する法人は地方税の均等割額が課税されま すが、均等割額は事業年度の末日における資本金等の額に従って税 額が決定されます。なお、資本金等の額が、事業年度の末日におけ る資本金の額及び資本準備金の額の合算額又は出資金の額に満たな い場合には、資本金の額及び資本準備金の額の合算額又は出資金の 額により均等割額が決定されます（地法24、52④、294、312⑥）。

よって、株式交換により株式交換完全親法人の資本金等の額や資 本金、資本準備金の額が増額した場合には、均等割の区分が変更し 均等割額が増えることがあります。株式交換完全親法人の支店がた くさんある会社の場合は、地方税均等割額の増加の影響も大きくな ります（**Q87**＜税務仕訳＞参照）。

② 事業税外形標準課税の資本割の増加

　株式交換完全親法人において法人事業税の外形標準課税が適用されている場合には、資本金等の額が増加すると資本割が増加することになります。

8 株式交換後の受取配当金の益金不算入・源泉所得税（完全支配関係がある場合）

Q90

　図表8－6の株式交換はB社の配当金の計算期間中にあり、今般、A社はB社からこの計算期間に係る配当を受けました。この場合のA社における配当金の取扱いを教えてください。

＜前　提＞
・適格株式交換に該当する。
・株主甲はA社とB社の株式を1年以上の期間にわたり100％保有していた。
・B社の配当は利益剰余金を原資とする。

■図表8－6　完全支配関係がある場合の株式交換後の配当

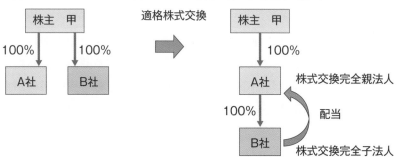

Point

●A社が受け取る配当金については、B社株式はA社の「完全子法人株式等」に該当するので、全額が益金不算入になる。

●B社株式はA社の「完全子法人株式等」に該当するので、B社から受け取る配当金について所得税は不課税になり、B社において源泉徴収は不要になる。

Answer

1 受取配当金の益金不算入

(1) 完全子法人株式等に係る配当等の額

各事業年度において内国法人から受ける配当等の金額のうち、完全子法人株式等に係る配当等の額は、全額が益金の額に算入されません（法法23）。

完全子法人株式等とは、配当等の額の計算期間を通じて、その配当等の額の支払いを受ける内国法人とその配当等の額を支払う他の内国法人との間に完全支配関係（ **Q57** 参照）があった場合の当該他の内国法人の株式等をいいます（法法23⑤、法令22の2）。

(2) 設例の場合の受取配当金の益金不算入

甲はA社株式及びA社を通じB社株式を今回の配当の基準日の前から1年以上の期間にわたり100％保有しているので、A社とB社は配当等の額の計算期間を通じて株主甲を通じて完全支配関係があり、B社株式はA社の完全子法人株式等に該当します。よって、A社が受けるB社からの配当は全額が益金不算入になります。

2 所得税の不課税（源泉徴収不要）

(1) 所得税の不課税

令和5年10月1日以後に内国法人（一般社団法人等を除く）が

完全子法人株式等 ^(注) から支払いを受ける配当等には所得税が課されません。したがって、支払法人において配当の支払時に所得税の源泉徴収は不要になります（**Q66** 参照）。

> **（注）** 上記①(1)の完全子法人株式等をいい、その内国法人が自己の名義をもって有するものに限る。

⑵　設例の場合の所得税

上記①(2)のとおりＢ社株式はＡ社の完全子法人株式等に該当しますので、Ｂ社からＡ社への配当について所得税は不課税になります。よって、Ｂ社は配当の支払時に所得税の源泉徴収は不要になります。

③　所得税額控除

上記②(2)のとおり、Ａ社はＢ社株式から受ける配当については、所得税は不課税ですので、所得税額控除の規定は関係がありません。

■図表８－７　設例の場合の受取配当金・源泉徴収・所得税額控除

区分	受取配当等の益金不算入額	所得税の課税（源泉徴収）		所得税額控除
完全子法人株式等 100％	100％	不課税		
関連法人株式等 1／3超 100％未満	100％ 負債利子控除 （継続保有）	直接保有 （基準日判定）	不課税	
		間接保有	課税	元本所有期間で按分
その他の株式等 （1／3超・非継続）	50％	直接保有 （基準日判定）	不課税	
その他の株式等 （5％超1／3以下）	50％	1／3以下	課税	元本所有期間で按分
非支配目的株式等 5％以下	20％	課税		元本所有期間で按分

9 株式交換後の受取配当金の益金不算入・源泉所得税（支配関係がある場合）

Q91

図表8−8の株式交換はB社の配当金の計算期間中にあり、この株式交換から3か月後にA社はこの配当金の計算期間に係る配当をB社から受けました。この場合のA社における配当金の取扱いを教えてください。

＜前　提＞
・適格株式交換に該当する。
・株主甲と株主乙に親族関係はない。
・配当は利益剰余金を原資とする。

■図表8−8　支配関係がある場合の株式交換後の配当

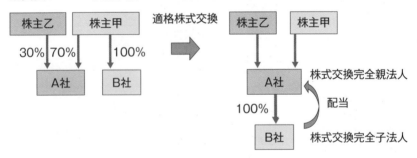

352　第8章／株式交換の法務・税務

Point

- A社が受け取る配当金については、B社株式はA社の「その他の株式等」に該当するので、配当金の50%が益金不算入になる。
- A社はB社株式を配当基準日において発行済株式等の3分の1超有するので、所得税は不課税になり、B社において源泉徴収は不要になる。

Answer

1 受取配当金の益金不算入

(1) 益金不算入

内国法人が各事業年度において受ける配当等の金額のうち一定の金額は、益金の額に算入しません（**Q66**参照）。

(2) 設例の場合

当該株式交換はB社の配当金の計算期間中にあったので、A社はB社株式を配当金の計算期間を通じて有していないため、B社株式はA社の「完全子法人株式等」に該当しません。また、株式交換から3か月後の配当でありA社はB社株式を6か月以上有していないため「関連法人株式等」にも該当しません。さらに、A社はB社株式を配当の基準日において5％超有しているので、B社株式は「非支配目的株式等」にも該当しません。よって、B社株式はA社にとって「その他の株式等」になり、A社がB社から受ける配当は50％相当額が益金不算入になります（**Q66**参照）。

Q91 ／株式交換後の受取配当金の益金不算入・源泉所得税（支配関係）　353

② 所得税の不課税（源泉徴収不要）

(1) 所得税の不課税

　令和5年10月1日以後に、内国法人（一般社団法人等を除く）が支払いを受ける配当等で、その配当等の額に係る基準日等において、支払法人^(注1)の発行済株式等の総数等の3分の1超を直接に保有する^(注2)場合には、その配当等には所得税が課されません。よって、配当の支払法人において支払時の源泉徴収は不要です（**Q66**参照）。

　（注1）　一般社団法人等を除く。
　（注2）　その内国法人が自己の名義をもって有するものに限る。

(2) 設例の場合

　上記①(2)のとおり、A社はB社の配当の基準日においてB社株式を発行済株式等の3分の1超有していますので、B社からA社への配当について所得税は不課税になります。よって、B社は配当の支払時において所得税の源泉徴収は不要になります。

③ 所得税額控除

　上記②のとおり、A社はB社株式からの配当については、所得税は不課税になるので、所得税額控除の規定は関係がありません。

■図表8−9　設例の場合の受取配当金・源泉徴収・所得税額控除

区分	受取配当等の益金不算入額	所得税の課税（源泉徴収）		所得税額控除
完全子法人株式等 100%	100%	不課税		
関連法人株式等 1／3超 100%未満	100% 負債利子控除（継続保有）	直接保有（基準日判定）	不課税	
		間接保有	課税	元本所有期間で按分
その他の株式等（1／3超・非継続）	50%	直接保有（基準日判定）	不課税	
その他の株式等（5%超1／3以下）	50%	1／3以下	課税	元本所有期間で按分
非支配目的株式等 5%以下	20%	課税		元本所有期間で按分

Q91／株式交換後の受取配当金の益金不算入・源泉所得税（支配関係）　355

10　株式交換に係る税務上の届出書・申告書の添付書類

Q92

株式交換を行った後の申告の注意点を教えてください。

Point

● 株式交換完全親法人は、資本金の額に異動があった場合には、所轄税務署、都道府県、市町村に異動届出書を提出する。

● 株式交換完全子法人及び株式交換完全親法人は、株式交換の効力発生日の属する事業年度の法人税の申告の際に組織再編成に係る主要な事項の明細書を添付する。

Answer

１　異動届出書

　株式交換の結果、株式交換完全親法人の資本金の金額に異動があった場合には、株式交換完全親法人は、異動後遅滞なく、所轄の税務署長、都道府県、市町村に異動届出書を提出します。

２　申告書の添付書類

(1)　組織再編成に係る主要な事項の明細書

　この明細書は株式交換が行われた場合に、確定申告書に添付する明細書で、株式交換完全子法人及び株式交換完全親法人がそれぞれ

申告書に添付する必要があります。詳しい記載方法については、「組織再編成に係る主要な事項の明細書の記載の仕方」をご参照ください（法規 35 ①七）。

(2) 株式交換契約書の写し

法人税の確定申告書には、株式交換契約書の写しを添付する必要があります（法規 35 ①六）。

第9章

株式移転の法務・税務

1 事業承継に活かす株式移転

Q93

事業承継に有効な株式移転の活用方法を教えてください。

Point

●株式移転とは、既存の株式会社の発行済株式のすべてを新たに設立する株式会社に取得させることで、株式移転後は新設会社を親法人とする完全親子関係（100％支配関係）を構築することができる会社法上の行為のことをいう。

Answer

① 株式移転の定義

　株式移転とは、一又は二以上の株式会社がその発行済株式のすべてを新たに設立する株式会社に取得させることをいいます（会社法2三十二）。

② 株式移転の具体例

　既存の株式会社Ｐ社と株式会社Ｓ社がその発行済株式のすべてを新たに設立する株式会社Ｈ社に取得させます。その結果、Ｈ社を完全親会社、Ｐ社とＳ社を完全子会社とする完全親子関係を構築することができます。

360　第9章／株式移転の法務・税務

株式移転により完全親会社となるＨ社を株式移転完全親会社、完全子会社となるＰ社及びＳ社を株式移転完全子会社といいます。

　なお、株式移転の結果、Ｐ社の株主甲とＳ社の株主乙はＨ社の株主となります。

■図表９－１　株式移転

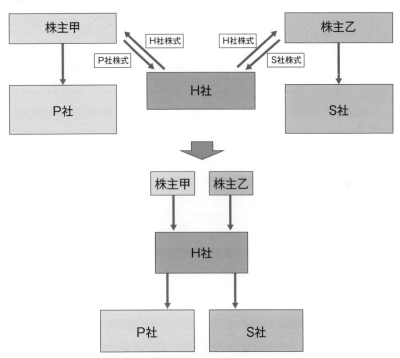

③　事業承継のための株式移転の事例

　図表９－２のように、株主甲がＡ社、Ｂ社、Ｃ社の３社の株式を保有している場合、３社の株式を後継者に承継する場合には、それぞれの会社の株式を承継する必要があります。株式移転を活用することで、新設するＤ社を株式移転完全親会社、Ａ社、Ｂ社、Ｃ社を株式移転完全子会社とすることができるため、株式移転完全親

会社であるＤ社株式を後継者に承継することで一度に３社の事業承継を完了させることができます。

■図表９－２　株式移転の例

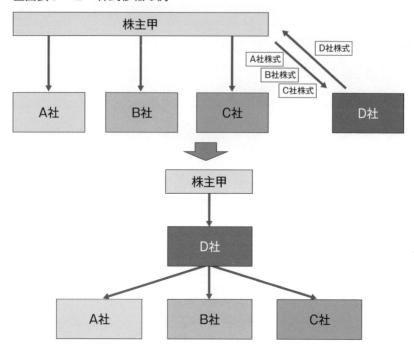

このように株式移転を活用することで、複数ある会社が株式移転完全親会社の100％子会社となりますので、後継者に承継する株式を株式移転完全親会社１社に集約することができ、事業承継をスムーズに行うことが可能となります。

以下、本章では非上場会社によくみられる親族で100％又は50％超支配しているグループ内での株式移転を前提に解説していきます。

2　株式移転の手続きの流れ

Q94
　株式移転を実施するために必要な手続きを教えてください。

・・・・・・・・・・・・・・・・・・・・・・・・・・・・・・・・・・・・・・

Point
●会社法上において株式移転のために必要な手続きが定められている。

・・・・・・・・・・・・・・・・・・・・・・・・・・・・・・・・・・・・・・

Answer

①　株式移転の手続きのフロー

　株式移転の手続きのフローは、図表9−3のとおりです。

②　株式移転計画の作成

　株式移転を行う場合には、株式移転計画を作成しなければなりませんが、2つ以上の株式会社が株式移転をする場合においては、この2つ以上の株式会社が共同して株式移転計画を作成する必要があります。株式移転計画において定めなければならない主な事項は、次のとおりです（会社法772、773）。

① 株式移転完全親会社の目的、商号、本店の所在地及び発行可能株式総数

② 株式移転完全親会社の定款で定める事項

Q94／株式移転の手続きの流れ　363

■図表9−3　株式移転の手続きのフロー

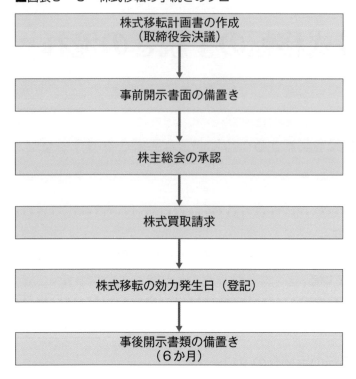

③　株式移転完全親会社の設立時取締役の氏名
④　株式移転に際して株式移転完全子会社の株主に対して交付する株式の数（種類株式発行会社にあっては、株式の種類及び種類ごとの数）又はその数の算定方法などの株式の割当てに関する事項
⑤　株式移転完全親会社の資本金及び準備金の額に関する事項

　なお、株式移転は重要な組織の変更に該当するため、株式移転計画の承認には取締役会の決議が必要となります（会社法362 ④）。

3　事前開示書面の備置き

　株式移転完全子会社は、株式移転計画備置開始日から株式移転完全親会社の設立日後6か月を経過する日までの間、次に掲げる事項

を記載等した書面等をその本店に備え置かなければなりません（会社法803、会社規206）。

① 株式移転計画の内容

② 次の事項を記載等した書面等

 (イ) 株式移転により交付する株式等についての相当性に関する事項

 (ロ) 株式移転完全子会社の最終事業年度に係る計算書類

 (ハ) 株式移転完全子会社の最終事業年度の末日後に生じた会社の財産の状況に重要な影響を与える事象がある場合にはその内容

 (ニ) 株式移転について異議を述べることができる債権者があるときは、株式移転が効力を生ずる日以後における株式移転完全親会社の債務の履行の見込みに関する事項

 (ホ) 株式移転計画の備置開始日後から株式移転が効力を生ずる日までの間に、(イ)から(ニ)に掲げる事項に変更が生じたときは、変更後の当該事項

また、株式移転完全子会社の株主は、株式移転完全子会社に対して、営業時間内であれば、いつでも、次に掲げる請求をすることができます。ただし、ⓑ又はⓓの請求をする際は、会社が定めた費用を支払う必要があります。

 ⓐ 事前開示事項を記載した書面の閲覧請求

 ⓑ 事前開示事項を記載した書面の謄本又は抄本の交付の請求

 ⓒ 電磁的記録に記録された事項を紙面等により表示したものの閲覧の請求

 ⓓ 電磁的記録に記録された事項を電磁的方法であって株式移転完全子会社の定めたものにより提供することの請求又はその事項を記載した書面の交付の請求

④ 株主総会の承認

株式移転完全子会社は、株主総会の特別決議によって、その株式移転計画の承認を受けなければなりません。株主総会の特別決議では、当該株主総会において議決権を行使することができる株主の議決権の過半数を有する株主が出席して、その出席した当該株主の議決権の3分の2以上の賛成が必要となります（会社法804、309②）。

⑤ 反対株主の株式買取請求

株式移転に反対する株主は、株式移転完全子会社に対し、自己の有する株式を公正な価格で買い取ることを請求することができます。株式買取請求ができる反対株主とは、次に掲げる株主です（会社法806①・②）。

① 当該株主総会に先立って株式移転に反対する旨を株式移転完全子会社に対し通知し、かつ、株主総会において株式移転に反対した株主

② 株主総会において議決権を行使することができない株主

株式移転完全子会社は、株主総会の決議の日から2週間以内に、その反対株主に対して、株式移転をする旨ならびに株式移転完全子会社及び設立会社の商号及び住所を通知しなければなりません。この通知は公告により行うことも可能です（会社法806③・④）。

株式買取請求は、その通知又は公告をした日から20日以内に、その株式買取請求に係る株式の数を明らかにしなければなりません（会社法806⑤）。

株式買取請求が行われた場合には、株式移転完全子会社は「公正な価格」で株式を買い取ることになります。この株式価格の決定について、株主と株式移転完全子会社との間の協議が調ったときは、株式移転完全子会社は株式移転完全親会社の設立の日から60日以

内にその支払いをしなければなりません（会社法807①）。

　なお、株式価格の決定について、効力発生日から30日以内に協議が調わないときは、株主又は株式移転完全子会社は、その期間の満了の日後30日以内に、裁判所に対し、価格の決定の申立てをすることができます（会社法807②）。

⑥　事後開示事項

　株式移転完全子会社及び株式移転完全親会社は、株式移転完全親会社の設立後遅滞なく、共同して、次に掲げるものを作成し、株式移転完全親会社の設立日から6か月間その本店に備え置かなければなりません（会社法811）。

①　株式移転により株式移転完全親会社が取得した株式移転完全子会社の株式の数

②　株式移転が効力を生じた日

③　株式移転をやめることの請求、対株主の買取請求、新株予約権買取請求、債権者の異議に関する事項

④　株式移転完全親会社に移転した株式移転完全子会社の株式の数

⑤　その他株式移転に関する重要な事項

　株式移転完全親会社の設立日に株式移転完全子会社の株主であった者は、株式移転完全子会社の営業時間内であれば、次に掲げる請求をすることができます。ただし、㈼又は㈾の請求をする際は、会社が定めた費用を支払う必要があります。

　㈲　事後開示事項を記載した書面の閲覧請求

　㈼　事後開示事項を記載した書面の謄本又は抄本の交付の請求

　㈽　電磁的記録に記録された事項を紙面等により表示したものの閲覧の請求

　㈾　電磁的記録に記録された事後開示事項を電磁的方法であって株式移転完全子会社の定めたものにより提供することの請求又

はその事項を記載した書面の交付の請求

7 登記手続き

株式移転を行った場合には、次に掲げる日のいずれか遅い日から2週間以内に、株式移転により設立する株式会社の本店所在地において、設立の登記を行う必要があります（会社法925）。

① 株主総会の決議日

② 種類株主総会の決議を要するときは、その決議日

③ 反対株主に係る買取請求の通知日又は公告日から20日を経過した日

④ 新株予約権者に係る買取請求に係る通知日又は公告日から20日を経過した日

⑤ 債権者保護手続きが終了した日

⑥ 株式移転完全子会社が定めた日（二以上の株式移転完全子会社がある場合には合意により定めた日）

登記申請の際には、次の書類を添付する必要があります（商業登記法90）。

(イ) 株式移転計画書

(ロ) 定款

(ハ) 株主名簿管理人を置いたときは、その者との契約を証する書面

(ニ) 設立時取締役が設立時代表取締役を選定したときは、これに関する書面

(ホ) 株式移転完全親会社が指名委員会等設置会社であるときは、設立時執行役の選任ならびに設立時委員及び設立時代表執行役の選定に関する書面

(ヘ) 会社法の規定により選任され又は選定された設立時取締役、設立時監査役及び設立時代表取締役が就任を承諾したことを証

368　第9章／株式移転の法務・税務

する書面

(ト)　設立時会計参与又は設立時会計監査人を選任したときは、就任を承諾したことを証する書面（法人の場合には、その法人の登記事項証明書が必要。また、個人の場合には、設立時会計参与の場合は公認会計士又は税理士であることを証する書面が、設立時会計監査人の場合は公認会計士であることを証する書面が必要になる）

(チ)　特別取締役による議決の定めがあるときは、特別取締役の選定及びその選定された者が就任を承諾したことを証する書面

(リ)　資本金の額が会社法の規定に従って計上されたことを証する書面

(ヌ)　株式移転完全子会社の登記事項証明書

(ル)　株式移転完全子会社において株式移転計画の承認その他の手続きがあったことを証する書面

(ヲ)　株式移転完全子会社において実施した債権者保護手続きに関する書面

(ワ)　株式移転完全子会社が株券発行会社であるときは、株券提供に関する公告を証する書面又はすべての株券について発行していないことを証する書面

(カ)　株式移転完全子会社が新株予約権を発行している場合には、新株予約権の提供に関する公告を証する書面又はすべての新株予約権について発行していないことを証する書面

なお、株式移転完全子会社については、株式移転により株主が変更されるだけですので、基本的には登記手続きは生じません。

⑧　その他の手続き

非上場会社によくみられる親族で100％又は50％超支配しているグループ内での株式移転においては該当するケースは少ないもの

の、次に掲げるような場合には、前述の手続き以外に別途手続きが
必要となる場合があるため、注意が必要です。

① 債権者保護手続き

　株式移転完全親会社が株式移転完全子会社の新株予約権付社債
を承継する場合（会社法 810 ①三）

② 新株予約権の買取請求手続き

　株式移転完全子会社の新株予約権者のうち、その内容に変化が
生じるような場合（会社法 808 ①三）

③ 株券・新株予約権証券の提供手続き

　株式移転完全子会社が株券や新株予約権証券を発行している場
合（会社法 219 ①八、293 ①七）

3　株式移転の課税関係

Q95

　株式移転が行われた際の課税関係の留意点を教えてください。

Point
● 株式移転が非適格株式移転に該当する場合には、株式移転完全子法人の有する一定の資産について時価評価を行う必要がある。
● 株式移転が適格株式移転に該当する場合には、課税関係は生じない。

Answer

① 非適格株式移転の課税関係

(1)　株式移転完全子法人の取扱い（法法 62 の 9）
①　株式移転完全子法人の有する資産の時価評価損益
　法人が自己を株式移転完全子法人とする非適格株式移転を行った場合、その非適格株式移転の直前の時において有する時価評価資産について時価評価を行います。その時価評価資産に係る評価益又は評価損については、その非適格株式移転の日の属する事業年度の所得の金額の計算上，益金の額又は損金の額に算入されます。
②　時価評価資産（法法 62 の 9、法令 123 の 11）

Q95／株式移転の課税関係　371

時価評価資産が必要となる資産は、固定資産、土地等、有価証券、金銭債権、繰延資産です。ただし、次に掲げるものについては除かれています。

(イ)　非適格株式移転の日の属する事業年度開始の日前5年以内に開始した各事業年度（前5年内事業年度という）において圧縮記帳の規定の適用を受けた減価償却資産

(ロ)　売買目的有価証券

(ハ)　償還有価証券

(ニ)　帳簿価額が1,000万円に満たない資産

(ホ)　含み損益が資本金等の額の2分の1に相当する金額又は1,000万円のいずれか少ない金額未満のもの

(ヘ)　株式移転完全子法人との間に完全支配関係がある清算中の内国法人等の株式又は出資で含み損のあるもの

(2)　株式移転完全親法人の取扱い

株式移転完全親法人は、株式移転完全子法人株式をその時の時価により取得します（法令119①二十七）。

(3)　株式移転完全子法人の株主の取扱い

株式移転により株式移転完全子法人の株主が交付を受けた資産により課税関係が異なります。

①　株式移転完全親法人の株式のみの交付を受けた場合

株式移転により株式移転完全親法人の株式のみの交付を受けた場合には、株式移転完全子法人株式を帳簿価額により譲渡したものとして譲渡損益は生じません。また、交付を受けた株式移転完全親法人株式の取得価額は、株式移転完全子法人の株式移転直前の帳簿価額となるため、株式移転完全子法人の株主の譲渡損益は繰り延べられることになります（法法61の2⑨、法令119①九）。

②　金銭その他の資産の交付を受けた場合

株式移転により金銭その他の資産の交付を受けた場合には，株式

移転完全子法人株式を時価で譲渡したものとして譲渡損益が計上されることになります（法法61の2①）。

② 適格株式移転の課税関係

適格株式移転とは、株式移転により株式移転完全子法人の株主に株式移転完全親法人等の株式以外が交付されない株式移転で、一定の要件を満たすものをいいます（法法2十二の十八）。

(1) 株式移転完全子法人の取扱い

株式移転が適格株式移転に該当する場合には、株式移転完全子法人が保有する資産について時価評価は行われません。

(2) 株式移転完全親法人の取扱い

適格株式移転により株式移転完全親法人が取得した株式移転完全子法人の株式の取得価額は、次に掲げる場合の区分に応じてそれぞれ次に定める金額になります。（法令119①十二）

■図表9-4　株式移転完全子法人株式の取得価額

株式移転完全子法人の株主の数	50人未満	50人以上
完全子法人株式の取得価額	株主が有していた完全子法人株式の帳簿価額の合計額	株式移転完全子法人の純資産価額

(3) 株式移転完全子法人の株主の取扱い

株式移転により株式移転完全親法人の株式のみの交付を受けた場合には、株式移転完全子法人株式を帳簿価額により譲渡したものとして譲渡損益は生じません。交付を受けた株式移転完全親法人株式の取得価額は、株式移転完全子法人の株式移転直前の帳簿価額となるため、株式移転完全子法人の株主の譲渡損益は繰り延べられることになります（法法61の2⑪、法令119①十一）。

4 適格株式移転の要件

Q96

適格株式移転となるための要件について、具体的に教えてください。

・・

Point

●適格株式移転とは、株式移転により株式移転完全子法人の株主に株式移転完全親法人の株式以外が交付されない株式移転で、一定の要件を満たすものが該当する。

・・

Answer

① 適格株式移転の概要

適格株式移転の要件を満たすためには、株式移転により株式移転完全子法人の株主に株式移転完全親法人の株式以外が交付されない株式移転で、下記①から③のいずれかの適格要件を満たすものをいいます（法法２十二の十八）。

① 完全支配関係がある場合の適格要件

② 支配関係がある場合の適格要件

③ 共同事業を行う場合の適格要件

このうち非上場会社によくみられる親族で100%又は50％超支配しているグループ内での適格株式移転を行う場合に求められる①、②の適格要件について解説します。

374 第9章／株式移転の法務・税務

② 完全支配関係がある場合の適格要件

完全支配関係がある場合の適格要件は、次の2つです。

(1) 金銭等不交付要件

株式移転完全子法人の株主に株式移転完全親法人の株式以外の資産が交付されないことをいいます（法法2十二の十八）。

ただし、剰余金の配当、反対株主に対する買取請求の対価など一定の場合には、金銭等不交付要件を満たすものとされています。

(2) 完全支配関係継続要件

株式移転においては、具体的には次に掲げるいずれかの関係があることをいいます（法法2十二の十八イ）。

① 同一の者による完全支配関係

株式移転前に株式移転完全子法人と他の株式移転完全子法人との間に同一の者による完全支配関係があり、かつ、次に掲げるすべての要件を満たすことが見込まれている場合をいいます（法令4の3㉑）。

(イ) 株式移転後に同一の者と株式移転完全親法人との間に同一の者による完全支配関係が継続すること

(ロ) 株式移転後に同一の者と株式移転完全子法人との間に同一の者による完全支配関係が継続すること

(ハ) 株式移転後に同一の者と他の株式移転完全子法人との間に同一の者による完全支配関係が継続すること

同一の者が個人の場合には、個人及びその特殊関係者を含めて判定を行います。

■図表９−５　特殊関係者

1	個人の親族
2	個人と事実上婚姻関係と同様の事情にある者
3	個人の使用人
4	1から3以外の者で、個人から受ける金銭等により生計を維持している者
5	1から4に掲げる者と生計を一にするこれらの者の親族

② 単独株式移転の場合

単独株式移転とは一の法人のみが株式移転完全子法人となる株式移転のことをいいます。この場合には、株式移転後に株式移転完全親法人と株式移転完全子法人との間に株式移転完全親法人による完全支配関係が継続することが見込まれている場合をいいます。

なお、①、②のいずれの場合にも、適格株式移転の後に適格合併が見込まれてる場合には、完全支配関係継続要件が一部緩和されています（法令4の3㉑・㉒）。

完全支配関係については、**Q86** ②(2)をご参照ください。

③　支配関係がある場合の適格要件

支配関係がある場合の適格要件は、次の4つです。

(1)　金銭不交付要件

上記②(1)と同様です。

(2)　支配関係継続要件

株式移転においては、具体的には次に掲げるいずれかの関係があることをいいます（法法2十二の十八ロ）。

①　当事者間の支配関係

株式移転前に株式移転完全子法人と他の株式移転完全子法人との間にいずれか一方の法人による支配関係があり、かつ、株式移転後

376　第9章／株式移転の法務・税務

に株式移転完全親法人と株式移転完全子法人及び他の株式移転完全子法人との間に株式移転完全親法人による支配関係が継続することが見込まれている場合における株式移転完全子法人と他の株式移転完全子法人との間の関係をいいます（法令4の3㉓一）。

② 同一の者による支配関係

株式移転前に株式移転完全子法人と他の株式移転完全子法人との間に同一の者による支配関係があり、かつ、次に掲げる要件を満たすことが見込まれている場合における株式移転完全子法人と他の株式移転完全子法人との間の関係をいいます（法令4の3㉓二）。

(イ) 株式移転後に同一の者と株式移転完全親法人との間に同一の者による支配関係が継続すること

(ロ) 株式移転後に同一の者と株式移転等完全子法人との間に同一の者による支配関係が継続すること

(ハ) 株式移転後に同一の者と他の株式移転等完全子法人との間に同一の者による支配関係が継続すること

同一の者が個人の場合には、個人及びその特殊関係者を含めて判定を行います。また、適格株式移転の後に適格合併が見込まれている場合には、支配関係継続要件が一部緩和されています（法令4の3㉓一・二）。

支配関係については、**Q86** **3**(2)をご参照ください。

(3) 従業者継続従事要件

株式移転完全子法人の株式移転の直前の従業者のうち、その総数の概ね80%以上の者が株式移転完全子法人の業務に引き続き従事することが見込まれていることが必要です（法法2十二の十八ロ(1)）。

この場合の従業者とは、従業員のみならず役員も含まれます。また、出向により受け入れている者で株式移転完全子法人の事業に従事している者については、従業者に含まれることになります（法基

通 1 － 4 － 4)。

(4) 事業継続要件

　株式移転完全子法人の株式移転前に行う主要な事業が、株式移転完全子法人において引き続き行われることが見込まれていることが必要です（法法２十二の十八ロ(2)）。

　株式移転完全子法人の株式移転前に行う事業が複数ある場合の「主要な事業」の判定は、それぞれの事業に属する収入金額又は損益の状況、従業者の数、固定資産の状況等を総合的に勘案して判定することになります（法基通 1 － 4 － 5)。

5 適格株式移転の会計・税務 処理・別表調整

Q97

適格株式移転を行った際の会計・税務処理はどのよう になりますか。

・・・・・・・・・・・・・・・・・・・・・・・・・・・・・・・・

Point

●株式移転完全子法人では、原則として、株主が異動する点 を除いては、会計・税務処理・別表調整は行われない。

●株式移転完全親法人では、株式移転完全子法人株式の受入 処理に伴い、会計・税務処理・別表調整が必要となる。

・・・・・・・・・・・・・・・・・・・・・・・・・・・・・・・・

Answer

① 適格株式移転の会計・税務処理・別表調整の具体例

```
＜前　提＞
・Ｓ社を株式移転完全子法人、Ｐ社を株式移転完全親法人とする適格
　株式移転
・Ｓ社の株主は甲のみ
・Ｓ社の株式移転効力発生日の直前の簿価純資産価額は5,000
・Ｐ社の設立時の資本金は1,000、残額を資本準備金とする
・株式移転直前の株式移転完全子法人株式の帳簿価額は1,000
```

② 会計処理

会計上、共通支配下の場合の株式移転完全子法人であるＳ社株

Q97／適格株式移転の会計・税務処理・別表調整 379

式の取得価額は、株式移転の効力発生日の直前の簿価純資産価額で
処理します。

＜会計仕訳＞

（借）	S 社 株 式	5,000	（貸）	資 本 金	1,000
				資本準備金	4,000

③ 税務処理

　適格株式移転により株式移転完全親法人が取得した株式移転完全
子法人の株式の取得価額は、株式移転完全子法人の直前の株主の人
数が50人未満の場合には、株主が有していた株式移転完全子法人
株式の帳簿価額の合計額となります。

＜税務仕訳＞

（借）	S 社 株 式	1,000	（貸）	資本金等の額	1,000

④ 申告調整

　S社株式の会計上の取得価額は5,000ですが、税務上の取得価額
は1,000ですので、税務上の取得価額1,000になるように利益積立
金額を調整します。

　資本金及び資本準備金の額が5,000増加しますが、税務上の資本
金等の額の増加額は1,000ですので、資本金等の額と利益積立金額
で±4,000の調整をすることで資本金等の額が1,000増加、利益積
立金額の増加は0となり、上記③の税務上の処理の金額と一致しま
す。

＜別表調整＞

別表五㈠　記載例

Ⅰ．利益積立金額の計算に関する明細書

区分	期首現在 利益積立金額	当期の増減		差引翌期首現在 利益積立金額
		減	増	
Ｓ社株式			▲4,000	▲4,000
資本金等の額			4,000	4,000
利益積立金額の 増減			0	0

Ⅱ．資本金等の額の計算に関する明細書

区分	期首現在 資本金等の額	当期の増減		差引翌期首現在 資本金等の額
		減	増	
資本金			1,000	1,000
資本準備金			4,000	4,000
利益積立金額			▲4,000	▲4,000
資本金等の額の 増減			1,000	1,000

6　株式移転による消費税への影響

Q98

株式移転により、株式移転完全子法人の株主が、株式移転完全子法人株式を、株式移転完全親法人へ取得させることについて消費税は課税されますか。

Point

●株式移転完全子法人の株主が、株式移転完全親法人へ株式移転完全子法人の株式を移転することは消費税法上、有価証券の譲渡に該当する。

Answer

株式移転完全子法人の株主が、株式移転により株式移転完全子法人の株式を株式移転完全親法人に取得させることは、消費税法では有価証券の譲渡に該当し、非課税取引に該当します（消法4、6、別表第二）。よって、株式移転完全子法人の株主の課税売上割合の計算において、株式移転完全親法人へ取得させた株式移転完全子法人の株式の価額の5％を非課税売上高として分母に含めます（消令48⑤）。

7 株式移転による資本金等の額の変動に係る影響

Q99

株式移転により、株式移転完全親法人の資本金等の額が変動する場合に、税金が増えることはありますか。

Point

●資本金等の額の増加により、株式移転完全親法人の地方税の均等割額と外形標準課税の資本割が増加することがある。

Answer

1 地方税均等割の増加

事務所又は事業所を有する法人は地方税の均等割額が課税されますが、均等割額は事業年度の末日における資本金等の額に従って税額が決定されます。なお、資本金等の額が、事業年度の末日における資本金の額及び資本準備金の額の合算額又は出資金の額に満たない場合には、資本金の額及び資本準備金の額の合算額又は出資金の額により税額が決定されます（地法24、52④、294、312⑥）。

よって、株式移転により株式移転完全親法人の資本金等の額や資本金、資本準備金の額が増額した場合には、均等割の区分が変更し均等割額が増えることがあります。株式移転完全親法人の支店がたくさんある会社の場合は、地方税均等割額の増加の影響も大きくな

ります（**Q97** 参考）。

② 事業税外形標準課税の資本割の増加

　株式移転完全親法人において法人事業税の外形標準課税が適用されている場合には、資本金等の額が増加すると資本割が増加することになります。

8 株式移転後の受取配当金の益金不算入・源泉所得税（完全支配関係がある場合）

Q100

図表9－6の株式移転はA社の配当金の計算期間中にあり、今般、P社はこの計算期間に係る配当をA社から受けました。この場合のP社における配当金の取扱いを教えてください。

＜前　提＞
・適格株式移転に該当する。
・株主甲はA社株式を100％保有していた。
・A社の配当は利益剰余金を原資とする。

■図表9－6　完全支配関係がある場合の株式移転後の配当

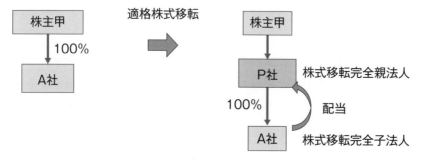

Point

- ●P社が受け取る配当金については、A社株式はP社の「完全子法人株式等」に該当するので全額が益金不算入になる。
- ●A社株式はP社の「完全子法人株式等」に該当するので、A社から受け取る配当金について所得税は不課税になり、A社において源泉徴収は不要になる。

Answer

① 受取配当金の益金不算入

(1) 完全子法人株式等に係る配当等の額

① 完全子法人株式等に係る配当等の額の扱い

　各事業年度において内国法人から受ける配当等の金額のうち、完全子法人株式等に係る配当等の額は、全額が益金の額に算入されません（法法23）。

　完全子法人株式等とは、配当等の額の計算期間を通じてその配当等の額の支払いを受ける内国法人とその配当等の額を支払う他の内国法人との間に完全支配関係（**Q57** 参照）がある場合の当該他の内国法人の株式等をいいます（法法23⑤）。

② 計算期間の中途において完全支配関係になったとき

　配当を受ける法人が配当の計算期間の中途において配当をする他の内国法人との間に完全支配関係を有することとなった場合において、当該計算期間の初日から完全支配関係を有することとなった日まで継続して当該他の内国法人と他の者との間に当該他の者による完全支配関係があり、かつ、同日から当該計算期間の末日まで継続して当該内国法人と当該他の者との間及び当該他の内国法人と当該他の者との間に当該他の者による完全支配関係があるときも、上記①の「他の内国法人との間に完全支配関係がある場合」に含まれま

386　第9章／株式移転の法務・税務

す（法令 22 の 2 ①かっこ書）。

(2) 設例の場合

　P社とA社の関係は、計算期間の中途において完全支配関係になりましたが、上記(1)②より、配当等の額の計算期間を通じて完全支配関係がある場合に含まれ、A社株式はP社の完全子法人株式等に該当します。よって、A社からP社が受ける配当は全額が益金不算入になります。

② 所得税の不課税（源泉徴収不要）

(1) 所得税の不課税（源泉徴収不要）

　令和 5 年 10 月 1 日以後に内国法人（一般社団法人等を除く）が完全子法人株式等 (注) から支払いを受ける配当等には所得税が課されません。よって、支払法人において配当の支払時に所得税の源泉徴収は不要になります（ Q66 参照）。

> **(注)** 上記①の完全子法人株式等をいい、その内国法人が自己の名義をもって有するものに限る。

(2) 設例の場合

　P社のA社株式は上記①(2)のとおり完全子法人株式等に該当しますので、A社からP社への配当について所得税は不課税になります。よって、A社は配当の支払時において所得税の源泉徴収は不要になります。

③ 所得税額控除

　上記②(2)のとおり、P社はA社株式からの配当については、所得税は不課税ですので、所得税額控除の規定は関係がありません。

Q100 ／株式移転後の受取配当金の益金不算入・源泉所得税（完全支配関係）　387

■図表9－7　設例の場合の受取配当金・源泉徴収・所得税額控除

区分	受取配当等の益金不算入額	所得税の課税（源泉徴収）		所得税額控除
完全子法人株式等100%	100%	不課税		
関連法人株式等1／3超100%未満	100%負債利子控除（継続保有）	直接保有（基準日判定）	不課税	
		間接保有	課税	元本所有期間で按分
その他の株式等（1／3超・非継続）	50%	直接保有（基準日判定）	不課税	
その他の株式等（5%超1／3以下）	50%	1／3以下	課税	元本所有期間で按分
非支配目的株式等5%以下	20%	課税		元本所有期間で按分

388　第9章／株式移転の法務・税務

9 株式移転後の受取配当金の益金不算入・源泉所得税（支配関係がある場合）

Q101

図表９−８の株式移転はＡ社の配当の計算期間中にあり、この株式移転から３か月後にＰ社はこの計算期間に係る配当をＡ社から受けました。この場合のＰ社における配当金の取扱いを教えてください。

＜前　提＞
・適格株式移転に該当する。
・株主甲と株主乙に親族関係はない。
・Ａ社の配当は利益剰余金を原資とする。

■図表９−８　支配関係がある場合の株式移転後の配当

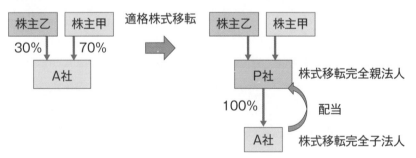

･･

Point
● P社が受け取る配当金については、A社株式はP社の「その他の株式等」に該当するので、配当金の50%が益金不算入となる。
● P社はA社株式を配当基準日において発行済株式等の3分の1超有するので所得税は不課税になりA社において源泉徴収は不要になる。

･･

Answer

1 受取配当金の益金不算入

(1) 益金不算入

　内国法人が各事業年度において受ける配当等の金額うち一定の金額は、益金の額に算入しません（ **Q66** 参照）。

(2) 設例の場合

　設例の株式移転は、A社の配当金の計算期間中にあり、P社は配当金の計算期間を通じてA社株式を有していないため、A社株式はP社の完全子法人株式等に該当しません。また、株式移転から3か月後の配当でありP社はA社株式を6か月以上有していないため、関連法人株式等にも該当しません。さらに、P社はA社株式を配当の基準日において5％超保有しており「非支配目的株式等」にも該当しないので、A社株式はP社の「その他の株式等」に該当し、A社からの配当は50％相当が益金不算入になります（ **Q66** 参照）。

2 所得税の不課税（源泉徴収不要）

(1) 所得税の不課税

　令和5年10月1日以後に、内国法人（一般社団法人等を除く）が支払いを受ける配当等で、その配当等の額に係る基準日等において、

390　第9章／株式移転の法務・税務

支払法人^(注1)の発行済株式等の総数等の３分の１超を直接に保有する^(注2)場合には、その配当等には所得税が課されません。よって、配当の支払法人において支払時の源泉徴収も不要です（**Q66** 参照）。

（注1） 一般社団法人等を除く。
（注2） その内国法人が自己の名義をもって有するものに限る。

⑵ 設例の場合

上記１⑵のとおり、Ｐ社はＡ社の配当の基準日においてＡ社株式を発行済株式等の３分の１超有していますので、Ａ社からＰ社への配当について所得税は不課税になります。よって、Ａ社は配当の支払時において所得税の源泉徴収は不要になります。

③ 所得税額控除

上記②のとおり、Ｐ社はＡ社株式からの配当については、所得税は不課税ですので、所得税額控除の規定は関係がありません。

■図表９－９　設例の場合の受取配当金・源泉徴収・所得税額控除

区分	受取配当等の益金不算入額	所得税の課税（源泉徴収）		所得税額控除
完全子法人株式等 100%	100%	不課税		
関連法人株式等 1／3超 100%未満	100% 負債利子控除（継続保有）	直接保有（基準日判定）	不課税	
		間接保有	課税	元本所有期間で按分
その他の株式等（1／3超・非継続）	50%	直接保有（基準日判定）	不課税	
その他の株式等（5%超1／3以下）	50%	1／3以下	課税	元本所有期間で按分
非支配目的株式等 5%以下	20%	課税		元本所有期間で按分

Q101 ／株式移転後の受取配当金の益金不算入・源泉所得税（支配関係）　391

10 株式移転に係る税務上の届出書・申告書の添付書類

Q102

株式移転を行った後の申告の注意点を教えてください。

Point

- ●株式移転完全親法人は、所轄税務署、都道府県、市町村に必要な書類を提出する。
- ●株式移転完全子法人及び株式移転完全親法人は、株式移転の効力発生日の属する事業年度の法人税の申告の際に組織再編成に係る主要な事項の明細書を添付する。

Answer

1 提出書類

株式移転により新たに法人を設立した場合に提出する主な書類は、次のとおりです。

(1) 法人設立届出書

設立日から2か月以内に納税地の所轄税務署長に提出しなければなりません。提出する際は定款を添付する必要があります。

(2) 青色申告の承認申請書

設立第1期目から青色申告の承認を受けようとする場合には、設立の日以後3か月を経過した日と設立第1期の事業年度終了の日とのうちいずれか早い日の前日が提出期限となります。

392 第9章／株式移転の法務・税務

(3)　消費税に関する届出書

　消費税に関する届出書には課税事業者選択届出書や簡易課税制度選択届出書など提出期限が厳格に定められているものがあります。税額の計算に大きな影響を与えることがあるため、特に注意が必要です。

(4)　法人設立届出書（地方税）

　提出期限は各自治体によって異なるため、事前に提出期限について確認しておくことが望ましいでしょう。

　提出が必要な届出書関係は法人によって異なりますので、国税庁や各自治体のホームページなどをご確認ください。

②　申告書の添付書類

(1)　組織再編成に係る主要な事項の明細書

　この明細書は株式移転が行われた場合に、確定申告書に添付する明細書で、株式移転完全子法人及び株式移転完全親法人がそれぞれ申告書に添付する必要があります。詳しい記載方法については、「組織再編成に係る主要な事項の明細書の記載の仕方」をご参照ください（法規35⑦）。

(2)　株式移転計画書の写し

　法人税の確定申告書には、株式移転計画書の写しを添付する必要があります（法規35⑥）。

第10章
現物分配の法務・税務

1 現物分配の概要と活用方法

Q103

事業承継に活かす現物分配とはどのようなものですか。

Point

●現物分配は剰余金の配当として金銭以外の資産を交付することをいう。

●適格現物分配に該当する場合には、法人税法上の特典がある。

●適格現物分配を活用することで、企業グループ内における組織再編や資産の移転を柔軟に行うことができる。

Answer

① 概　要

　現物分配とは、法人税法においては、法人（公益法人等及び人格のない社団等を除く）がその株主等に対し当該法人の剰余金の配当により土地又は株式等の金銭以外の資産を交付することをいいます（法法２十二の五の二）。

　平成22年度の税制改正でグループ法人税制が導入され、グループ法人税制に関連して適格現物分配が導入されました。

　適格現物分配とは、内国法人を現物分配法人（現物分配によりその有する資産の移転を行った法人をいう）とする現物分配のうち、

396　第10章／現物分配の法務・税務

被現物分配法人（その現物分配により資産の移転を受ける法人）がその現物分配の直前において当該内国法人との間に完全支配関係がある内国法人（普通法人又は協同組合等に限る）のみであるものをいいます（法法２十二の十五）。

適格現物分配には、法人税法上において、①現物分配の全額が益金不算入、②現物分配に係る源泉徴収不要、③配当資産が帳簿価額により移転するため譲渡損益はない取扱いとなっています。

■図表10−1　現物分配

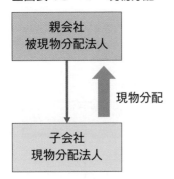

2　留意点

現物分配は比較的手続きが簡便であり、適格現物分配の要件も満たしやすいため、多くの活用が想定されますが、帳簿価額の高額な資産を現物分配する場合には、剰余金の分配可能額を超えて会社法に抵触してしまわないように気を付ける必要があります（会社法461）。

3　活用方法

適格現物分配を活用することで、実質的に課税を受けることなく子会社から親会社に対して資産の移転が可能となり、企業グループ

内における組織再編や資産の移転を柔軟に行うことができるようになりました。

以下に3つの代表的な適格現物分配の活用方法を紹介します。

(1) 親会社株式の持合の解消

子会社による親会社株式の取得は、原則禁止ですが、例外事由に基づき、子会社が親会社株式を取得した場合であっても、その親会社株式を相当の時期に処分しなければならないと定められています。

このような、親会社株式の保有状況を解消する手段として現物分配を用いることがあります。

■図表10-2 現物分配の活用方法①

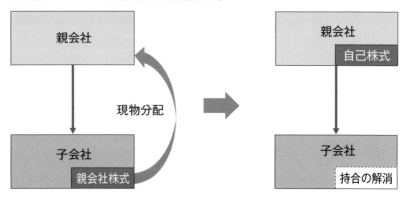

(2) 孫会社を子会社に再編

資本政策の中で、子会社が保有している孫会社を親会社の子会社化する場合に現物分配を用いることがあります。

■図表10－3　現物分配の活用方法②

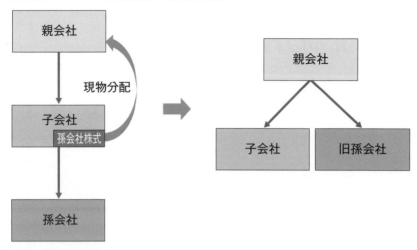

(3) 子会社に対する債務の解消

親会社が子会社に対して債務があり、その債務を解消する場合に現物分配を用いることで、債権債務の混同により債務が消滅します。

■図表10－4　現物分配の活用方法③

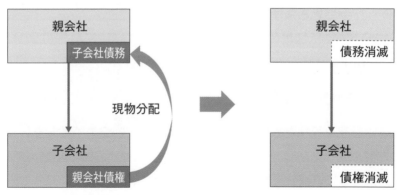

2 現物分配の手続き

Q104

現物分配を進めるに当たり、会社法の規定を教えてください。

・・

Point

●現物分配の手続きにおいては、会社法上の手続きを行うことが必要であるが、会社ごとの定款の定めを確認する必要がある。

●会社ごとの定款の定めに応じて、株主総会又は取締役会による決議をする必要がある。

●決議事項には決議しなければならない事項と決議することができる事項がある。

・・

Answer

① 現物分配の概要

現物分配を行うためには、会社法上において一定の手続きを行うことが必要です。

原則として、現物分配は会社法上において、株主総会における決議が必要です（会社法454①）。当該決議は、株主に金銭分配請求権（配当財産に代えて金銭を分配することを請求できる権利）が付与されている場合を除き、特別決議による必要があります。

400 第10章／現物分配の法務・税務

一方で、株主に金銭分配請求権が付与されている場合には、株主総会の普通決議が必要です（会社法309②十）。

さらに、定款に取締役会に対して剰余金の配当等に関する権限が付与されている場合において、会計監査人設置会社であること等の一定の要件を満たしたときは、取締役会決議により剰余金の配当に関する事項を決定することができます（会社法459①四）。

一定の要件とは、①会計監査人設置会社であること、②取締役の任期が1年を超えないこと、③監査等委員会設置会社等であることの3つの要件を満たす法人である場合には、定款に取締役会の決議により剰余金の配当等を行うことができる旨を定めることができます（会社法459①四）。

なお、この定款の定めの効力が認められるためには、計算書類について会計監査報告の内容に無限定適正意見が含まれており、かつ、当該会計監査報告に係る監査役会等の監査報告の内容として会計監査人の監査の方法等について相当でないと認める意見がないことが求められています（会社法459法②）。

② 決議事項

(1) 決議しなければならない事項

会社法上、株式会社は剰余金の配当による現物分配を行う場合は、その都度、株主総会又は取締役会（上記①の記載のとおり、定款の定めによる剰余金の決定権限が取締役会に付与されている場合）において、①配当財産の種類及び帳簿価額の総額、②株主に対する配当財産の割当てに関する事項、③当該剰余金の配当がその効力を生ずる日の3つの事項を決議しなければなりません（会社法454①）。

当該決議しなければならない事項については、株主総会の決議要件は、原則として普通決議が必要となりますが、配当財産が金銭以外の財産（現物分配）であり、かつ、株主に対して金銭分配請求権

Q104／現物分配の手続き　401

を与えないこととする場合は、特別決議の要件を満たす必要があります。

> **＜決議しなければならない事項＞**
> ① 配当財産の種類及び帳簿価額の総額
> ② 株主に対する配当財産の割当てに関する事項
> ③ 剰余金の配当がその効力を生ずる日

(2) 決議することができる事項

　会社法上において、株式会社は剰余金の配当による現物分配を行う場合には、株主総会又は取締役会（上記①の記載のとおり、定款の定めによる剰余金の決定権限が取締役会に付与されている場合）の決議によって、次に掲げる事項を定めることができると規定されています（会社法454④）。

① 株主に対する金銭分配請求権

　株主に対する金銭分配請求権（当該配当財産に代えて金銭を交付することを株式会社に対して請求する権利）を与える場合には、その旨及び金銭分配請求権を行使することができる期間を定めることができます（会社法454④一）。なお、金銭分配請求権を行使することができる期間の末日は、配当の効力発生の日以前の日でなければなりません（会社法454④ただし書）。

② 基準株式数

　一定の数未満の数の株式を保有する株主に対して配当財産の割当てをしないこととするときは、その旨及びその数を定める（基準株式数という）ことができます（会社法454④二）。

　当該基準株式数を定めた場合には、株式会社は、基準株式数に満たない数の株式（以下「基準未満株式」という）を保有する株主に対し、基準株式数の株式を保有する株主が割当てを受けた配当財産の価額として定めた額に当該基準未満株式の数の基準株式数に対す

402　第10章／現物分配の法務・税務

る割合を乗じて得た額に相当する金銭を支払わなければならない。当該基準未満株式を保有する株主に対して支払われる金額は、以下の算式によって算出された金額となります（会社法456）。

つまり、基準未満株式しか保有しない株主に対しては、他の株主に現物分配を行う場合であっても、現物分配に代えて金銭を支払うことが認められているということになります。

○基準未満株式を保有する株主に対して支払われる金額

$$配当財産の価額として定めた額 \times \frac{株主の保有する基準未満株式数}{基準株式数}$$

③　現物分配の法務

(1)　配当財産の種類

① 配当することができない財産

剰余金の配当を行う会社の株式等（株式の他に新株予約権、新株予約権付社債及び社債を含む）は配当財産とすることができません（会社法454①一かっこ書）。

② 特定物の現物分配

配当財産の割当ては、株主の有する株式の数に応じたものであることが必要です（会社法454③）。

そのため、○○市の土地といったような資産の個性に着目したもの（特定物）については、株主の有する株式の数に応じて配当財産を割り当てることが困難なので、現物配当には適していないと考えられます（例外として株主が1名の場合等は、特定物の現物分配は可能と考えられる。理由としては、株主構成が1名の場合、特定物の配当による株主間の不平等は生じないが、株主構成が複数名で構

成されているような場合、割当てを受ける株主間の保有株式数に応じた平等が確保することが難しいためである)。

(2)　事業の現物分配

実務の現場では残余財産の分配等の局面において、事業そのものを現物分配したいといった声を聞くことがあります。

しかし、事業には資産の他に債務が含まれるのが一般的であり、剰余金の配当の対象は財産（会社法454①一）であることが前提とされているため、当該債務は現物分配の対象外であることから、事業そのものを一体として現物配当することはできません。

ただし、不動産や有価証券等の事業を構成する資産については現物分配の対象財産に含まれるため、当該資産については現物分配を行い、当該資産以外の債務については債権者の承認等を受け債務引受け等を行うことにより事業を承継することは可能と考えられます。

(3)　配当回数の規制

会社法施行前の商法とは異なり、現在の会社法においては、剰余金の配当回数に制限は設けられていません。つまり、同一事業年度内であっても、剰余金の配当についての配当回数及び配当を実施する時期について制限はありません。

ただし、後述する分配可能額や純資産価額による財源規制の要件は満たす必要があります。

(4)　その他の配当規制

①　分配可能額

剰余金の配当として現物分配により株主に対して交付する現物分配資産の帳簿価額の総額は、その効力発生日における分配可能額を超えてはいけません（会社法461①八）。

②　純資産価額

会社の純資産価額が300万円を下回る場合には、現物分配を行う

ことはできません（会社法458）。

　例えば、資本金の額と剰余金の額の合計額が200万円の会社は、現物分配を行うことできないということになります。

③　清算会社

　清算会社においては、現物配当を行うことはできません（会社法509①二）。理由としては、清算中の会社においては、会社債権者に対する債務に対して優先して弁済されるため、現物分配を行うことができないように規定されています。

3 現物分配の課税関係

Q105

適格現物分配の要件と適格現物分配及び非適格現物分配の課税関係について教えてください。

Point

●適格現物分配に該当する場合、現物分配法人においては資産の移転について譲渡損益は発生しない。また、被現物分配法人においては、資産の移転時の帳簿価額を資産の取得価額として計上し、配当金相当額については、その全額が益金不算入となる。

●非適格現物分配に該当する場合、現物分配法人においては資産の移転について譲渡損益が発生する。また、被現物分配法人においては、資産の移転時の価額（時価）を資産の取得価額として計上し、配当金相当額については、受取配当等の益金不算入の規定の適用を受けることとなる。

Answer

1 現物分配の課税の概要

(1) 適格現物分配

現物分配が適格現物分配に該当する場合には、現物分配法人はその適格現物分配の直前の帳簿価額による譲渡をしたものとして所得

406 第10章／現物分配の法務・税務

の金額を計算することとされており（法法62の5③）、その資産の移転により譲渡損益は発生しないこととなります。

また、資産の移転を受ける被現物分配法人においては、その資産の現物分配時の帳簿価額で被現物分配法人における資産の取得価額として計上し、配当金相当額につきその全額が益金不算入とされます。

＜現物分配法人の税務仕訳＞

借方勘定科目	金　額	貸方勘定科目	金　額
利益積立金 （配　当）	帳簿価額	現物分配資産	帳簿価額

＜被現物分配法人の税務仕訳＞

借方勘定科目	金　額	貸方勘定科目	金　額
現物分配資産	帳簿価額	受取配当	帳簿価額

(2)　非適格現物分配

現物分配が適格現物分配に該当しない場合（非適格現物分配）には、現物分配法人は、被現物分配法人に対して資産の分配時の価額（時価）による譲渡をしたものとして、現物分配法人の事業年度の所得の金額を計算することになるため、その資産の移転により譲渡損益が発生することとなります。

ただし、完全支配関係があるが被現物分配法人が普通法人等以外の公益法人等や外国法人等（下記④、⑤参照）であるときは、非適格現物分配に該当しますが、完全支配関係によりグループ法人税制の適用を受け、現物分配法人は分配時の価額（時価）により移転する資産のうち譲渡損益調整資産に係る譲渡損益については課税が繰り延べられることとなります（法法61の11⑥）。

一方、資産の移転を受け入れる被現物分配法人は、その資産の現物分配時の価額（時価）で被現物分配法人における資産の取得価額として計上し、グループ法人税制の適用を受け、配当金相当額につい

ては受取配当等の益金不算入の規定の適用を受けることとなります。

＜現物分配法人の税務仕訳＞

借方勘定科目	金　額	貸方勘定科目	金　額
利益積立金 （配　　当）	現物分配資産の時価	現物分配資産	帳簿価額
		譲渡資産	貸借差額

＜被現物分配法人の税務仕訳＞

借方勘定科目	金　額	貸方勘定科目	金　額
現物分配資産	現物分配資産の時価	受取配当	現物分配資産の時価

② 適格現物分配の要件

(1) 適格現物分配の要件

　適格現物分配とは、内国法人を現物分配法人とする現物分配のうち、その現物分配により資産の移転を受ける者がその現物分配の直前においてその内国法人との間に完全支配関係（**Q57** 参照）がある内国法人（普通法人又は協同組合等に限る）のみであるものをいいます（法法２十二の十五）。

(2) 適格現物分配の活用に当たっての留意点

① 完全支配関係の継続要件との関係

　合併や会社分割等の他の組織再編成における完全支配関係者間の適格要件と異なり、適格現物分配においては組織再編成の当事者間における完全支配関係の継続要件は求められていません。

　そのため、完全支配関係の継続が維持できないようなケースにおいては、完全支配関係の継続要件に抵触してしまう会社分割等の組織再編成ではなく、現物分配を選択することは有効といえます。

② 受取配当等の益金不算入の規定との関係

　受取配当等の益金不算入の規定の適用により、完全子法人株式等に係る配当として配当金の全額について益金不算入とするために

は、配当を行う法人の配当計算期間を通じて完全支配関係を有している必要があります（法法23①・⑤、法令22の2）。

しかし、適格現物分配においては、現物分配を行う直前の完全支配関係のみが要件として求められており、配当を行う法人の配当計算期間の完全支配関係の継続は要件として求められていません。そのため、完全支配関係を有することになった直後に現物分配を行ったとしても、現物分配についてはその配当金相当額の全額を益金不算入とすることができます。

なお、**Q103** の③(1)において、現物分配の活用方法として親会社株式の現物分配を記載していますが、会社法上の例外事由に基づき、子会社が親会社株式を取得した場合には、その親会社株式を相当の時期に処分しなければなりませんが、適格現物分配においては一定期間の完全支配関係が要件として求められていないため、このような短期的な親会社株式の現物分配が可能となっています。

③ 複数法人に対する適格現物分配

被現物分配法人は現物分配法人と完全支配関係のある内国法人であれば、2社以上の複数の被現物分配法人が現物分配の対象でも問題ありません。図表10−5の各事例のどの類型の現物分配も適格現物分配に該当します。

④ 外国法人に対する現物分配

上記②(1)の適格現物分配の要件でも記載しましたが、現物分配法人及び被現物分配法人は内国法人に限定されています。このように、内国法人に限定している理由としては、外国法人が被現物分配法人であると現物分配の対象となる資産に係る含み益に対して課税の繰延べを認めてしまうためです。

■図表10－5　被現物分配法人が2以上の場合の現物分配

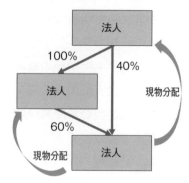

したがって、現物分配において非現物分配法人の中に外国法人が存する場合には、当該現物分配そのものが非適格現物分配となってしまうため注意が必要です。

5　公益法人等に対する現物分配

上記2(1)の適格現物分配の要件でも記載しましたが、被現物分配法人は普通法人又は協同組合に限定しており、公益法人等や人格のない社団等（以下「公益法人等」という）を被現物分配法人とする現物分配の場合には、適格現物分配の要件を満たしません。このように、公益法人等に限定している理由としては、公益法人等が被現物分配法人であると現物分配の対象となる資産の含み益に対して課税の繰延べを認めてしまうためです。

したがって、現物分配において、被現物分配法人の中に公益法人等が存する場合、当該現物分配そのものが非適格現物分配となってしまうため注意が必要です。

4 適格現物分配の課税関係（会計処理・税務処理・別表調整）

Q106

適格現物分配を行った場合の会計及び税務における処理方法を教えてください。

・・・

Point
- 利益剰余金を原資とする適格現物分配の場合、現物分配法人は現物分配資産の帳簿価額を減少させ、同額利益積立金額を減少する。
- 利益剰余金を原資とする適格現物分配の場合、被現物分配法人は現物分配資産を現物分配法人の適格現物分配直前の帳簿価額で受け入れ、同額受取配当を認識する。当該配当は全額益金不算入となる。
- 資本剰余金を原資とする適格現物分配の場合、現物分配法人は現物分配資産の帳簿価額及び資本金等の額・利益積立金額を減少させ、現物分配資産に係る譲渡損益は認識しない。
- 資本剰余金を原資とする適格現物分配の場合、被現物分配法人はみなし配当を受け、株式の一部を譲渡したものとする。みなし配当は、全額益金不算入とし、株式の一部について帳簿価額で譲渡したものとする。また、適格現物分配の交付資産は現物分配法人では帳簿価額で受け入れる。

・・・

Q106／適格現物分配の課税関係（会計処理・税務処理・別表調整） 411

Answer

1 適格現物分配の課税の概要

　法人税法上において、現物分配とは法人がその株主等に対し当該法人の①剰余金の配当等、②資本の払戻し、③解散による残余財産の分配、④自己株式の取得等の事由により金銭以外の資産の交付をすることをいいます。

① 　剰余金の配当等：利益剰余金の払戻しとして金銭以外の資産の配当を受けたとき。

② 　資本の払戻し：資本の払戻し（資本剰余金の額の減少を伴う配当）として金銭以外の資産の払戻しを受けたとき。

③ 　解散による残余財産の分配：解散により残余財産の分配を実施した場合において、その残余財産として金銭以外の資産を分配したとき。

④ 　自己株式の取得等：株主である法人から自己株式を取得する場合において、その対価として金銭以外の資産を交付したとき。

　本章では、①剰余金の配当等、②資本の払戻しに焦点を当てて、会計処理、税務処理、別表調整を解説します。

2 現物分配における会計処理

(1) 現物分配法人

　会計上において、企業集団内の企業へ配当する場合には、自己株式及び準備金の額の減少等に関する会計基準の適用指針の10項では、配当財産が金銭以外の財産であるときは、配当の効力発生日における配当財産の適正な帳簿価額をもって、その他資本剰余金又はその他利益剰余金を減額することとされています。

412　第10章／現物分配の法務・税務

＜現物分配法人の会計仕訳＞

借方勘定科目	金　額	貸方勘定科目	金　額
その他利益剰余金 又は その他資本剰余金	現物分配直前 帳簿価額	現物分配資産	現物分配直前 帳簿価額

⑵　被現物分配法人

　会計上において、企業集団内の企業へ配当をする場合の株主（被現物分配法人）の会計処理は、株主は受け取った資産をその移転前の帳簿価額により計上することとされ、その価額と実質的に引き換えられたものとみなされたこれまで保有していた子会社株式の帳簿価額との差額は、特別損益として認識することとされています。なお、本書では当該特別損益を受取配当金と表記します。

＜被現物分配法人の会計仕訳＞

借方勘定科目	金　額	貸方勘定科目	金　額
現物分配資産	現物分配直前 帳簿価額	子会社株式	実質的に引き換えら れたとみなされる額
		受取配当金	貸借差額

③　利益剰余金からの適格現物分配（税務上の処理）

⑴　現物分配法人

　法人税法上において、現物分配資産は現物分配直前の帳簿価額にて譲渡したものと取り扱う（法法62の5③）ため、現物分配法人において譲渡損益は認識しません。なお、この場合における帳簿価額とは、法人税法上の帳簿価額をいいます。

　併せて、現物分配資産の直前の帳簿価額と同額の利益積立金額の減少を認識します（法令9①八）。

Q106／適格現物分配の課税関係（会計処理・税務処理・別表調整）　413

＜現物分配法人の税務仕訳＞

借方勘定科目	金　額	貸方勘定科目	金　額
利益積立金額	現物分配直前 帳簿価額	現物分配資産	現物分配直前 帳簿価額

⑵　被現物分配法人

　法人税法上における、被現物分配法人の現物分配資産の取得価額は、現物分配法人で認識されていた直前の帳簿価額となります（法令123の6）。なお、この場合における帳簿価額とは、法人税法上の帳簿価額をいいます。

　併せて、適格現物分配によって資産の移転に伴う適格現物分配に係る受取配当金は、被現物分配法人において益金の額に算入しません（法法62の5④）。

　法人税の別表作成において、現物分配資産の現物分配直前の帳簿価額相当額を適格現物分配に係る受取配当金の益金不算入の額として、別表四「所得の金額の計算に関する明細書」において減算・流出の処理をします（法令9①四）。

　適格現物分配に係る受取配当金は受取配当金の益金不算入の規定（法法23）は適用されないため、別表八㈠「受取配当等の益金不算入に関する明細書」の記載は不要となります。

＜被現物分配法人の税務仕訳＞

借方勘定科目	金　額	貸方勘定科目	金　額
現物分配資産	現物分配直前 帳簿価額	受取配当	現物分配直前 帳簿価額

別表四「所得の金額の計算に関する明細書」
　現物分配資産の現物分配直前の帳簿価額相当額を減算・流出の処理をする。

別表八㈠「受取配当等の益金不算入に関する明細書」
　記載は不要。

④ 資本の払戻しとしての適格現物分配（税務上の処理）

(1) 現物分配法人

　法人税法上において、適格現物分配により被現物分配法人にその有する資産（現物分配資産）の移転したときは、当該現物分配資産は現物分配直前の帳簿価額にて譲渡したものとして取り扱う（法法62の5③）ため、現物分配法人において譲渡損益は認識しません。なお、この場合における帳簿価額とは、法人税法上の帳簿価額をいいます。

　資本の払戻しとして現物分配が行われた場合において、当該現物分配が適格現物分配に該当するときは現物分配法人において減少する資本金等の額及び利益積立金額は、以下の税務上の仕訳が認識されます。

＜現物分配法人の税務仕訳＞

借方勘定科目	金　額	貸方勘定科目	金　額
資本金等の額	減資資本金額	現物分配資産	現物分配直前帳簿価額
利益積立金額	貸借差額		

① 減資資本金額（法令8①十八イ）

資本金等の額から減算する金額（減資資本金額）＝A×B／C^(注)
　A：資本の払戻し等の直前の資本金等の額
　B：資本の払戻しにより減少した資本剰余金の額
　C：資本の払戻し等の前事業年度終了の時の純資産の額

(注) 1　A≦0のときはB／C＝0、A＞0かつC≦0のときはB／C＝1として計算する。
　　　2　少数点以下3位未満の端数がある場合には、これを切り上げる。
　　　3　計算した金額が資本の払戻し等により減少した資本剰余金の額を超えるときは、その超える部分の金額を控除した金額となる。

4　計算した金額が、その交付直前の帳簿価額（この合計額を利益
積立金額の減少額の計算においてＤという）を超える場合には、
その超える部分の金額を減算した金額となる。

② 利益積立金額（貸借差額）（法令9①十二）

> 利益積立金額から減算する金額＝Ｄ－減資資本金額 [注]

（注） Ｄ＞減資資本金額の場合に限る。

③ 留意点

資本の払戻しとして、現物分配が行われた場合でも、上記「現物
分配法人の税務上の仕訳」でも記載しましたが、税務上においては
資本金等の額と利益積立金額が減少することになります。

また、資本剰余金及び利益剰余金を同時に減少するような、現物
分配が行われた場合でも、当該現物分配は資本の払戻しとして取り
扱われます。

(2) 被現物分配法人

法人税法上における、被現物分配法人の現物分配資産の取得価額
は、現物分配法人で認識されていた直前の帳簿価額となります（法
令123の6）。なお、この場合における帳簿価額とは、法人税法上
の帳簿価額をいいます。

資本の払戻しとして、現物分配が行われた場合において、当該現
物分配が適格現物分配に該当するときの現物分配法人の株式帳簿価
額の減少額は、以下のとおり認識されます（法法61の2⑱、法令
23①四、119の9）。

> 現物分配法人の株式帳簿価額の減少額＝Ａ×Ｂ／Ｃ [注]
> 　Ａ：資本の払戻し等の直前の現物分配法人の株式帳簿価額
> 　Ｂ：資本の払戻しにより減少した資本剰余金の額
> 　Ｃ：資本の払戻し等の前事業年度終了の時の純資産の額

416　第10章／現物分配の法務・税務

(**注**) 1　Ａ≦０のときはＢ／Ｃ＝０、Ａ＞０かつＣ≦０のときはＢ／
　　　　Ｃ＝１として計算する。
　　　2　少数点以下３位未満の端数がある場合には、これを切り上げる。
　　　3　計算した金額が資本の払戻し等により減少した資本剰余金の額
　　　　を超えるときは、その超える部分の金額を控除した金額となる。

　被現物分配法人においては株式を譲渡し対価の交付を受けたものとして取り扱うため、株式の減少と同時に、株式譲渡損益が計上されることとなります。ただし、完全支配関係下における資本の払戻しの場合には、株式は帳簿価額で譲渡されたものと取り扱われるため、当該株式に対する譲渡損益は認識されず（法法61の2⑰）、以下の算式により資本金等の額の減少額を認識します。

資本金等の額の減少額
＝配当とみなされる金額＋株式譲渡対価
　－現物分配資産の帳簿価額

　上記算式における、配当とみなされる金額は以下の算式により計算します（法法24①四、法令23①四）。

配当とみなされる金額
＝現物分配資産の帳簿価額－現物分配法人の資本金等の額の一部^(注)

(**注**)　現物分配法人の資本金等の額の減少額×被現物分配法人の資本の
　　　払戻し直前に保有していた株式数÷資本の払戻しに対応する株式

　法人税の別表作成において、現物分配資産の現物分配直前の帳簿価額相当額を適格現物分配に係る受取配当金の益金不算入の額として、別表四「所得の金額の計算に関する明細書」において減算・流出の処理をします（法令9四）。
　上記③(2)の利益剰余金からの適格現物分配と同様に、適格現物分配に係る受取配当金は受取配当金の益金不算入の規定（法法23）は適用されないため、別表八㈠「受取配当等の益金不算入に関する

明細書」の記載は不要となります。

＜被現物分配法人の税務仕訳＞

借方勘定科目	金　額	貸方勘定科目	金　額
現物分配資産	現物分配直前帳簿価額	現物分配法人株式	資本の払戻しに係る株式帳簿価額の減少額
資本金等の額	資本金等の額の減少額	受取配当金	みなし配当金額

別表四「所得の金額の計算に関する明細書」

　　受取配当金相当額を減算・流出の処理をする。

別表八⊖「受取配当等の益金不算入に関する明細書」

　　記載は不要。

⑤　利益剰余金からの現物分配を行った場合の事例

　S社は、100％親法人であるP社に対して、S社の所有する不動産（帳簿価額100）を現物分配により交付しました。

　この現物分配は、その他利益剰余金を原資としており、適格現物分配の要件を満たしています。

　この場合のP社及びS社における処理を考えてみます。なお、実質的に引き換えられたものとみなされたこれまで保有していた子会社株式は30とします。

■図表10−6　不動産を適格現物分配した場合

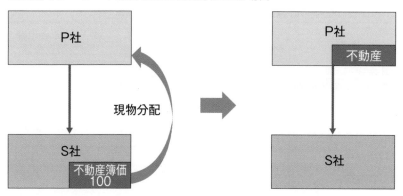

(1) P　社

＜被現物分配法人の会計仕訳＞
　　（借）不　動　産　　　100　　（貸）S　社　株　式　　　30
　　　　　　　　　　　　　　　　　　　受　取　配　当　金　　70

＜被現物分配法人の税務仕訳＞
　　（借）不　動　産　　　100　　（貸）受　取　配　当　金　　100

別表四　記載例

区分		総額	留保	社外流出
当期利益又は当期欠損の額		70	70	0
加算	受取配当金	100	100	0
減算	受取配当金	70	70	0
	適格現物分配に係る益金不算入額	100	0	100
	小計	0	100	▲100
所得金額又は欠損金額		0	100	▲100

Q106／適格現物分配の課税関係（会計処理・税務処理・別表調整）　419

別表五㈠ 記載例
Ⅰ．利益積立金額の計算に関する明細書

区分	期首現在利益積立金額	当期の増減		差引翌期首現在利益積立金額
		減	増	
S社株式現物分配に係る受取配当	0		100	100
S社株式受取配当金	0	70		▲70
繰越損益金	500	500	570	570
差引合計額	500	70	170	600

⑵　S　社

＜現物分配法人の会計仕訳＞

（借）その他利益剰余金　　100　　（貸）不　動　産　　100

＜現物分配法人の税務仕訳＞

（借）利 益 積 立 金 額　　100　　（貸）不　動　産　　100

＜現物分配法人の別表調整＞

別表調整の必要はなし。

5 繰越欠損金・特定資産譲渡等損失

Q107

適格現物分配を行った場合の繰越欠損金及び特定資産譲渡等損失の取扱いについて教えてください。

....

Point

● 適格現物分配を行った場合には、現物分配法人の繰越欠損金は引き継ぐことはできない。

● 被現物分配法人の繰越欠損金には使用制限が設けられている。

● 繰越欠損金の使用制限される額は原則的な取扱いと、例外的な取扱いに分けて整理できる。

● 現物分配法人と被現物分配法人との間に一定の支配関係がないときは、特定資産譲渡等損失の額は、損金の額に算入されない取扱いとなっている。

....

Answer

1 繰越欠損金の引継ぎ

適格現物分配を行った場合には、被現物分配法人に現物分配法人の繰越欠損金を引き継ぐことはできません。理由としては、適格現物分配によって移転する事業に係る繰越欠損金の合理的な区分計算ができないためです。

■図表10－7　現物分配に係る繰越欠損金の引継ぎ

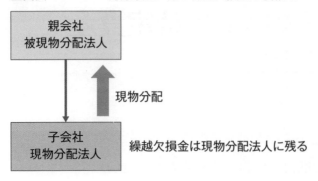

2　繰越欠損金の使用制限

　適格現物分配を行った場合には、現物分配法人の資産を帳簿価額で被現物分配法人に移転します。そのため、現物分配法人から移転を受けた資産について含み益が生じている場合には、被現物分配法人の繰越欠損金と相殺するために適格現物分配を行うという租税回避を行うことが可能となります。そこで、このような租税回避を防止するために、被現物分配法人においては繰越欠損金の使用制限が設けられています。

■図表10－8　現物分配に係る繰越欠損金の使用制限

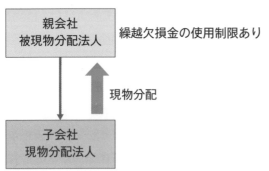

適格現物分配を行った日の属する事業年度から繰越欠損金の使用制限が課されることとなります。移転対象資産に含み益（当該移転資産の時価が帳簿価額を超えている）がある際の繰越欠損金の使用制限については、図表10－9のフローチャートに従って考えていきます。

■図表10－9　繰越欠損金の使用制限のフローチャート（法法57④）

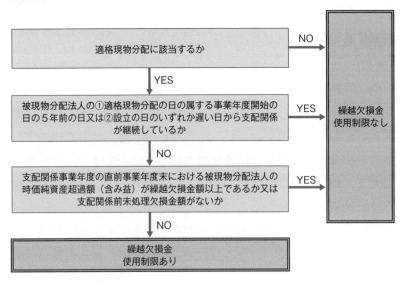

　なお、適格合併等を行った場合において、みなし共同事業要件を満たすときは繰越欠損金の使用制限は課されないが、適格現物分配を行った場合には、みなし共同事業要件の規定の適用は認められていません。つまり、適格現物分配を行った場合、みなし共同事業要件を満たした場合でも繰越欠損金の使用制限を受けることとなります。

③ 繰越欠損金の使用制限される額

(1) 原　則

　適格現物分配における、繰越欠損金の使用制限される額の原則的な取扱いは、次のとおりです。

＜原則的な取扱い（法法57④）＞

事業年度	使用制限される欠損金の額
支配関係事業年度前の繰越欠損金	繰越欠損金の全額
支配関係事業年度以後の繰越欠損金	繰越欠損金のうち特定資産譲渡等損失相当額（下記④）

(2) 例　外

　適格現物分配における、繰越欠損金の使用制限される額の例外的な取扱いとして、次の場合には、確定申告書に特例の計算に関する欠損金の明細書を添付し、関連書類の保存（法令113②・④）をすることで、制限を受ける金額が緩和されます。

① 時価純資産超過額がある場合

　被現物分配法人の支配関係事業年度直前の事業年度末における時価純資産超過額（つまり、含み益状態の場合）が、繰越欠損金未満である場合に制限を受ける金額は、次のとおりです。

＜時価純資産超過額がある場合の例外的な取扱い（法令113①二・④）＞

事業年度	使用制限される欠損金の額
支配関係事業年度前の繰越欠損金	繰越欠損金のうち、時価純資産超過額を超える部分の金額
支配関係事業年度以後の繰越欠損金	制限を受ける金額はない

② 簿価純資産超過額がある場合

　被現物分配法人の支配関係事業年度直前の事業年度末における簿価純資産超過額（つまり、含み損状態の場合）が、支配関係事業年度以後の繰越欠損金のうち、特定資産譲渡等損失相当額に満たない

場合に制限を受ける金額は、次のとおりです。

＜簿価純資産超過額がある場合の例外的な取扱い（法令113①三・④）＞

事業年度	使用制限される欠損金の額
支配関係事業年度前の繰越欠損金	繰越欠損金の全額
支配関係事業年度以後の繰越欠損金	繰越欠損金のうち、特定資産譲渡等損失相当額（下記4）

(3) 繰越欠損金の使用制限される額の特例

　以下の2つのケースに応じて、繰越欠損金の使用制限される額に対して特例が規定されています。

① 移転資産の含み益が支配関係前欠損金額の合計額以下の場合

　現物分配資産の含み益（移転時価純資産超過額）が、被現物分配法人の支配関係前欠損金額の合計額以下であるときは、繰越欠損金の使用制限を受ける金額は、次のとおりです。

＜移転資産の含み益が支配関係前欠損金額の合計額以下の場合（法令113⑤二）＞

事業年度	使用制限される欠損金の額
支配関係事業年度前の繰越欠損金	繰越欠損金のうち、移転時価純資産超過額に達するまでの金額
支配関係事業年度以後の繰越欠損金	制限を受ける金額はない

② 移転資産の含み益が支配関係前欠損金額の合計額を超える場合

　現物分配資産の含み益（移転時価純資産超過額）が、被現物分配法人の支配関係前欠損金額の合計額超であるときは、繰越欠損金の使用制限を受ける金額は次のとおりです。

Q107／繰越欠損金・特定資産譲渡等損失　425

＜移転資産の含み益が支配関係前欠損金額の合計額超の場合（法令
113⑤三）＞

事業年度	使用制限される欠損金の額
支配関係事業年度前の繰越欠損金	繰越欠損金の全額
支配関係事業年度以後の繰越欠損金	含み益から支配関係前欠損金額を控除した差額が支配関係後欠損金額のうち特定資産譲渡等損失相当額に達するまでの金額（下記④）

④ 特定引継資産及び特定保有資産の譲渡等損失額の損金不算入

(1) 概　　要

　適格現物分配は、資産を帳簿価額で移転することになるため、含み損を持っている資産を帳簿価額で移転し、被現物分配法人にて売却することで、損失を実現することができてしまいます。

　そこで、含み損を有する一定の資産を「特定資産」と呼び、譲渡等における損失計上に制限をしています。

　このような租税回避を防止するために、適格現物分配が行われた場合において、現物分配法人と被現物分配法人との間に5年以上の支配関係がないときは、適用期間内に生ずる特定資産譲渡等損失の額は、損金の額に算入されない取扱いとなっています（法法62の7①）。

(2) 特定資産の意義

　特定資産は、特定引継資産と特定保有資産に区分されます。

　特定引継資産とは現物分配法人より移転を受けた資産で、支配関係発生日前から有していたものを指します。

　特定保有資産とは、被現物分配法人で支配関係発生日前から有していた資産をいいます（法法62の7②）。

　しかし、次の資産については、特定資産から除外されています（法令123の8③）。

426　第10章／現物分配の法務・税務

① 棚卸資産（土地、土地の上に存する権利を除く）

② 短期売買商品、売買目的有価証券

③ 適格現物分配の日（特定保有資産については現物分配の日の属する事業年度開始の日）における帳簿価額又は取得価額が1,000万円に満たない資産

④ 支配関係発生日の属する事業年度開始の日以後に有することになった資産及び同日における価額（時価）が法人税法上の帳簿価額以上である資産

(3) 特定資産譲渡等損失の金額

特定引継資産の譲渡等損失の金額は、その資産の譲渡、評価換え、貸倒れ、除却その他これらに類する事由による損失の額の合計額から特定引継資産の譲渡又は評価換えによる利益の額の合計額を控除した金額とされます（法法62の7②）。

これは、特定引継資産から生じた損失のすべての金額について損金算入制限を課すのではなく、同一事業年度に認識された特定引継資産から生じた利益と相殺した後の金額について損金算入制限を課すこととされており、これは特定保有資産についても同様の取扱いとなっています。

特定資産譲渡等損失額は譲渡以外にも評価換え、貸倒れ、除却その他これらに類する事由が含まれています。ただし、適正に減価償却を行っている減価償却資産の除却のように損金算入制限を課すべきではないものに対しては、計算から除外する取扱いが規定されています（法令123の8④）。

(4) 適用期間（法法62の7①）

特定資産譲渡等損失の損金不算入規定の適用期間は適格現物分配の日の属する事業年度開始の日から、次のうち最も早い日までの期間として規定されています。

① 適格現物分配の日の属する事業年度開始の日以後3年を経過す

る日
② 支配関係が生じた日以後5年を経過する日

■図表10-10 特定資産譲渡等損失額の損金算入制限のフローチャート

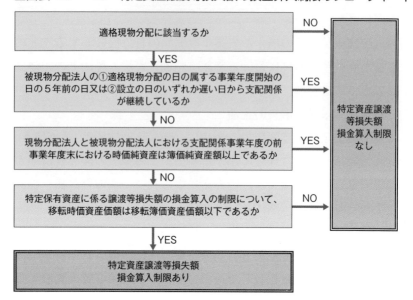

6 適格現物分配により移転した資産の減価償却

Q108

適格現物分配により現物分配法人から被現物分配法人へ資産を移転しました。この移転した資産について、被現物分配法人において行う減価償却について教えてください。

Point

●取得価額は、現物分配法人の取得価額に、被現物分配法人が支出した事業供用費を加算する。

●現物分配時に中古資産を取得したものとして被現物分配法人において中古資産の耐用年数の規定を適用することができる。

●現物分配法人の取得日により被現物分配法人の償却方法を判定する。

●現物分配のあった事業年度の償却限度額は、一事業年度の償却限度額を月数按分して計算する。

Answer

① 取得価額

適格現物分配により現物分配法人から移転した資産の被現物分配法人における取得価額は、現物分配法人の取得価額に、被現物分配

法人が事業の用に供するために直接要した費用の額を加算した金額です（法令54①五）。

　一方で、適格現物分配の場合は、資産を現物分配法人の帳簿価額により被現物分配法人が取得したものとすることから、「既償却累計額」も被現物分配法人に移転することとなります（法法62の5）。

② 耐用年数

　適格現物分配については資産の移転は税務上「譲渡・取得」とされているため、移転を受けた資産については被現物分配法人において中古資産を取得したとして、見積り又は簡便法による耐用年数（以下「中古資産の耐用年数」という）により減価償却をすることができます（耐年省令3①）。その場合に、被現物分配法人の採用する減価償却方法が定額法又は生産高比例法であるときの償却費の計算の基礎となる取得価額は、上記①の取得価額から現物分配法人がした償却の額で損金の額に算入された金額を控除した金額となります（耐年省令3③）。

　また、現物分配法人が取得した時点ですでに中古資産であって、現物分配法人において中古資産の耐用年数を適用していた場合には、被現物分配法人においてその見積耐用年数を適用することもできます（耐年省令3②）。

　よって、被現物分配法人が適格現物分配により移転を受けた減価償却資産の耐用年数については、法定耐用年数、現物分配時に算定した中古資産の耐用年数、現物分配法人が使用していた中古資産の耐用年数のいずれかを選択することができます（国税庁質疑応答事例「適格合併により移転を受けた減価償却資産に係る耐用年数」、耐年通達旧1－5－13）。

③ 取得日及び減価償却方法

適格現物分配による資産の移転は、税法上「譲渡・取得」とされているので、被現物分配法人の資産の取得日は現物分配の日になります。しかし、償却方法については、現物分配法人の取得日に被現物分配法人が取得したものとみなして償却方法を定めることとされています（法令48の3）。

償却方法については、被現物分配法人がすでに採用している方法によりますが、移転を受けた減価償却資産が、被現物分配法人において償却方法を選定していない種類や事業所に所属するものである場合には、資産の種類ごと、事業所ごとに新たに減価償却方法を選定することができます。その場合には「減価償却資産の償却方法の届出書」を現物分配の日の属する事業年度の申告書の提出期限までに提出することが必要です（法令51②五）。

④ 償却限度額

被現物分配法人が現物分配により取得した資産を事業年度の中途において事業の用に供した場合の、その事業年度の償却限度額は、減価償却資産を購入し、事業の用に供した場合と同じです。旧定額法、旧定率法、定額法、定率法の場合には、当該事業年度の償却限度額に相当する金額を当該事業年度の月数で除し、これに被現物分配法人が事業の用に供した日から当該事業年度終了の日までの期間の月数を乗じて計算した金額とします。月数は1か月に満たない端数は切り上げます（法令59①一）。

Q108／適格現物分配により移転した資産の減価償却　431

7 適格現物分配に係る期中 減価償却費に関する届出書

Q109

適格現物分配により被現物分配法人へ移転した資産について、期首から現物分配の日までの期間の減価償却費の取扱いを教えてください。

Point

●適格現物分配により移転した資産の、期首から現物分配の日までの期間の減価償却費については、現物分配の日から2か月以内に届出書を税務署へ提出をすることで、現物分配法人において損金の額に算入することができる。

Answer

① 適格分割等による期中損金経理額等の損金算入に関する届出書

内国法人が各事業年度終了の時において有する資産につき償却費として損金経理をした金額のうち、償却限度額に達するまでの金額は、損金の額に算入することができます（法法31①）。よって、事業年度の中途で現物分配により移転した資産については、現物分配法人において期末に有していないため、期首から現物分配の日までの期間の減価償却費（以下「期中減価償却費」という）は、損金の額に算入することができません。また、被現物分配法人においても、

432 第10章／現物分配の法務・税務

期首から現物分配の日までの期間は移転資産を事業の用に供していないため、減価償却費を損金の額に算入をすることはできません。

しかし、適格現物分配（残余財産の全部の分配を除く）については、現物分配法人が「適格分割等による期中損金経理額等の損金算入に関する届出書」を現物分配の日から2か月以内に、現物分配法人の納税地を所轄する税務署へ提出をすることで、現物分配法人において期中減価償却費を損金の額に算入することができます（法法31②・③）。

■図表10－11　適格現物分配により移転した資産の減価償却費

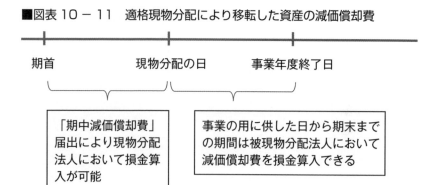

2　「期中損金経理額」の減価償却限度額の計算

費用に計上した期中減価償却費は、法人税法において「期中損金経理額」といいます。期中損金経理額のうち、損金の額に算入できる金額は「事業年度開始日から適格現物分配の日の前日までを1事業年度とした場合に計算される償却限度額」に達するまでの金額です。よって「事業年度が1年に満たない場合の償却率等」の取扱いに従って償却限度額を計算します（法法31②、耐年省令4②、5②、耐年通達5－1－1）。

具体的には償却率について、次のように調整を行います。

⑴ 旧定額法、定額法又は定率法を選定している場合

当該減価償却資産の旧定額法、定額法又は定率法に係る償却率又は改定償却率に、事業年度開始日から適格現物分配の前日までの月数を乗じてこれを 12 で除す。その数に小数点以下 3 位未満の端数があるときは、その端数は切り上げる。

⑵ 旧定率法を選定している場合

当該減価償却資産の耐用年数に 12 を乗じてこれを事業年度開始日から適格現物分配の前日までの月数で除して得た年数。その年数に 1 年未満の端数があるときは、その端数は切り捨てる。

(注) ⑴、⑵ともに月数は暦に従って計算し、1 か月に満たない端数を生じたときは、1 か月とする。

8 現物分配により移転する不動産の登録免許税と不動産取得税

Q110

現物分配により不動産を被現物分配法人に移転しました。この場合の不動産の移転に係る登録免許税と不動産取得税について教えてください。

- -

Point

● 現物分配により移転した不動産の所有権移転登記に係る登録免許税は2%。

● 現物分配により移転した不動産に係る不動産取得税については、非課税措置の特例はなく標準税率は4%。

- -

Answer

1 登録免許税

現物分配により被現物分配法人へ移転した不動産の所有権の移転登記の登録免許税は「その他の原因による移転の登記」の区分になり、税率は2%です（登免法9、別表第一）。

なお、租税特別措置法72条の「売買による所有権の移転の登記」の場合の登録免許税を1.5%とする軽減措置は、現物分配の場合は適用されません。

② 不動産取得税

　被現物分配法人が現物分配により取得した不動産の不動産取得税については、分割により不動産が移転した場合の不動産取得税の非課税措置のような特例はありません。原則の課税（標準税率は4％、住宅及び土地の取得については令和9年3月31日まで3％）になります（地法73の15、地法附則11の2）。

9 現物分配による消費税への影響

Q111

現物分配により被現物分配法人へ資産が移転することについて消費税は課税されますか。

Point

●剰余金の配当として現物分配を行った場合の資産の移転については、消費税は課税対象外になる。

Answer

剰余金の配当は、株主たる地位に基づき、出資に対する配当として受けるものですので、資産の譲渡等の対価に該当せず、消費税は課税対象外です（消基通5－2－8）。

したがって、剰余金の配当として現物分配を行った場合の資産の移転については、消費税は課税対象外になります。

10 現物分配後の受取配当金の益金不算入・源泉所得税

Q112

図表10－12の現物分配により被現物分配法人は、現物分配法人からA社株式とB社株式の移転を受けました。この現物分配から3か月後に被現物分配法人は、A社とB社から配当を受けました。この場合の被現物分配法人における配当金の取扱いを教えてください。

＜前　提＞
・適格現物分配に該当する。
・現物分配法人はA社株式を1年以上の期間にわたり40％保有し、B社株式を0.1％保有している。
・A社とB社からの配当は利益剰余金を原資とする。

■図表10－12　現物分配後の配当

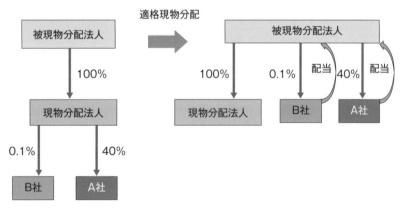

・・・・・・・・・・・・・・・・・・・・・・・・・・・・・・・・・・・・・・・

Point

● 適格現物分配により発行済株式の３分の１超の株式が移
転された場合のその株式については、関連法人株式等の判
定において、現物分配法人における保有期間を被現物分配
法人における保有期間とみなす。

● Ａ社株式に係る配当金については、被現物分配法人はＡ社
株式を配当の基準日に３分の１超有しているので、所得税
は不課税となり、Ａ社において源泉徴収は不要となる。

● Ｂ社株式の配当金の所得税額控除については、現物分配法
人におけるＢ社株式の元本所有期間を被現物分配法人にお
ける元本所有期間とみなして月数を計算する。

・・・・・・・・・・・・・・・・・・・・・・・・・・・・・・・・・・・・・・・

Answer

① 受取配当金の益金不算入

(1) 益金不算入額

内国法人が各事業年度において受ける配当等の金額のうち一定の
金額は、益金の額に算入しません（ Q66 参照）。

(2) 適格現物分配により移転を受けた株式に係る関連法人株式等の判定

関連法人株式等（ Q66 参照）の判定においては、適格現物分配
により被現物分配法人が現物分配法人から他の内国法人の発行済株
式等の３分の１超の株式等の移転を受けた場合には、現物分配法人
のその株式等の保有期間は、被現物分配法人の保有期間とみなしま
す（法令22③）。

(3) 設例の場合

① Ａ社株式の配当

適格現物分配によりＡ社株式の発行済株式等の３分の１超が移転

しているので、関連法人株式等の判定については、上記(2)により、現物分配法人のA社株式の保有期間は被現物分配法人の保有期間とみなされます。被現物分配法人はA社株式を3か月しか保有していませんが、現物分配法人がA社株式を1年以上の期間保有していることから、A社株式は被現物分配法人の関連法人株式等に該当します。

よって被現物分配法人がA社から受ける配当金は、関連法人株式等に係る部分の負債利子を控除した金額が益金不算入になります。

② B社株式の配当

被現物分配法人が現物分配で受け入れたB社株式の保有割合は0.1％ですので、B社株式は被現物分配法人の非支配目的株式等に該当します。よって、被現物分配法人が受けた配当の額の20％相当額が益金不算入になります（**Q66** 参照）。

② 所得税の不課税（源泉徴収不要）

(1) 所得税の不課税（源泉徴収不要）

令和5年10月1日以後に、内国法人（一般社団法人等を除く）が支払いを受ける配当等で、完全子法人株式等に係るもの、又は、その配当等の額に係る基準日等において、支払法人 [注1] の発行済株式等の総数等の3分の1超を直接に保有する [注2] 場合には、その配当等には所得税が課されません（**Q66** 参照）。

（注1） 一般社団法人等を除く。
（注2） その内国法人が自己の名義をもって有するものに限る。

(2) 設例の場合

① A社株式の配当

被現物分配法人は配当の基準日においてA社株式の3分の1超を直接有しているので、A社からの配当については所得税が不課税に

なります。したがって、Ａ社は配当の支払時に所得税の源泉徴収は不要になります。

② Ｂ社株式の配当

被現物分配法人は、Ｂ社株式の３分の１超を有していないので、被現物分配法人がＢ社から受ける配当について所得税は課税されます。Ｂ社は配当の支払いの際に所得税の源泉徴収をすることが必要です。

③ 所得税額控除

(1) 所得税額控除

① 制　　度

　内国法人が受け取った配当等につき所得税額が源泉徴収された場合は、その所得税額のうち、受領した内国法人の当該配当に係る株式等の元本所有期間に対応する部分の金額を、その内国法人の法人税額から控除することができます（法法68、法令140の２①）。

② 適格現物分配による元本の移転

　適格現物分配により被現物分配法人が、配当等の元本の移転を受けたときは、現物分配法人のその元本を所有していた期間を、被現物分配法人の元本を所有していた期間とみなして所得税額控除の額を計算します（法令140の２④）。

(2) 設例の場合

① Ａ社株式

　Ａ社株式の配当については、上記②(2)①のとおり所得税は不課税ですので、所得税額控除の規定は関係がありません。

② Ｂ社株式

　Ｂ社株式の配当については上記②(2)②のとおり所得税が源泉徴収されていますので、被現物分配法人において所得税額控除を行います。所得税額控除の額は、上記(1)②のとおり現物分配法人の元本

所有期間を被現物分配法人の元本所有期間とみなして月数を計算します。

■図表10－13　設例の場合の受取配当金・源泉徴収・所得税額控除

	区分	受取配当等の益金不算入額	所得税の課税（源泉徴収）		所得税額控除
	完全子法人株式等 100%	100%	不課税		
A社株式	関連法人株式等 1／3超 100%未満	100% 負債利子控除 （継続保有）(注)	直接保有 （基準日判定）	不課税	
			間接保有	課税	元本所有期間で按分(注)
	その他の株式等 （1／3超・ 非継続）	50%	直接保有 （基準日判定）	不課税	
	その他の株式等 （5%超 1／3以下）	50%	1／3以下	課税	元本所有期間で按分(注)
B社株式	非支配目的株式等 5%以下	20%	課税		元本所有期間で按分(注)

（注）　適格現物分配法人の元本所有期間を被現物分配法人の元本所有とみなす特例あり。

11 現物分配に係る税務上の 届出書・申告書の添付書類

Q113

適格現物分配に際し、必要な届出書や、法人税確定申告書の添付書類を教えてください。

Point

●適格現物分配により減価償却資産を移転した場合は、現物分配法人において減価償却費を損金算入するために現物分配の日から2か月以内に届出書の提出が必要。

●現物分配のあった事業年度の法人税確定申告書に一定の書類を添付する。

Answer

1 減価償却資産を移転した場合

事業年度の中途で適格現物分配により移転した減価償却資産については、期首から現物分配の日までの期間の減価償却費を現物分配法人の損金の額に算入するためには、「適格分割等による期中損金経理額等の損金算入に関する届出書」を現物分配の日から2か月以内に税務署へ提出をする必要があります（**Q109**参照）。

2 法人税確定申告書の添付書類

現物分配法人、被現物分配法人ともに、現物分配のあった事業年

度の確定申告書に、次の書類を添付します。

① 組織再編成に係る主要な事項の明細書

② 現物分配に係る株主総会議事録

③ 出資関係図

③ その他の引継ぎ等の届出書

　上記の提出書類以外にも、圧縮記帳に係る特別勘定の損金算入や、特別勘定、繰延資産等、一括償却資産、繰延資産消費税額の引継ぎ等については、それぞれ税務署への届出が必要です。

参考文献・資料

- ・「事業承継ガイドライン（第3版）」中小企業庁（令和4年）
- ・「中小PMIガイドライン」中小企業庁（令和4年）
- ・「中小M＆Aガイドライン（第2版）」中小企業庁（令和5年）
- ・「中小企業経営者のための事業承継対策」中小企業基盤整備機構（令和4年）
- ・「支援者向け事業承継支援マニュアル　令和4年度版」中小企業基盤整備機構（令和4年）
- ・「事業承継・M&Aに関する主な支援策」中小企業庁（令和6年）
- ・「法人版事業承継税制のあらまし」国税庁（令和5年）
- ・「中小企業白書」中小企業庁（2021年版～2024年版）
- ・玉越賢治『新事業承継税制の要点を理解する』税務研究会出版局（平成30年）
- ・勝間田学・西村美智子・中島礼子・松下欣親・金井孝晃『現物分配制度の実務詳解』中央経済社（平成24年）
- ・八重樫司編『令和5年版　株式・公社債評価の実務』大蔵財務協会（令和5年）
- ・中村慈美『令和5年版　図解　グループ法人課税』大蔵財務協会（令和5年）
- ・中村慈美『令和5年版　図解　組織再編税制』大蔵財務協会（令和5年）
- ・税理法人山田＆パートナーズ編著『合併の実務ハンドブック　第3版』中央経済社（令和3年）
- ・税理士法人山田＆パートナーズ編著『会社分割の実務ハンドブック　第3版』中央経済社（令和3年）
- ・税理士法人山田＆パートナーズ編著『株式交換・株式移転・株式交付の実務ハンドブック』中央経済社（令和3年）
- ・佐藤信祐『組織再編税制の失敗事例』日本法令（令和3年）
- ・西村美智子・中島礼子『組織再編税制で誤りやすいケース35』中央経済社（令和2年）
- ・寺西尚人他『第十次改訂　会社税務マニュアルシリーズ3　組織再編』ぎょうせい（令和5年）
- ・佐藤信祐・松村有紀子・後藤柾哉『M&A・組織再編成の税務詳解Q&A』中央経済社（令和2年）
- ・竹内陽一他編著『六訂版　詳説／自社株評価Q&A』清文社（令和5年）
- ・森富幸『第4版　シリーズ実務税法解説　取引相場のない株式の税務』日本評論社（平成30年）
- ・税理士法人タクトコンサルティング編著『改訂版　ポイント整理　非上場会社のための金庫株の税務Q&A』大蔵財務協会（令和元年）

索　引

あ

青色申告の承認申請書 ……258、323、
　392

後継ぎ遺贈型受益者連続信託 ……44

安定株主 …………………………100

異議申述公告 ……………………108

遺言 …………………………………**95**

遺言代用型信託 …………………44

著しく低い価額 ……………121、143

移転資産の含み益 ………………425

異動届出書 …………259、323、356

遺留分 ………………………**36**、96、98

遺留分算定財産 ……………………**37**

遺留分侵害額請求 …………**38**、96、98

遺留分に関する民法の特例……39、97

受取配当等の益金不算入 …176、**252**、
　317、**349**、**352**、**385**、**389**、408、
　438

売主追加請求 ……………………159

売渡請求 …………43、99、107、163

エクイティファイナンス …………**76**

FA …………………………14、**59**

M&A ………………8、14、**50**、82

M&A 支援機関 …………14、**55**、59

M&A 支援機関登録制度 ………14、**55**

M&A の譲渡価格 …………………**65**

M&A のスキーム …………………**67**

M&A のプロセス …………………**58**

エンジェル投資家……………78、85

黄金株　➡　拒否権付種類株式

親会社株式の持合の解消 …………398

か

開業後 3 年未満の会社 ……………135

開業前の会社 ……………………135

外形標準課税……251、316、348、384

外国法人に対する現物分配 ………409

会社規模の判定手順 ………………**131**

会社分割 ……………………………**262**

会社分割による資本金等の額の
　変動………………………………**315**

会社分割の手続き …………………**269**

会社分割のメリット ………………263

合併 …………………………………**202**

合併受入資産 ………………………143

合併登記 ………………210、214

合併における消費税 ………………**246**

合併における納税義務の免除の判定
　…………………………………247

合併による資本金等の額の変動
　…………………………………**250**

合併の課税関係 ……………………**215**

合併の税制適格要件 ………………**218**

合併法人の会計・税務処理 ………224

合併法人の課税 ……………………217

合併法人の繰越欠損金の使用制限
　…………………………………238

446　索引

合併法人の届出書 ……………………**258**

株式移転 …………………………………**360**

株式移転計画 …………………363、393

株式移転における消費税 …………**382**

株式移転による資本金等の額の
変動 ……………………………………**383**

株式移転の課税関係 ………………**371**

株式移転の手続き ……………………**363**

株式継続保有要件 ……………223、275

株式公開 ……………………………………78

株式交換 …………………………105、**326**

株式交換における消費税 …………**346**

株式交換による資本金等の額の
変動 ……………………………………**347**

株式交換の課税関係 ………………**335**

株式交換の手続き ……………………**329**

株式の時価 ……………………………**118**

株式の集約方法 ………………………**103**

株式の分散 ………………80、**89**、163

株式の分散防止対策 …………………**94**

株式併合 …………………………………105

株式保有特定会社 ……………136、206

株主管理コスト ………………………82

株主区分の判定 ………………………126

株主構成 ……………………………**79**、84

株主ごとの異なる取扱い ……43、114

株主総会 …………………………82、88、
158、163、209、213、270、331、
366

株主の株式買取請求 ………209、213、
271、332、366

株主平等原則 …………………111、159

簡易課税制度 …………………248、313

完全子法人株式等 ……254、337、350、
373、386

完全支配関係 ………**218**、231、254、
273、278、281、339、349、375、
385

完全支配関係継続要件 ………339、375

完全無議決権株式 …………………130

関連法人株式等 ………254、318、439

議決権行使指図権 …………………44

議決権制限種類株式 ……42、112、129

議決権割合 …………………126、129

期中減価償却費 …………………**303**、**432**

寄附金 ………………………122、192

休業中の会社 …………………………135

吸収合併 …………………………203、**207**

吸収分割 …………………262、269、312

休廃業・解散企業 ……………………4

共同事業 ………………**222**、293、338

拒否権付種類株式 ……………42、114

金庫株 ➡ 自己株式

金銭等不交付要件 ……221、222、279、
339、340、375

均等割 …………………190、250、315、
347、383

クラウドファンディング ……………78

繰越欠損金の使用制限 ……………**235**、
293、422

繰越欠損金の引継ぎ …………**235**、421

グループ法人税制 ……216、218、278、
281、298、396、407

クロージング …………………………64

経営改善 ………………………………13

経営課題の把握 ………………………12

経営権の安定化 ……………………268

経営参画要件 …………222、237、276

経営者交代率 ………………………2

経営承継円滑化法 …………………27

経営承継円滑化法による遺留分
　特例 …………………………………**36**

欠損金の繰越し・繰戻し …………236

減価償却資産の移転 ………322、443

源泉所得税 ……………170、**252**、**317**、
　349、352、385、389、438

現物出資等受入資産 ………………143

現物分配 ……………………………**396**

現物分配における消費税 …………**437**

現物分配の課税関係 ………………**406**

現物分配の手続き …………………**400**

現物分配の法務 ……………………403

現物分配法人 ………………396、412

行為計算の否認 ……………………206

合意による自己株式取得 …………164

公益法人等に対する現物分配 ……410

後継者不在の確認 …………………58

後継者不在問題 ……………………49

公正な価格 …………105、332、366

功績倍率法 …………………………69

合同会社 ……………………………161

子会社による親会社株式の取得
　…………………………………160、398

固定合意 ……………………………39

さ

財源規制 ……………………………**165**

債権者保護手続き ……209、213、271、

334、370

逆さ合併 ……………………………238

残余財産の分配 ……………42、412

時価純資産法 ………………………66

事業関連性要件 ………222、237、274、
　294

事業規模要件 …………222、237、274

事業継続要件 …………221、222、274、
　275、276、342、378

事業承継 ……**2**、75、146、202、262、
　326、360

事業承継税制 …………7、23、**27**

事業承継税制の打切り ……………29

事業承継税制の切替え ……………31

事業承継における会社分割の活用
　……………………………………**262**

事業承継における合併の活用 ……**202**

事業承継における株式移転の活用
　……………………………………**360**

事業承継における株式交換の活用
　……………………………………**326**

事業承継における株主構成 ………**84**

事業承継における現物分配の活用
　……………………………………**396**

事業承継における自己株式の活用
　……………………………………**154**

事業承継の進め方 …………………**12**

事業承継の類型 ……………………**6**

事業承継・引継ぎ支援センター
　………………………………8、14、59

資金調達 ……………………………74

事後開示事項 ……210、214、333、367

自己株式 …104、129、**154**、220、412

448　索引

自己株式の取得 …104、154、**157**、412

自己株式の取得条件 ……………160

自己株式の取得と会計・税務処理
……………………………………**167**

自己株式の取得と個人株主の
税務処理 ……………………**178**

自己株式の取得と消費税 …………193

自己株式の取得と法人株主の
税務処理 ……………………**173**

自己株式の消却 ……………155、**195**

自己株式の処分 ……………155、**198**

自己株式の保有 ……………………155

資産の承継 …………………10、16

資産の譲渡等 …………193、247、309

資産の売買 …………………………17

事前開示事項 ………209、213、270、
330、364

支配関係 ………**221**、273、293、340、
352、376、389

支配関係継続要件 ……273、308、340、
376

死亡退職金 …………………………97

死亡保険金 …………………………97

資本金等の減少 …………………**190**

資本政策 ………………………**74**

資本の払戻し ………………412、415

資本の払戻しとしての適格現物
分配 …………………………415

資本割 …………251、316、348、384

従業員承継 ……………………8

従業員数基準 ……………………131

従業員持株会 …………8、**45**、75、
93、113、220

従業者 ……………………………307

従業者継続従事要件 ………221、222、
341、377

従業者引継要件 …………274、275

受贈益 ……………………………121

取得条項付種類株式 ……42、101、**113**

取得請求権付種類株式 ……………42

取得費加算特例 ………………**184**

主要な事業 ………………342、378

種類株式 …………8、**41**、**101**、**111**

純資産価額方式 ……………**141**、205

少数株主 …………80、105、144

譲渡所得 ……………17、67、179

譲渡制限種類株式 ………42、88、163

譲渡損益調整資産 ……216、278、281、
299、407

消費税異動届出書 …………259、324

消費税課税事業者選択届出書 ……259、
323、393

消費税課税事業者届出書 …………259、
323、393

消費税簡易課税制度選択届出書
…………………259、312、393

情報開示義務 ……………………77

剰余金の配当等 …………………412

除外合意 …………………………39

所在不明株主 …………81、107

所得税額控除 ………176、256、320、
351、354、387、391、441

所得税の不課税 ………255、319、350、
354、387、390、440

新株予約権の買取請求制度 ………334

新設合併 …………………………203

449

新設合併契約 ……………211
新設合併の手続き ……………**211**
新設分割 …………262、269、310
親族外承継 ……………8
親族内承継 ……………7、65
信託 ……………**43**
スクイーズアウト ……………**105**
ストックオプション ……………220
清算中の会社 ……………135
生命保険 ……………**44**
設立届出書 …………258、323、392
専任条項 ……………62
全部取得条項付種類株式……42、101、
　106、113
総資産価額基準 ……………131
相続開始前7年以内の贈与 …20、188
相続財産への加算 ……………20、23
相続時精算課税制度 ……………**22**、188
相続人等からの自己株式買取り
　……………162、**180**、**186**
相続人等に対する株式売渡請求
　……………99、107、154、163
総則6項 ……………121
贈与税 ……………19、22
贈与税額控除 ……………21、24
贈与税制度の比較 ……………**25**
属人的株式 ……………43、115
租税回避行為 …………206、236、238、
　294、297、426

た

第三者承継 ……………14

退職金 ……………44、**68**
退職所得控除額 ……………68
耐用年数 …………243、301、430
単独株式移転 ……………376
知的資産 ……………10、51
仲介業者 ……………14、**59**
中古資産の耐用年数 …243、301、430
中小 M&A ガイドライン ……………**53**
中小企業事業再編投資損失準備金
　……………**70**
中心的な同族株主 …………128、148
直接交渉の制限 ……………62
低額譲渡 ……………18
テール条項 ……………62
適格合併 …………204、216、217、
　218、224、232、242
適格合併移転資産の減価償却 ……**242**
適格合併の会計・税務処理 ………**224**
適格株式移転 ……………373、**374**
適格株式移転の会計・税務処理
　……………**379**
適格株式移転の課税関係 ……………373
適格株式交換 ……………337、**338**
適格株式交換の会計・税務処理
　……………**343**
適格現物分配 …………396、**406**、408
適格現物分配移転資産の減価償却
　……………**429**
適格現物分配の会計・税務処理
　……………**411**
適格現物分配の課税関係 …………406
適格分割 ……………**273**、
　277、**280**、**283**、**288**、294

適格分割移転資産の減価償却 ……**300**
適格分割型分割の税務処理 ………283
適格分社型分割の税務処理 ………288
デットファイナンス …………………76
デュー・ディリジェンス ………14、**64**
添付書類 ………………260、324、356、
　393、443
登記手続き ………214、272、334、368
同族株主 …………………124、**126**
登録免許税 …………245、306、435
特殊関係者 …………………340、376
特殊決議 …………………………88
特定資産 …………**240**、**298**、426
特定資産譲渡等損失額 ……**239**、299、
　421
特定の株主 …………………88、157
特定の評価会社 ………125、**134**
特定引継資産 …………240、298、426
特定物の現物分配 …………………403
特定保有資産 …………240、298、426
特定役員引継要件 …………………295
特定要件 …………………………311
特別決議 …………………88、158
特別事業再編計画 …………………71
特別支配株主の株式等売渡請求
　………………………………106
特例承継計画 …………………**32**
特例承継計画の確認要件 …………34
土地保有特定会社 …………**135**、206
取引金額基準 …………………132

な

任意的決議事項 …………………402
認定経営革新等支援機関 ……………33
認定特別事業再編事業者 ……………71
納税資金対策 ……………………156

は

配当還元方式 …………………**144**
配当財産の種類 …………………403
配当等とみなす金額に関する
　支払調書 …………172、175、178
配当優先種類株式 …………42、113
端株 ………………………………105
バリュエーション ………………14、**62**
反対株主の株式買取請求権 ………105、
　271、332、366
PMI ………………………………15、**64**
被合併法人の会計・税務処理 ……228
被合併法人の課税 …………………215
被合併法人の株主の課税 …………217
被合併法人の届出書 ……………259
被現物分配法人 ………397、413、414
非支配目的株式等 …………………255
比準要素数1の会社 …………136
比準要素数0の会社 …………135
非上場株式の評価 …………………**120**
非上場株式の評価（所得税）………**149**
非上場株式の評価（法人税）………**147**
非上場株式の評価の判定手順 ……**124**
必要的決議事項 …………………401

非適格合併 ……………204、215、217

非適格株式移転の課税関係 ………371

非適格株式交換の課税関係 ………335

非適格現物分配の課税関係 ………407

非適格分割 ……………………277

人（経営）の承継 ………………9

秘密保持条項 ……………………61

複数の後継者がいる場合 …………268

付随合意 ………………………40

普通決議 ………………………88、158

不動産取得税 …………245、306、435

分割型分割 ………**263**、275、**277**、283

分割型分割の課税関係 …………**277**

分割承継法人の課税 …………278、281

分割承継法人の繰越欠損金の
　　使用制限 ……………………293

分割における消費税 ……………**309**

分割における納税義務の免除の判定
　　……………………………310

分割法人の課税 ……………277、280

分割法人の株主の課税 ………279、282

分社型分割 ……………………**263**

分社型分割の課税関係 …………**280**

分配可能額 …………………165、404

ベンチャーキャピタル …………78、85

法人税等相当額 ……………141、148

法人設立届出書 ……………392、393

法人相互の完全支配関係 ……218、232

法定相続分 ………………………37

簿価純資産法 ……………………66

募集事項の決定 ………………199

発起人 ……………80、89、109

ま

マッチング ……………………**63**

マルチプル法 ……………………66

磨き上げ ………………………13

未処理欠損金額の引継ぎ ………204

みなし共同事業要件 ………237、239、
　　294、297、423

みなし譲渡 …………………121、279

みなし贈与 ……………………121

みなし配当 …………174、178、217、
　　279、417

みなし配当課税の不適用 ……180、187

ミニ公開買付け ………………157

無議決権株式 …………42、102、112

無対価合併 ……………………**230**

無対価株式交換 ………………339

無対価分割 …………………264、308

名義書換え ……………………162

名義株主 …………………81、**109**

持合株式 ………………………129

持株会社 ……………**45**、96、268

持分会社 ………………………161

や

役員選解任権付種類株式 …………42

役員退職金 ……………………68

役員等 …………………………295

有限会社 ………………………161

猶予税額の免除 …………………29

利益剰余金からの適格現物分配
　……………………………413
類似業種比準価額　……………138

類似業種比準方式　…………**137**、205
暦年課税制度　………………………**19**
暦年課税の基礎控除　………………19
レーマン方式　………………………61
労働者保護手続き　…………………270

編著者紹介

【編　者】

税理士法人ゆいアドバイザーズ

　併設する株式会社ＹＵＩアドバイザーズと連携し、相続・事業承継対策、組織再編成、資本政策、Ｍ＆Ａ・ＭＢＯ、国際資産税、民事信託、不動産コンサルティング、経営コンサルティング等に関する提案・実行及びこれらに係る税務相談・税務申告を行うプロフェッショナルな専門家集団。その特性を活かして全国の会計事務所等の士業専門家と提携し、その顧問先に対してサービスを提供している。

　幅広いネットワークを持ち、税理士、公認会計士、弁護士、司法書士、不動産鑑定士等の士業専門家、さらに銀行・保険・証券等の金融機関、不動産会社など目的に応じてさまざまなメンバーが集結し問題解決に当たっている。

https://www.yui-advisors.com/

【著　者】 (五十音順)

荒 井　　大〔あらい・だい〕

税理士

(執筆担当：第2章 Q13 ～ Q20)

＜経　歴＞

平成15年　上智大学経済学部経営学科卒業。事業会社及び特許事務所を経て

平成20年　税理士法人山田＆パートナーズ入社

平成23年　税理士登録

平成30年　荒井会計事務所開設

令和4年　株式会社ＹＵＩアドバイザーズ　コンサルタント就任

石田　　昌朗〔いしだ・まさあき〕

税理士

(執筆担当：第7章 Q68 ～ Q75)

＜経　歴＞

昭和56年　東京国税局採用

平成19年　退官　同年税理士登録

平成20年　新日本アーンスト アンド ヤング税理士法人（現EY税理士法人）
　　　　　入社

平成23年　石田昌朗税理士事務所開設

令和3年　税理士法人ゆいアドバイザーズ　アドバイザー就任

＜主な著作等＞

・国税速報「法人税実務検討シリーズ」（大蔵財務協会）連載中

・『Q&A合併等の税務』（共著、大蔵財務協会、平成30年）

・『解説とQ&Aによる合併・分割等の税務』（共著、大蔵財務協会、平成25年）

伊藤　良太〔いとう・りょうた〕

弁護士

（執筆担当：第3章 Q21 ～ Q28 ）

＜経　歴＞

平成22年　早稲田大学大学院法務研究科修了、同年司法試験合格（新第64期）

平成24年　弁護士登録

平成27年　経済産業省中小企業庁財務課採用（任期付き公務員）

平成29年　ベイス法律事務所開設

令和元年　弁護士法人フォーカスクライドにパートナー弁護士として加入

令和4年　税理士法人ゆいアドバイザーズ　アドバイザー就任

＜主な役職＞

・東京商工会議所「事業承継対策委員会」学識委員

＜主な著作等＞

・『「新・事業承継税制」徹底解説』（共編、清文社、令和元年）

梅田　篤志〔うめだ・あつし〕

税理士・ＣＦＰ®認定者

（執筆担当：第6章 Q53 ～ Q61 ）

＜経　歴＞

平成20年　中央大学商学部会計学科卒業。都内税理士法人勤務を経て

平成26年　税理士登録

平成27年　税理士法人タクトコンサルティング入社

平成29年　税理士法人山田＆パートナーズ 新潟事務所入社

平成30年　梅田税理士事務所開設

令和2年　税理士法人フォーカスクライド設立

令和3年　株式会社ＹＵＩアドバイザーズ　コンサルタント就任

＜主な著作等＞

・『"守りから攻め"の事業承継対策Q＆A』（共著、ぎょうせい、令和元年）

・『不動産組替えの税務 Q＆A』（共著、大蔵財務協会、平成28年）

・「状況別に理解できる 不動産の組替えに係る税務」（LEGACY MANAGEMENT GROUP、平成28年）

岡　隆　充〔おか・たかはる〕

税理士

（執筆担当：第8章 **Q83** ～ **Q87**、**Q92**、第9章 **Q93** ～ **Q97**、**Q102**）

＜経　歴＞

平成16年　早稲田大学商学部卒業。都内税理士法人を経て

平成26年　税理士法人タクトコンサルティング入社

平成27年　税理士登録

令和2年　税理士法人ベリーベスト入社

令和3年　株式会社YUIアドバイザーズ　コンサルタント就任

令和6年　岡隆充税理士事務所開設

＜主な著作等＞

・『賃貸不動産法人化マニュアル［第2版］』（税務経理協会、令和6年）

髙橋　大貴〔たかはし・だいき〕

税理士

（執筆担当：第10章 **Q103** ～ **Q107**）

＜経　歴＞

平成21年　大学卒業後、銀行及び税理士法人勤務を経て

平成26年　税理士法人タクトコンサルティング入社。同年　税理士登録

令和2年　税理士法人フォーカスクライド設立

令和3年　株式会社YUIアドバイザーズ　コンサルタント就任

＜主な著作等＞

- ・『事業承継実務全書［改訂版］』（共著、日本法令、令和2年）
- ・『"守りから攻め"の事業承継対策Q＆A』（共著、ぎょうせい、令和元年）
- ・『不動産組替えの税務 Q＆A』（共著、大蔵財務協会、平成28年）

竹中　暢子〔たけなか・のぶこ〕

税理士

（執筆担当：第5章 **Q40** ～ **Q52**）

＜経　歴＞

平成13年　津田塾大学学芸学部英文学科卒業

同　　年　プライスウォーターハウスクーパース税務事務所（現PwC税
　　　　　理士法人）入社

平成16年　税理士登録

平成17年　税理士法人タクトコンサルティング入社

平成24年　税理士法人つむぎコンサルティング入社

平成26年　竹中暢子税理士事務所開設

令和3年　株式会社YUIアドバイザーズ　コンサルタント就任

玉越　賢治〔たまこし・けんじ〕

税理士

（執筆担当：第1章 **Q1** ～ **Q12**）

＜経　歴＞

関西大学経済学部卒業。商工中金（商工組合中央金庫）、リクルートを経て

平成6年　株式会社タクトコンサルティング入社

平成14年　税理士法人タクトコンサルティング設立　代表社員就任

平成24年　株式会社タクトコンサルティング　　　　代表取締役就任

令和3年　株式会社ＹＵＩアドバイザーズ設立　　　代表取締役就任

同　　年　税理士法人ゆいアドバイザーズ設立　　　代表社員就任

＜主な役職＞

中小企業庁「中小企業の事業承継・Ｍ＆Ａに関する検討会」委員

日本商工会議所「税制専門委員会」学識委員

東京商工会議所「事業承継対策委員会」学識委員

＜主な著作等＞

・『事業承継実務全書［３訂版］』（共著、日本法令、令和３年）

・『新事業承継税制の要点を理解する』（税務研究会、平成30年）

・『中小企業の事業承継　Ｍ＆Ａ活用の手引き』（共著、経済法令研究会、
　平成28年）

・『ここまで知っておきたい相続・贈与の実務対策』（中央経済社、平成22年）

長津　裕樹〔ながつ・ひろき〕

税理士

（執筆担当：第４章 Q29 ～ Q39 ）

＜経　歴＞

平成19年　横浜国立大学卒業。外資系製薬会社においてＭＲ職に従事
　　　　　　税理士・公認会計士事務所２か所を経て

平成28年　税理士法人山田＆パートナーズ入社。同年　税理士登録

平成31年　長津裕樹税理士事務所開設

令和４年　株式会社ＹＵＩアドバイザーズ　コンサルタント就任

＜主な著作等＞

・『実践弁護士業務　実例と経験談から学ぶ　資料・証拠の調査と収集
　相続編』（共著、第一法規、令和４年）

中山　史子〔なかやま・ふみこ〕

税理士

（執筆担当：第6章 **Q62** ～ **Q67**、第7章 **Q76** ～ **Q82**、第8章 **Q88** ～ **Q91**、第9章 **Q98** ～ **Q101**、第10章 **Q108** ～ **Q113**）

＜経　歴＞

平成10年　明治大学商学部卒業。会計事務所勤務を経て

平成14年　税理士法人タクトコンサルティング入社。同年　税理士登録

令和3年　株式会社ＹＵＩアドバイザーズ　コンサルタント就任

令和4年　税理士法人ゆいアドバイザーズ　社員就任

＜主な著作等＞

・『[改訂版] Q&A　国際相続の実務と国外転出時課税』（共著、日本法令、令和6年）

・『はじめての国際相続　その着手と実務』（清文社 、令和4年）

・『事業承継実務全書［3訂版］』（共著、日本法令、令和3年）

Q&A 事業承継に役立つ
組織再編・資本政策　　　　　　令和6年9月20日　初版発行

　　　　　　　　　　　　　　　　　　　　　検印省略
　　　　　　　　　　　　　　編　者　税 理 士 法 人
〒101-0032　　　　　　　　　　　　　 ゆいアドバイザーズ
東京都千代田区岩本町1丁目2番19号　発行者　青 木 鉱 太
https://www.horei.co.jp/　　　　　編集者　岩 倉 春 光
　　　　　　　　　　　　　　印刷所　丸 井 工 文 社
　　　　　　　　　　　　　　製本所　国 　宝 　社

（営　業）TEL 03-6858-6967　　Eメール　syuppan@horei.co.jp
（通　販）TEL 03-6858-6966　　Eメール　book.order@horei.co.jp
（編　集）FAX 03-6858-6957　　Eメール　tankoubon@horei.co.jp

（オンラインショップ）　https://www.horei.co.jp/iec/
（お詫びと訂正）　　　 https://www.horei.co.jp/book/owabi.shtml
（書籍の追加情報）　　 https://www.horei.co.jp/book/osirasebook.shtml

※万一、本書の内容に誤記等が判明した場合には、上記「お詫びと訂正」に最新情報を掲載しております。ホームページに掲載されていない内容につきましては、FAXまたはEメールで編集までお問合せください。

・乱丁、落丁本は直接弊社出版部へお送りくださればお取替えいたします。
・JCOPY〈出版者著作権管理機構　委託出版物〉
本書の無断複製は著作権法上での例外を除き禁じられています。複製される場合は、そのつど事前に、出版者著作権管理機構（電話 03-5244-5088、FAX03-5244-5089、e-mail: info@jcopy.or.jp）の許諾を得てください。また、本書を代行業者等の第三者に依頼してスキャンやデジタル化することは、たとえ個人や家庭内での利用であっても一切認められておりません。

©YUI Advisors Tax Co. 2024. Printed in JAPAN
ISBN 978-4-539-73042-3

書籍のご案内

改訂版 Q&A 国際相続の実務と国外転出時課税

税理士法人ゆいアドバイザーズ【編】

中山史子・宮田房枝・熊谷絵里・柴田篤・千田昌明・大蔵龍聖【共著】

A5判　452頁　定価 3,520円（税込）

ますます複雑・難解化する国際相続の実務をQ&Aでやさしく解説！

◎被相続人、相続人が海外にいる家族の相続・贈与はこうなる！
◎海外への財産移転、相続・贈与時の国外転出時課税のポイント
◎米国、英国、タイ、韓国、台湾、中国等、各国の相続税制もしっかり解説

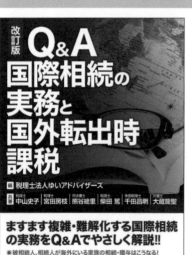

CONTENTS

- 第1章　相続の基本
- 第2章　相続税の実務―納税義務者及び課税財産の範囲―
- 第3章　国際相続と相続税の計算
- 第4章　贈 与 税
- 第5章　相続後・海外移住後の所得税
- 第6章　国外転出時課税
- 第7章　国税当局による税務調査と国外税務情報の収集体制
- 第8章　不動産登記手続
- 第9章　各国の相続税制

書籍のご注文は大型書店、Web書店または株式会社日本法令　出版課通信販売係まで
Tel：03－6858－6966　Fax：03－6858－6968